CURSO DE HERMENÊUTICA JURÍDICA

DILVANIR JOSÉ DA COSTA
Doutor em Direito Civil pela Universidade Federal de Minas Gerais.
Professor Adjunto de Direito Civil, aposentado, com 30 anos de magistério nos cursos de graduação e pós-graduação da Faculdade de Direito da UFMG.
Procurador do Estado de Minas Gerais, aposentado. Ex-Juiz do TRE-MG e na classe de jurista. Membro do Instituto dos Advogados de Minas Gerais.
Membro da Academia Mineira de Letras Jurídicas. Advogado.

CURSO DE HERMENÊUTICA JURÍDICA

DOUTRINA E JURISPRUDÊNCIA

4ª edição

GZ
EDITORA

Rio de Janeiro
2018

4ª edição - 2018

CIP – Brasil. Catalogação-na-fonte.
Sindicato Nacional dos Editores de Livros, RJ.

C871c
4.ed.

Costa, Dilvanir José da
Curso de hermenêutica jurídica: doutrina e jurisprudência / Dilvanir José da Costa. - 4.ed. - Rio de Janeiro: LMJ Mundo Jurídico, 2017.
284p.; 23 cm.

Apêndice
Inclui bibliografia e índice
ISBN 978-85-9524-025-4

1. Hermenêutica (Direito). 2. Direito - Filosofia. I. Título.

17-44443.
CDU: 340.11

GZ EDITORA

contato@editoragz.com.br
www.editoragz.com.br
Av. Erasmo Braga, 299 – sala 202 – 2º andar – Castelo – RJ
CEP: 20020-000 – Rio de Janeiro – RJ
Tels.: (0XX21) 2240-1406 / 2240-1416 – Fax: (0XX21) 2240-1511

Impresso no Brasil por Alvolaser Serviços de Impressão Ltda.
Printed in Brazil by Alvolaser Serviços de Impressão Ltda.

ÍNDICE SISTEMÁTICO

PREFÁCIO

METAMORFOSES DO CÓDIGO CIVIL E DA HERMENÊUTICA

Sob três aspectos maiores operou-se a mudança do Código Civil: qualitativa, quantitativa e técnica.

A mudança qualitativa básica consistiu na socialização e na personalização dos direitos subjetivos privados.

A superação do individualismo e do liberalismo econômico e jurídico dos séculos XVIII e XIX, consagrados pela Revolução Francesa e pelos códigos civis francês (1804), alemão (1900) e brasileiro (1917), somente ocorreu a partir das revoluções socialista e industrial, do urbanismo, dos avanços tecnológicos e de outros fatores de desenvolvimento, conscientização e defesa dos direitos sociais, inclusive como consequência de duas grandes guerras envolvendo as maiores potências do planeta.

O constitucionalismo do século XX veio contemplar os direitos sociais, a partir das Constituições do México (1917), da Rússia (1918), da Alemanha (Weimar, 1919) e do Brasil (1934). As leis especiais e os microssistemas de direito privado passaram a implantar, paralelamente ao Código Civil de 1917 e derrogando-o, os novos princípios socializantes, com destaque para as áreas trabalhista, locatícia, imobiliária, condomínio, incorporação e loteamento e com enfoque especial na função social da propriedade e do contrato, na boa-fé objetiva de comportamento, no abuso de direito, na lesão e na onerosidade excessiva.

Quanto à personalização, é de se ressaltar que o sistema dos códigos do século XIX, inclusive o brasileiro, cujo Projeto Bevilaqua era de 1899, encerrava o caráter patrimonialista, como código do proprietário, do credor, do patrão, do locador, dos mais bem situados e até com exclusão dos pobres, no parecer de eminentes civilistas (Anton Menger e Sílvio Meira). A nossa Constituição Federal de 1988, cognominada "Constituição cidadã", veio apontar novos rumos ao direito civil, sobretudo aos direitos da personalidade, da família e do consumidor. Foi o destaque para os valores pessoais, com a inclusão de vastas áreas excluídas ou ignoradas pelo código revogado.

A metamorfose quantitativa do código tem a ver com o seu próprio conteúdo. O modelo do Código Napoleão continha todo o direito civil, tanto que ficou célebre a frase de Bugnet, professor da Universidade de Paris: "Eu não conheço o direito civil, pois só ensino o Código Napoleão". Esse o caráter de plenitude que o código encerrava. Como fruto de uma revolução em defesa do cidadão perante o Estado e contra os privilégios feudais, o Código Civil francês tinha ainda como lema não admitir que os juízes extrapolassem suas normas. A doutrina mais avançada, na sua interpretação, ainda em 1899, foi a de Saleilles, no famoso prefácio à obra clássica de François Gény (*Methode d'Interprétation* ...): "Pode o intérprete ir além do código, mas através do código".

A expansão do direito civil fez com que o mesmo não coubesse mais nos limites dos códigos, projetando-se nas leis especiais e nos microssistemas.

As mesmas causas e fatores de sua mudança qualitativa atuaram na metamorfose quantitativa. A expansão dos fatos sociais, a massificação e a globalização das relações jurídicas, sob as múltiplas e complexas influências, repercutiram no direito civil, que não se conteve nos limites dos velhos códigos. Daí o seu novo conteúdo, sua nova função, sua nova técnica ou método de disciplina das relações.

O conteúdo mínimo do código subsiste: a) o seu sistema ou divisão em setores lógicos e pedagógicos; b) a parte geral com a disciplina dos sujeitos ou titulares dos direitos subjetivos (pessoas), dos objetos desses direitos (bens) e dos vínculos que os ligam, gerando a infinita variedade de interesses reguláveis (fatos jurídicos); c) o direito das obrigações, com sua disciplina genérica e a subdivisão nos diversos contratos, atos unilaterais, títulos de crédito, atos ilícitos e responsabilidade civil, inclusive o novo direito de empresa; d) o direito das coisas com seus grandes institutos; e) o direito de família e das sucessões. Os desdobramentos, inovações e projeções de regras especiais, especializadas e regulamentares é que extravasaram o código, para evitar o seu gigantismo e permitir a própria evolução do direito civil.

Com a superação do conteúdo globalizante, restou o conteúdo mínimo sistematizador e centralizador dos institutos e conceitos básicos e essenciais do direito civil. Restou o caráter científico e didático, a ser estudado, transmitido e aplicado nas Faculdades, nos tribunais e nas relações privadas. Tudo o mais, como as águas vertentes, escorreu e se espraiou nas leis especiais e complementares.

A mudança qualitativa, ideológica e principiológica – sobretudo a socialização e a personalização, assim como a mudança quantitativa ou massificadora do direito civil, exigiram a adoção de nova técnica ou método de disciplina do código como núcleo ou centro de gravidade. Suas disposições são mais flexíveis, abertas, por comandos amplos ou cláusulas gerais, a serem preenchidos por leis reguladoras, pelos intérpretes e aplicadores, à maneira de conciliação entre os sistemas do *civil law* e do *common law.* Essa técnica assegura a convivência do código com as transformações sociais.

Eis aí o código do cidadão, que veio em defesa da igualdade real ou pelo menos atenuar as desigualdades sociais, até que as energias econômicas e as conquistas democráticas consigam implantar o ideal da igualdade e da solidariedade.

Sendo a hermenêutica jurídica o reflexo conceitual do Direito, seguindo as suas pegadas, conforme nossa tese desenvolvida neste livro, já se percebem as novas rotas da interpretação neste limiar do terceiro milênio.

O autor

APRESENTAÇÃO DA 2ª EDIÇÃO

É com orgulho que apresentamos aos operadores do Direito a 2ª edição deste livro pela EDITORA FORENSE.

A 1ª edição continha apenas duas partes: I – O conceito de Direito e II – A interpretação do Direito.

Além desse conteúdo, acrescentamos aqui uma Introdução sobre "Direito e Hermenêutica Multidimensionais", contendo a síntese ou visão ampla das duas referidas partes, a título de preparação e motivação do leitor para o estudo mais detalhado de tão fascinantes temas e problemas ligados à vida jurídica.

A grande novidade desta edição consiste no acréscimo da Parte III, contendo uma síntese da obra clássica de CARLOS MAXIMILIANO sobre "Hermenêutica e Aplicação do Direito", a qual completou 80 anos e continua atual e utilíssima aos estudiosos e aplicadores do Direito. Resumimos-lhe os métodos de interpretação, as fontes formais do Direito e os conceitos lapidares de equidade, moralidade e humanização do Direito.

Outra novidade desta edição foi o recurso à jurisprudência, indispensável ao estudo, interpretação e aplicação do Direito. Um Anexo, com 40 páginas e respectivo sumário, contém 50 temas básicos de jurisprudência sobre interpretação, desde as regras básicas de hermenêutica até a sua aplicação no processo civil, nos contratos, na responsabilidade civil, no direito de família, no direito econômico e monetário.

Com esses valiosos subsídios, o livro se tornou mais didático e útil aos que ao mesmo recorrerem.

São esses os votos do

Autor

APRESENTAÇÃO DA 3ª EDIÇÃO

A EDITORA GZ nos honra com a 3ª edição do **Curso de Hermenêutica Jurídica**. Além do conteúdo anterior do livro, introduzimos-lhe um **apêndice** contendo um ensaio sobre os "*marcos do pensamento filosófico, jurídico, sociológico e econômico*". A interpretação do direito pressupõe o conhecimento amplo do fenômeno jurídico, envolvendo os fundamentos filosóficos, axiológicos, psicológicos, científicos, sociológicos e econômicos. Sem essa visão olímpica não se compreende o direito do passado e do presente nem se projeta com segurança o direito do futuro. Daí o seu interesse e utilidade para o pesquisador e aplicador do direito, de modo especial o estudante ou iniciante nessa vasta área do conhecimento.

O direito científico, normativo e dogmático buscam inspiração na filosofia, na ética e nos valores humanos, mas decorrem dos fatos sociais e econômicos, sob a influência também da psicologia e da antropologia.

O direito é como o sapato, que acompanha as variações e evoluções da moda, dos usos e costumes, mas não permite que os pés se deformem no contato com o chão rústico da vida social. O comportamento ético é o horizonte do direito e da hermenêutica.

São esses os votos do

Autor

APRESENTAÇÃO DA 4ª EDIÇÃO

A EDITORA GZ traz a lume a 4ª edição do **Curso de Hermeneutíca Jurídica**, com acréscimos, inseridos na **Parte IV** da referida obra constando uma abrangente **ideia da evolução dos Direitos nesses 40 séculos da Codificação Civil**.

O autor e a editora esperam que com esses acréscimos a obra se torne ainda mais abrangente e completa, facilitando a compreensão dessa matéria tão importante na formação de novos operadores do Direito Pátrio.

O Editor

INTRODUÇÃO

DIREITO E HERMENÊUTICA MULTIDIMENSIONAIS

1. PLANO DE EXPOSIÇÃO

O método correto e completo de interpretação jurídica decorre de um pressuposto necessário: a exata concepção do fenômeno jurídico, que se manifesta por meio da lei e de outras formas de expressão (o costume, os princípios gerais de direito, a doutrina, a jurisprudência, o direito comparado e os próprios fatos jurídicos). Por isso a nossa exposição compreende duas partes: I – o conceito de Direito; II – a interpretação do Direito.

2. O CONCEITO DE DIREITO

2.1. O Direito como Norma

Existem duas ordens de normas no Universo: as leis naturais, que regem os fenômenos da natureza ou do ser, de cumprimento necessário e uniforme; e as normas éticas, entre as quais se incluem as jurídicas ou de coação estatal, que regem os homens como seres racionais e livres no convívio social. O cumprimento destas, embora imposto e exigível pela consciência ética e até sancionado pela sociedade e pelo Estado, é passível de desobediência, em razão da liberdade de atuação inerente ao ser livre, inteligente e responsável.

Duas grandes correntes de opinião destacaram no Direito o aspecto normativo como caráter fundamental: os primeiros codificadores do Direito, a exemplo do Direito Romano e do Código Civil francês; e a conhecida Teoria Pura do Direito, de Hans Kelsen.

O Imperador Justiniano até proibiu, de forma ameaçadora, qualquer comentário interpretativo ao *Corpus Juris Civilis*, enquanto que os franceses condenaram, a princípio, a ideia da existência de direito civil além ou fora do Código Napoleão (1804), que encerraria a plenitude do direito civil. Foi a consagração do fetichismo legal. Já os romanos valorizaram tanto a Lei das XII Tábuas (450 a.C.) que passaram a recitar o seu texto nas escolas como poesia obrigatória – *carmen necessarium*. Tudo isso em nome da segurança dos direitos dos cidadãos contra o arbítrio e a prepotência.

Sob outro enfoque, o jurista Hans Kelsen, autor da Teoria Pura do Direito, defendeu o caráter normativo fundamental do Direito. Diante da ampliação do conceito de Direito pelas doutrinas sociológicas, filosóficas e teológicas, Kelsen reagiu em defesa do caráter normativo puro e neutro do Direito, que seria um *dever ser* abstrato, à semelhança de uma figura geométrica, isento de conteúdos fáticos, valorativos e ideológicos, e ao mesmo tempo aberto a quaisquer conteúdos admitidos eventualmente em seu esquema obrigatório pela autoridade competente.

2.2. O Direito como Fato Social

Para as escolas científicas, as normas ou fontes formais do Direito não passam de simples canais, condutos ou instrumentos de manifestação técnica das fontes substanciais ou autênticas das regras, que assim brotam realmente dos fatos sociais, econômicos, políticos, culturais etc., sob a inspiração e direção dos valores sedimentados pela experiência jurídica.

A primeira escola a ampliar e revolucionar o conceito do Direito foi a histórica, liderada pelo jurista alemão Friedrich Karl von Savigny.

Para ele o Direito vai muito além dos textos legais esquemáticos e resumidos. Não é produto racional e arbitrário do legislador. É fenômeno histórico e espontâneo, gerado na consciência popular, tal como a linguagem. Sendo produto dos fatos históricos em contínua mudança e expansão, o Direito não deve ser imobilizado em um Código.

Outro grande jurista alemão, Rudolf von Ihering , fundou a escola teleológica. Conceituou o Direito como fenômeno necessário e não espontâneo, ou seja, como técnica imprescindível de convivência. A utilidade e a felicidade social (e não a vontade ou o arbítrio do legislador) devem ser o fim ou a teleologia do Direito. Este é semelhante ao pensamento, que tantas vezes não se expressa bem nas palavras. Assim também um Código pode não refletir fielmente o Direito, que é mais amplo e abrangente e por isso não pode ser aprisionado nos textos legais.

Para a escola sociológica, os fatos sociais confinam e convivem com os fatos jurídicos, que os envolvem e regulam, com influências recíprocas. Ela defendeu a suavização e a flexibilização da lei para se amoldar à realidade social. Em sua expressão máxima, foi também fruto do gênio germânico.

Na torrente sociológica, destacou-se a Escola do Direito Livre, que defendeu o nihilismo legislativo, em oposição ao culto ao texto legal e à tese de que o Código contém a plenitude do Direito, proclamados pela Escola da Exegese. Para os partidários do Direito Livre, o Direito provém dos próprios fatos: *ipsis rebus dictantibus*.

Sociólogos notáveis, do renome de Émile Durkheim e Henry Lévy Bruhl, chegaram a negar qualquer origem racional, ideal ou psicológica do Direito, que seria fruto de um longo processo de decantação dos fenômenos sociais.

2.3. O Direito como Valor

Desde Sócrates se reconhece a existência dos valores do bem, do belo e do justo. Nas *Institutas* do Imperador Justiniano os romanos definiram o Direito Natural como o que a Natureza ensinou a todos os animais, donde a união do macho com a fêmea, a procriação e educação dos filhos.

Na Idade Média, prevaleceu a concepção teológica do Direito Natural, procedente do sobrenatural, sob a influência do Cristianismo.

Nos séculos XVII e XVIII, sob a influência da Escola do Direito Natural e das Gentes e da doutrina do Direito Racional, do filósofo alemão Emmanuel Kant, operou-se a racionalização do Direito

Natural, com independência em relação à Religião e autonomia em face do Direito Positivo.

Segundo Eduardo Espínola, o conceito moderno de Direito Natural consiste em admitir, acima e independentemente do Direito Positivo, um Direito que decorre da própria natureza do homem e de suas supremas exigências. Essa concepção foi combatida pelas escolas histórica, sociológica, positivista e realista, sob vários matizes. Mas foi restaurada no século XX por grandes juristas-filósofos e humanistas, segundo os quais a essência jurídica obrigatória não está na norma nem nos fatos regulados, mas nos valores sociais e humanos carentes de proteção, contidos nesses fatos mas procedentes da razão e do sentimento humano – *omne jus hominum causa.*

2.4. A Concepção Dialética do Direito

Francesco Carnelutti, jusfilósofo e processualista italiano, atribuiu ao princípio do contraditório, na pesquisa da verdade pelos lógicos, a mesma função esclarecedora do microscópio para os biólogos e do telescópio para os astrônomos. O debate das questões, o choque das ideias e a exasperação da dúvida conduzem à verdade. A luta pelo direito e as reivindicações acabam por criá-lo, como professava Ihering, assim como Descartes adotou a dúvida sistemática como método de pesquisa da verdade, e Hegel defendeu a síntese dos contrários e a superação das divergências e contradições como lei do progresso, da evolução e da perfeição. Segundo a imagem sugestiva de François Perroux, as instituições e as leis atuais são o resultado de armistícios nas lutas sociais; são a consequência de conflitos passados, que preparam futuras disputas; assinalam pausas enquanto se definem novos adversários e se preparam novas lutas.

Essa a contribuição para a visão dinâmica, polêmica e relativista do Direito, ampliando o círculo da sua multidimensionalidade.

2.5. O Direito Concreto

As imagens projetadas nas telas dos cinemas são apenas sombras ou reflexos de uma realidade retratada nos filmes. Assim também as leis ou normas abstratas refletem a realidade dos fatos jurídicos que ocorrem no ambiente social, envolvendo pessoas e bens ou interesses jurídicos de toda ordem. A realidade jurídica autêntica está nos fatos concretos e nas condutas da vida social e não nas leis abstratas que os resumem, sistematizam e refletem em comandos sumários. Esta a mais recente concepção do Direito – o Direito concreto, procedente de autores alemães (Karl Engisch. *L'Idée de Concrétion dans le Droit*, Pamplona, Esp., 1968) e também presente na Teoria Egológica do argentino Carlos Cossio.

3. A INTERPRETAÇÃO DO DIREITO – O MÉTODO TRADICIONAL (A ESCOLA DA EXEGESE): O CULTO AO TEXTO LEGAL

O método lógico ou tradicional, fruto da exaltação legal, surgiu na França, preparado pela Revolução e iniciado com a codificação do direito civil. Sua filosofia e seu fundamento psicológico consistiam na preocupação com a defesa e garantia dos direitos e liberdades individuais, somente assegurados e perpetuados através de sua fixação em dispositivos legais escritos, sistematizados e codificados. Como tais, completas, perfeitas e contendo todo o Direito, prevendo todas as hipóteses disciplináveis, as leis escritas seriam intocáveis e inalteráveis por seu aplicador ou intérprete, que simplesmente as aplicaria de forma estrita, sem tirar nem acrescentar.

Nascido sob a inspiração do movimento codificador, o método tradicional só poderia ter uma rota e um destino: seguir a trajetória do grande Código Civil dos tempos modernos – o monumental Código Napoleão, que tantos progressos trouxe à ciência do Direito no século XIX.

Segundo Eduardo Espínola:

> "O método jurídico tradicional, clássico ou lógico tem toda sua atenção voltada para a lei. É fruto da preocupação de limitar todo arbítrio da interpretação, movimentando-se baseado na concepção de que o legislador é o criador do direito. No seu conceito, o direito se identifica com a lei. Parte da ideia de que a lei escrita deve satisfazer todas as exigências da vida jurídica, bastando ao intérprete examinar-lhe diretamente o conteúdo para, com os meios fornecidos pela lógica, tirar as consequências todas que dela derivam, sem ultrapassar os limites que lhe animaram a formação" (*Tratado de Direito Civil Brasileiro*, Rio, Freitas Bastos, 1939, vol. III, p. 289).

Essa preocupação com a interpretação da lei já fora manifestada pelo Imperador Justiniano, relativamente ao primeiro grande código civil da humanidade – o *Corpus Juris Civilis* (Século VI). Com efeito, "no terceiro prefácio ao *Digesto*, o Imperador Justiniano determinou que quem ousasse tecer comentários interpretativos à sua compilação incorreria em crime de falso e as suas obras seriam sequestradas e destruídas: Justiniano, *De confirmatione digestorum, in Corpus Juris Civilis,* § 21, *in fine*: "*Itaque quisquis ausus fuerit ad hanc nostram legum compositionem commentarium aliquot adjicere ... is sciat, quod et ipsi falsi reo legibus futuro, et quod composuerit, eripicitur, et modis omnibus corrumpetur*" (R. Limongi França. *Hermenêutica Jurídica.* 3ª ed., São Paulo, Saraiva, 1994, p. 22).

Esse método falhou por ter-se baseado numa visão parcial do Direito: como norma abstrata apenas. Mas teve dois grandes méritos: o de consagrar e garantir os direitos dos cidadãos através de preceitos escritos, e o de sistematizar e racionalizar o Direito. Um código contém a síntese e o sistema de uma ciência jurídica, além de regular relações e disciplinar direitos e obrigações.

3.1. As Escolas Científicas: os Métodos Histórico, Teleológico e Sociológico

Através dos métodos histórico, teleológico e sociológico, principalmente, as escolas científicas promoveram uma revolução no conceito de direito e, portanto, na sua interpretação. As leis não contêm todo o Direito. A sua plenitude extrapola os códigos, mediante um sistema orgânico. O Direito envolve os fatos sociais, econômicos, morais, religiosos, políticos, culturais etc., com influências recíprocas. A visão sociológica alertou para os riscos de um desequilíbrio nas estruturas da vida em sociedade. O poder político ou militar, a ruína econômica e o fanatismo religioso podem comprometer a estrutura jurídica e esta pode não corresponder aos anseios sociais.

E assim as escolas científicas dilargaram os horizontes do Direito e da interpretação, transformando esta em ciência, técnica e arte ou hermenêutica jurídica. Foi a grande contribuição que trouxeram.

3.2. A Livre Interpretação e o Direito Livre: o Nihilismo Legal

Mas o método sociológico levado ao extremo conduziu a dois exageros: a) na conceituação do Direito, transformou os valores jurídicos em criação espontânea e artificial da consciência coletiva; b) na interpretação e aplicação da lei, defendeu a plena liberdade de o intérprete recolher o direito dos próprios fatos, em primeira mão – *ipsis rebus dictantibus*, ainda que ab-rogando ou contrariando a lei escrita.

3.3. A Conciliação dos Métodos. A Restauração dos Valores Ideais do Direito. O Método Histórico-Evolutivo ou da Jurisprudência Progressiva

O século XIX assistiu ao apogeu e à decadência do método exegético da lei escrita como expressão da plenitude do Direito, bem como ao triunfo do método sociológico ou do predomínio dos fatos sociais na composição do fenômeno jurídico.

O século XX foi a vez do renascimento ou restauração dos valores humanos ideais, racionais e subjetivos, como componente ético do Direito, tão presente na consciência dos homens como o céu estrelado sobre as suas cabeças, na imagem famosa do grande filósofo de Konigsberg. Em consequência, sobreveio o método histórico-evolutivo de interpretação, conciliando todas as tendências. Ficou célebre a síntese de Raimond Saleilles no prefácio da obra de François Geny (*Méthode d'Interprétation...*, 1899), para definir o conteúdo do novo método: **o intérprete deve ir além da lei, mas através da lei – "*au-delà de la loi, mais par la loi*".**

Além dos suportes sociológicos, deve o intérprete agregar os valores fins da lei: a Justiça, o bem comum, a utilidade social. Mas sempre através da lei, baliza de segurança, buscando a sua intenção atualizada.

3.4. A Interpretação Dialética ou Relativista

A visão dialética, polêmica ou dinâmica do Direito nos faz perceber o seu mobilismo ou vir a ser, pendendo para o relativismo presente em todas as coisas, a exemplo da idade das pessoas. Nada é absoluto na realidade social. Não há dois fatos rigorosamente idênticos.

Donde a flexibilidade e a maleabilidade da interpretação.

3.5. A Interpretação Abrangente ou Casuística

A lei abstrata é uma regra extraída da realidade por raciocínio indutivo. Provém da observação dos fatos pelo legislador.

Por um lado, a lei é mais extensa ou ampla do que cada fato específico que regula. Mas, por outra parte, é menos compreensiva do que a infinita variedade dos fatos reguláveis. Isso é que faz a grandeza e a fraqueza da lei, segundo Karl Engisch.

Para os partidários do direito concreto, a regra autêntica de direito é a que se realiza no fato concreto, como obra final do aplicador. Pelo que cabe a este grande margem de arbítrio para ampliar e adaptar a lei aos fatos específicos, regulados de forma ampla ou genérica pelo legislador.

4. CONCLUSÃO

Sendo o Direito norma, fato e valor; sendo fenômeno concreto e norma abstrata; sendo em parte absoluto e relativo, é dotado de flexibilidade para se adaptar às circunstâncias de tempo e lugar, mas contém uma estrutura de compressão calcada na natureza uniforme do ser humano, sensível à dor e ao amor e carente de cooperação e solidariedade. Eis aí os parâmetros da hermenêutica.

Parte I

O CONCEITO DE DIREITO

Capítulo I

O DIREITO COMO NORMA

Sumário: **1.1.** Introdução. **1.2.** A Escola da Exegese. **1.3.** A Escola de Viena.

1.1. Introdução

O homem vive em função de dois tipos de normas, correspondentes, respectivamente, aos fenômenos que se passam nos elementos destes binômios:

corpo e espírito,
natureza e liberdade,
natureza e cultura,
dado e construído.

Os primeiros elementos correspondem ao mundo da necessidade ou do **ser,** enquanto que os segundos correspondem ao mundo da liberdade ou do **dever ser**.

As leis naturais (físicas, matemáticas, químicas, biológicas) são providas de coação imanente e fatal: cumprem-se sempre, por desígnio da natureza. É o domínio do **ser**. No homem livre, racional e responsável, as leis que disciplinam sua conduta em sociedade são de outra natureza: são comandos de cumprimento obrigatório mas **provável**, podendo-se cumprir ou não **dever ser**, sob as sanções cabíveis.

É conhecida e citada a distinção ontológica entre o fenômeno natural e o jurídico (ético), feita por KELSEN:

> "No seu entender, há duas maneiras de ordenar os fatos do universo: pela **causalidade** e pela **imputabilidade**.

> Pela primeira, ligamos dois fatos ou dois sistemas de fatos mediante uma relação de causa e efeito; pela segunda, liga-se – sem implicar imperatividade – um fato condicionante a um fato condicionado. Em um caso temos a **lei natural**; no outro a **lei jurídica**: "Se a lei natural diz: **se A é, B tem de ser;** a lei jurídica, em troca, afirma: **se A é, B deve ser**"(HANS KELSEN, *in Teoria Pura del Derecho*, citada por MIGUEL REALE)[1]

GOFFREDO TELLES JR também esclarece:

> "Segundo a Escola de Viena, a norma de direito se distingue da lei natural, pelo fato de constituir um **dever ser**, que é a categoria com a qual esta doutrina encara o direito, enquanto a lei natural constitui o **ter que ser.** O **dever ser** e o **ter que ser** exprimem as duas formas específicas pelas quais o direito positivo e a natureza relacionam os fatos uns com os outros. A lei natural diz: **se A é, B tem que ser**; a lei jurídica, diversamente, afirma: **se A é, B deve ser**. Na primeira, a conexão é de causalidade; na segunda, porém, o encadeamento dos fatos se verifica por uma forma que nada tem a ver com a causalidade. A pena, por exemplo, acompanha o delito, mas não como efeito deste, porque o delito não é mais do que condição para que a pena **deva ser** aplicada. E a pena deve ser aplicada, não por força da causalidade, mas sim por força da imputação.[2]"

Como regra de **ações livres**, como disciplina das liberdades em conflito, o Direito positivo veio ao encontro da necessidade social de fixar limites às condutas inter-subjetivas. Por isso, a norma de conduta, de caráter imperativo-atributivo e coercível, passou a constituir um postulado de segurança e garantia dos cidadãos e a melhor técnica de convivência.

Já a Lei das XII Tábuas (450 a.C.) fora fruto dessa aspiração de certeza, garantia e segurança jurídica. Os plebeus, cansados da opres-

---

1 REALE, Miguel. *Fundamentos do Direito*, 2ª ed., São Paulo, Ed. Revista dos Tribunais, 1972, p. 164.

2 TELLES JR., Goffredo. *A Criação do Direito*, São Paulo, 1953, p. 212.

são, refugiaram-se no Monte Aventino em Roma. Ao emissário, que lhes enviaram, responderam com a exigência de “leis escritas”.

O Código Civil francês (Código Napoleão, 1804) veio a lume sob essa mesma inspiração de segurança. As ideias liberais democráticas da Revolução Francesa serviram-lhe de fundamento filosófico e psicológico.

A teoria constitucional da divisão de Poderes e atribuições entre os órgãos do Estado, defendida por MONTESQUIEU, refletiu-se no Código Civil, tanto no seu significado, como expressão da plenitude lógica do Direito Civil, como, em decorrência disso, no tocante às regras e métodos de sua interpretação.

A codificação civil francesa veio a ser a consagração da norma escrita, erigida à condição de expressão total do Direito Civil.

Em torno dessas ideias, louvando-as ou contestando-as, travou-se na Europa (especialmente na França, Alemanha e Itália), um longo, intenso e profícuo debate jurídico-sociológico-filosófico, que se desenvolveu por todo o século XIX, do qual resultaram novas visões e enfoques do Direito e das Ciências Jurídicas, inclusive da Hermenêutica, totalmente reformulada em suas regras, métodos e princípios, em consequência das mudanças operadas no conceito e no conteúdo do próprio objeto da interpretação.

Inspirado na concepção formal do Direito, o método lógico ou tradicional, denominado Escola da Exegese, dominou a interpretação do Código Civil francês no século XIX.

1.2. A Escola da Exegese

Segundo JULIEN BONNECASE[3], ficou célebre, para caracterizar a Escola, esta frase de BUGNET, repetida do alto de sua cátedra na Faculdade de Direito de Paris:

> “*Je ne connait pas le droit civil, je n'enseigne que le Code Napoleón.*”

3 BONNECASE, Julien. *La Escuela de la Exegesis en Derecho Civil*, México, Editorial Jose M. Cajica Jr., 1944.

EDUARDO ESPÍNOLA assim resume o que BONNECASE qualifica de "culto ao texto da lei" (principal caráter da Escola):

> "O método jurídico-tradicional, clássico ou lógico, tem toda a sua atenção, exclusivamente, voltada para a lei. É fruto da preocupação de limitar todo o arbítrio da interpretação científica, movimentando-se baseado na concepção de que o legislador é o **criador do direito**. No seu conceito, o **direito** se identifica com a **lei**.
>
> Parte da ideia de que a lei escrita deve satisfazer todas as exigências da vida jurídica, bastando ao intérprete examinar-lhe diretamente o conteúdo, para, com os meios fornecidos pela lógica, tirar as consequências todas que dela derivam, sem ultrapassar os limites que lhe animaram a formação.[4]"

No próximo capítulo, consagrado ao Direito como **fato social**, analisaremos a reação das Escolas Científicas aos postulados da plenitude formal da Escola Tradicional.

A reação científica, à visão parcial, formalista ou normativista do Direito, veio enriquecê-lo com os conteúdos fácticos e valorativos ou finalísticos, através das experiências sociológica e psicológica.

Mas, contra essa renovação, nova reação sobreveio, com o movimento positivista ou normativista, culminando com a chamada *Teoria Pura do Direito*, de HANS KELSEN, última tentativa de reduzir o Direito ao Direito Positivo.

1.3. A Escola de Viena

KELSEN, em nome de um rigor metodológico e sob pretexto de defender a autonomia do Direito, delimitando a sua pretendida área privativa e específica, na teoria desse renomado jurista, partiu da distinção entre o **natural** e o **jurídico.** O primeiro é o mundo do **ser**; o segundo é a área do **dever ser**, da liberdade, da possibilidade, da hipótese: **se A é, B deve ser** (podendo ser ou não, sob a sanção legal).

4 ESPÍNOLA, Eduardo, pai e filho. *Tratado de Direito Civil Brasileiro*, Rio, Freitas Bastos, 1939, vol. III, pp. 289-290.

Em seguida, faz nova delimitação: o **dever ser**, a regra, a norma jurídica é um esquema puramente **lógico**, sem conteúdo, vazio como uma figura geométrica desvinculada da realidade. Vazio de conteúdo real, fático ou sociológico e também de conteúdo finalístico, valorativo ou ético. Dos fatos deve se ocupar a Sociologia, e dos valores, a Filosofia do Direito. Ou o Direito se isola, liberta-se ou perde a **autonomia**. Direito é apenas **norma**, somente esquema lógico de comando, abstrato ou desvinculado da realidade e de valores ou finalidade. Essa desvinculação ou neutralidade da norma jurídica faz com que **se adapte** a qualquer realidade ou finalidade, explicando-se e justificando-se, dessa forma, a variedade histórico-ambiental dos ordenamentos jurídicos. Sem imposição da realidade e da Ética, às quais é indiferente, o Direito torna-se obrigatório por autoridade do Estado apenas. Donde a sua conclusão:

O Direito é somente o Direito positivo, e sê-lo-á ainda que amoral, imoral ou injusto.

Como se vê, KELSEN teve as seguintes preocupações metodológicas e filosóficas:

> a) distinguir o Direito dos fenômenos naturais (**ser** e **dever ser**);
> b) distinguir e libertar o Direito da Sociologia e da Filosofia (autonomia jurídica);
> c) conciliar a variedade dos ordenamentos jurídicos vigentes no tempo e no espaço, com exclusão dos conteúdos variáveis (formalismo puro e lógico);
> d) vincular o Direito ao Estado, única fonte de sua eficácia, vigência e obrigatoriedade (positivismo Estadista).

O professor MIGUEL REALE assim expõe a doutrina de KELSEN:

> "KELSEN, em verdade, marca o apogeu da corrente do positivismo-jurídico (...)
>
> Como as figuras geométricas são concebidas sem exata correspondência no plano físico, as regras de direito são figuras geométricas postas no âmbito da pura idealidade normativa, sem correspondência, ponto por ponto, com os atos e as atitudes dos homens.

> Fiel a esta orientação, KELSEN exclui dos domínios próprios da Ciência do Direito, embora reconhecendo a sua fundamental importância, os estudos psicológicos e sociológicos sobre o Direito, assim como as considerações éticas sobre os ideais jurídicos. A sua grande, a sua maior preocupação é delimitar, com absoluta precisão, o objeto da Ciência Jurídica, nós já vimos que não é possível repudiar integralmente este seu objetivo. (...)
>
> A observação dos fatos condicionadores da ordem jurídica, assim como a análise dos fins ético-políticos que devem constituir o conteúdo das normas jurídicas, são objeto de ciências especiais, da Sociologia e da Política do Direito, mas não da Ciência do Direito, cujo objeto **são normas e nada mais do que normas.**
>
> KELSEN, entretanto, deixa o Direito suspenso no ar, no plano da pura normatividade lógica, (...)

O Direito vale por si independentemente de sua eficácia social, pois o problema da **positividade** não é senão o problema da realidade dentro da esfera do conhecimento normativo; que a **norma** não é um preceito imperativo, mas um juízo hipotético ou, mais claramente, um **esquema de interpretação** que une um fato condicionante a uma circunstância condicionada; que esta referibilidade de um fato a outro, enquanto imputação da consequência ao condicionante, representa sem nenhuma referência ética uma pura expressão do **dev**er ser.

Estudando a doutrina de KELSEN, nós teremos ocasião de analisar a última grande expressão do positivismo jurídico, a última e poderosa tentativa no sentido de provar que não há outro Direito além do Direito Positivo e que este não é mais do que **seriação gradativa de normas** e que toda atitude valorativa, perante esse sistema, é de ordem metajurídica."

E, citando o próprio KELSEN:

> "A teoria jurídica pura é uma teoria do Direito Positivo. Enquanto teoria, quer se liminar a conhecer única e exclusivamente o seu próprio objeto. Seu propósito é responder a esta pergunta:
>
> **Que é e como é** o Direito? Não lhe interessa, pois, a questão relativa a como **deve ser** o Direito, nem o critério

segundo o qual deve ser construído. É Ciência jurídica, não política do Direito. (...)

Se a lei natural diz: **se A é, B tem de ser**, a lei jurídica, em troca, afirma: **se A é, B deve ser**; não emite, porém, nenhum juízo a respeito do valor moral ou político desta conexão. O **deve ser** não significa, então, mais do que uma categoria relativamente apriorística para o conhecimento do material jurídico empiricamente dado (...)

Segundo KELSEN, o Direito definido como sendo a **ordem** coercitiva e soberana da conduta humana caracteriza-se por ser uma **ordem coercitiva e heterônoma de normas gradualmente postas na forma estatuída pela norma hipotética fundamental**.[5]"

Da exposição do professor GOFFREDO TELLES JR., sobre a teoria de KELSEN, extraímos os seguintes conceitos básicos:

"A História demonstra que, há séculos, o espírito humano se afadiga, em vão, na procura do conceito absoluto da Justiça. Isto prova que a Justiça não é acessível ao conhecimento: constitui um ideal irracional. Em lugar de tal conceito, o que o espírito humano encontrou foi interesses e conflitos de interesses. Mas é evidente que não há motivos racionais para declarar que só um desses interesses tem valor absoluto e seja o único justo. Eis por que o objeto da ciência jurídica é o direito real e possível, e não o direito justo. Toda valoração do direito supõe a adoção de uma ideologia, à vista da qual a valoração é feita. Ora, o conhecimento do direito é ciência e não política. Por isso, a Teoria Pura do Direito nega-se a servir a quaisquer interesses políticos e, também, opõe-se à teoria tradicional do direito, que possui, em maior ou menor grau, consciente ou inconscientemente, um acentuado caráter ideológico. A Teoria Pura do Direito pretende ser "uma ciência jurídica sem preocupações. (...)

5 REALE, Miguel. *Fundamentos do Direito*, cit., pp. 151-169.

> Qualquer conteúdo pode ser Direito; não há comportamento humano que não possa caber numa norma jurídica. (...)
>
> Uma norma vale como norma de direito unicamente porque nasceu de certa maneira, porque foi criada em conformidade com determinada regra.
>
> A validade desta, por sua vez, depende da mesma condição, e assim sucessivamente, até a validade da Constituição do Estado. (...)

Assim, pois, a Teoria Pura do Direito faz depender de um **suposto**, de uma **hipótese** originária, a que se chama **norma fundamental**, a validade de toda a seriação gradativa das normas jurídicas.[6]"

Aí estão as duas principais correntes históricas de opinião, que viram o Direito apenas como **norma positiva:** a Escola da Exegese, com fins políticos de certeza, de segurança e garantia dos direitos individuais, fixados na lei escrita, e a Escola de Viena, com preocupações metodológicas e com a autonomia do Direito, sobretudo com o propósito de reduzir o fenômeno jurídico a uma unidade padrão de todos os ordenamentos positivos.

6 TELLES JR., Goffredo. *A criação do Direito*, cit., pp. 211-218.

Capítulo II

O DIREITO COMO FATO SOCIAL

2.1. Introdução

A Escola da Exegese teve a sua fase de formação, de apogeu e de decadência, esta coincidindo com o final do século XX.

Segundo JULIEN BONNECASE, TROPLONG foi considerado "o filósofo da Escola da Exegese", tal a grandeza de sua obra e de seus prefácios, num dos quais se lê esta mostra de seu gênio, já pendendo para a Escola Científica:

> "*Si el Derecho civil* – declara Troplong – *no fuese más que una ciencia de textos, tendría menos atracción para los espíritus filosóficos; la exégesis, por necesaria que sea, no es sino la parte más árida y más reducida. Sobre ella se levanta, a gran altura, la investigatión de las verdades naturales en que se basan las relaciones privadas del hombre, sus obligaciones y derechos de familia y de propiedad. En esta esfera, el Derecho civil se muestra como un rayo divino que brilla y se obscurece en la humanidad, según la marcha de la civilización. Aquí es donde lo vemo desarrollarse como una de las formas de la liberdad humana, ejerciendo su influencia en lo que el hombre tiene de más caro, personal y sagrado.*[1]"

---

1 BONNECASE, Julien. *La Escuela de la Exegesis*, pp. 54-55, prefácio de TROPLONG à sua obra *Doações entre Vivos e Testa*mentos.

Na mesma linha divisória de TROPLONG, entre a Escola da Exegese e a Científica, destacam-se os eminentes professores e doutos juristas AUBRY E RAU, autores da "obra-mestra" da Escola da Exegese – *Cours de Droit Civil Français*, em 8 volumes, sob a forma de Tratado, da qual se disse que, "pelo seu caráter científico, pelas construções jurídicas fundadas em elementos racionais e experimentais (os grandes princípios e permanências jurídicas e os fenômenos sociais), salvou a Escola da Exegese e a Ciência jurídica francesa" (BONNECASE, ob. e loc. cits.).

Ainda conforme BONNECASE, BUFNOIR, LABBÉ, BEAUDANT e SALEILLES cultivaram os elementos racional e experimental do Direito e admitiram os elementos de fato da relação jurídica e a evolução social.

ATANASIO JOURDAN e sua revista jurídica *La Thémis* puseram em relevo a distinção entre o Direito e a lei, entre as fontes reais e formais do Direito e, sobretudo, o alcance limitado das leis e da codificação.

No parecer de BONNECASE, JOURDAN e sua célebre revista, por si sós, preservaram a Ciência francesa do Direito dos abusos e da esterilidade científica da Escola da Exegese. Com efeito, criticaram o Código Napoleão, suas lacunas e imperfeições, numa época em que se lhe tributavam um respeito e uma admiração incondicionais. Dentre outras invectivas, afirmaram:

> "O Código Napoleão não é obra consagrada à imortalidade e à admiração cega. O Conselho de Estado Imperial não era o Santuário de onde a razão ditava seus infalíveis oráculos" (conf. BONNECASE, ob. e loc. cits.).

2.2. O Programa da Escola Científica

Na lúcida análise de BONNECASE, o programa da Escola Científica parte de uma tríplice distinção: **ciência**, **técnica** e **método**.

A ciência é o estudo das fontes reais das regras de direito e de seus princípios. É o estudo dos elementos de fundo ou de base, geradores das regras, os quais são em número de dois: o elemento **experimental** e o **racional**. O primeiro são as fontes reais imediatas das regras, sob a inspiração e direção do elemento racional, que por sua vez são as aspirações de harmonia que derivam do meio social ou da natureza permanente do homem. É a própria noção de Direito.

As fontes reais se opõem às formais e estas nos fazem passar à **técnica**.

São fontes formais os condutos pelos quais nos chegam as regras jurídicas, manifestando-se e impondo-se-nos: a lei e o costume.

A técnica são os processos de elaboração, transformação e extinção das regras – a linguagem da lei, as decisões judiciais, a exposição da doutrina. É a manifestação de uma regra, que, por sua vez, é a manifestação do Direito, das fontes reais.

Ao lado da ciência e da técnica, o método ocupa um lugar no programa da Escola. O método são as diretrizes que segue o espírito para perceber e conhecer um objeto qualquer do conhecimento humano. Há tantos métodos quantas sejam as ciências.

Resumindo e concluindo, a Escola da Exegese sacrificou as fontes reais das regras jurídicas, em benefício das fontes formais. Aí a essência da diferença entre as duas Escolas. Não fez mais do que técnica jurídica, desprezando a Ciência do Direito. Contra isso levantou-se a Escola Científica, cujo nome indica o apelo à Ciência, às fontes reais do Direito.

2.3. A Escola Histórica de Savigny

THIBAUT escrevera sobre a necessidade de um Código Civil para a Alemanha, a exemplo do que ocorrera na França. Contra essa ideia reagiu SAVIGNY, criticando, com veemência, a codificação, tachando-a de obstáculo ao progresso do Direito. Ao ensejo, expôs a sua concepção do Direito.

Segundo o professor MÁRIO FRANZEN DE LIMA[2], SAVIGNY opôs às construções jurídicas puramente ideais, racionais ou abstratas a noção do Direito fundado sobre os dados positivos da história, sujeito à evolução. O Direito é produto histórico e não arbitrário. Surge da consciência e do costume de cada povo. É como a língua: tem o caráter de cada nação, sua individualidade e peculiaridade. Por isso está em constante e contínuo desenvolvimento. Donde ser incompatível com a codificação, que imobiliza o Direito.

---

2 FRANZEN DE LIMA, Mário. *Da Interpretação Jurídica,* Rio, Forense, 1955, pp. 21 e segs.

SAVIGNY defendeu a sistematização e a organização do Direito, além da letra da lei. Se, para a Escola da Exegese, a lei era a plenitude do Direito, a sua revelação completa e perfeita, para a Escola Histórica essa plenitude estava no **sistema orgânico** do Direito. As fontes formais (lei, costume) eram insuficientes, devendo-se recorrer à **Ciência do Direito**.

"Deve o intérprete recompor os institutos jurídicos num sistema orgânico", disse SAVIGNY. E prosseguiu: "Se as fontes são insuficientes para a solução de uma questão de direito, devemos suprir essa lacuna, porque a universalidade do Direito é uma condição não menos essencial que a sua unidade; mas a dificuldade está em saber onde deveremos procurar os elementos necessários."

Depois de lançar o problema, SAVIGNY indica duas soluções. A primeira consiste em buscar suprimentos fora do Direito positivo, ou seja, no Direito natural ou comum, grande manancial normativo que estaria ao lado dos direitos positivos dos povos, assim como o Direito Romano, na Alemanha, estava ao lado dos direitos territoriais, suprindo-os. Em seguida, aponta a segunda solução, que diz ser a única verdadeira e necessária: o Direito positivo deficiente deve tirar provisões de si mesmo, da força orgânica que o integra.

2.4. A Escola Teleológica de Ihering

Enquanto SAVIGNY defendeu a doutrina da formação espontânea do Direito, como a língua e o costume, RUDOLPH VON IHERING formulou a teoria da sua formação **necessária**, com finalidade e objetivos certos e definidos, como técnica imprescindível de convivência.

O fim e o motivo criam o Direito, cuja finalidade primeira e geral é a garantia das condições de vida social.

Para IHERING, a vida não deve se amoldar aos princípios; estes é que se devem modelar pela vida. Não é a lógica que determina como deve ser o Direito, como quis a Escola Tradicional, mas sim a vida, as relações e o sentimento jurídico é que o reclamam tal como deve ser.

Para VAN DER EYCKEN, o grande representante da Escola na Bélgica, o Direito é a "organização da **utilidade social**". O fim do Direito é a felicidade social.

Como se vê, o que predomina na Escola é a ideia de valor social, de causa final, de teleologia.

Da doutrina se extrai o método: o fim social não é uma intenção (Escola da Exegese), mas uma **realidade objetiva**, na qual se deve inspirar para criar e desenvolver o Direito.

Assim como SAVIGNY comparou o fenômeno jurídico à língua, para conceituar o Direito como fenômeno espontâneo, histórico, evolutivo e inerente a cada povo, também IHERING usou de uma imagem para combater o método lógico: o Direito está para a lei escrita assim como o pensamento está para a palavra ou sua expressão. O Direito, como o pensamento, é fenômeno interno e subjetivo, enquanto que a lei e a palavra são, respectivamente, sua exteriorização ou objetivação. Dada a diferença essencial entre os dois conceitos e realidades – uma subjetiva e outra objetiva – dificilmente se consegue a coincidência ou correspondência exata e perfeita entre a lei e o Direito, assim como entre o pensamento e sua expressão. Partindo daí, IHERING extrai a consequência contrária ao método lógico: "Um engano nas palavras, a propósito dos atos jurídicos, só prejudica uma pessoa, que, via de regra, deve imputar a si própria o dano resultante, que é passageiro. Muito mais grave é o erro que o legislador comete. Não somente lesa um número indeterminado de pessoas, às quais nenhuma falta se pode exprobar, mas o dano subsiste e dura, enquanto a lei não é ab-rogada.[3]"

2.5. A Escola Sociológica

Para a Escola Sociológica, o Direito é um todo orgânico, composto de vários elementos. Sem uma cultura completa não é possível interpretá-lo. Só o sistematizador é jurista completo. E para sistematizar é preciso conhecer tudo, ter a visão de conjunto, num relance. Não conhece o Direito quem só estuda o Direito, que supõe a Ciência universal, como acentuou SALEILLES. Segundo GÉNY – ambos citados por MÁRIO DE LIMA[4], o intérprete deve pedir inspiração e sugestões a todas as ciências sociais e técnicas.

É mister, como necessidade prática, pesquisar os elementos sociológicos do Direito, pois os fatos sociais (econômicos, políticos, morais, religiosos etc.) confinam com o fato jurídico.

---

3 IHERING, Rudolph von. *L'esprit du Droit Romain*, trad. Meulenaere, 3ª ed., vol. 3º, p. 148.

4 FRANZEN DE LIMA, Mário. *Da Interpretação...* cit., cap. V.

O precursor desta Escola na França foi BUFNOIR, para quem as soluções lógicas deveriam ceder lugar às exigências da vida real e aos reclamos e tendências da sociedade e do meio. SALEILLES e GÉNY foram seus discípulos.

Contrariando a pesquisa da vontade do legislador, ao tempo da elaboração da lei, a Escola Sociológica defendeu "*l'assouplissement des textes*", consagrando a tese de que a melhor interpretação da lei é a que a amolda às necessidades da hora presente, do momento de sua aplicação.

Para GÉNY, as mudanças sociais e econômicas são o fundo e a razão de ser de toda a evolução jurídica, e o Direito é feito para traduzir, em disposições práticas e imperativas, toda a evolução social. Como, portanto – indagou o mestre –, recusar a interpretar o próprio Direito no sentido das concepções sociais, que tendem a se generalizar e a se impor?

Por sua vez, acentuou o grande SALEILLES:

> "Não queremos o arbítrio do juiz, reformando a lei sob pretexto de interpretá-la com base em suas opiniões econômicas e sociais. Queremos, entretanto, quando a lei não ordene com certeza imperativa, que o juiz possa marchar com seu tempo, que ele possa tomar em consideração os usos e costumes que se criam, as ideias que evoluem, as necessidades que reclamam uma solução de justiça.[5]"

2.6. A Escola do Direito Livre

Segundo MÁRIO FRANZEN DE LIMA, ao lado das escolas renovadoras da Tradicional, partidas da França, Itália e Bélgica, surgiu um movimento na Alemanha, Áustria e Suíça, arrojado e audacioso, contra a "plenitude lógica do direito positivo", denominado "direito livre" (*freies Recht*), que teria sido o mais vigoroso sinal de vida da ciência jurídica, após IHERING[6].

Para esta Escola, o domínio imperativo da lei é muito restrito e as soluções diretas, visadas pelo legislador, são a parte mínima do mundo jurídico.

5 Citado por Mário F. de Lima, *in* ob. cit., p. 5.

6 FRANZEN DE LIMA, Mário. *Da Interpretação...* cit., cap. VII.

Já que nos alongamos na exposição da Escola Tradicional, não resistimos ao desejo de mostrar, com mais precisão, o extremo oposto: as linhas mestras do "direito livre", para que, do contraste entre as duas Escolas, se fixe ainda mais a doutrina de cada uma e se perceba, uma vez mais, que a virtude está no meio. Fa-lo-emos, entretanto, através das palavras sempre autorizadas de EDUARDO ESPÍNOLA:

> "Norteia o direito livre o princípio de que, fenômeno social, o Direito, como todos os outros dessa natureza, constantemente se modifica, constantemente se transforma, sem que, no seu rápido quão opulento desenvolver-se, possa acompanhá-lo, sem atraso, a lei, incapaz de moldar-lhe as ricas e sucessivas manifestações.
>
> Assim, a interpretação não pode tornar-se um instrumento de paralisação para esse fenômeno, que está em perene evolução; não pode ela acorrentar o Direito à lei, forçando-o, preso á grilheta imobilizadora, a apresentar-se no esquema feito pelo legislador de outras eras, quando as novas necessidades se não tinham mostrado, quando ainda não se tinham feito sentir as exigências novas. Nem admite que a interpretação se reduza a uma operação lógica, tão estéril quanto perniciosa, dando ao jurista o papel de um geômetra, ou uma máquina lógica, cujas armas sejam os silogismos e as construções. Repele tal processo, como inadequado à integração da ordem jurídica, em cuja plenitude não se pode pensar, sendo forçosamente lacunosa; e inadequado ainda à penetração do sentido da lei, que é um texto impresso, mudo, sem vontade, pois só nós é que, pensando e querendo atribuir-lhe um conteúdo intelectual, criamos essa mística da vontade da lei.
>
> Preconiza, pois, a necessidade de um método capaz de integrar e completar a ordem jurídica positiva, suprindo-lhe as lacunas inevitáveis pela deficiência das leis, e cuja atuação atenda, não a plasmar o direito como expressão da vontade de um legislador, mais ou menos hipotética nas atuais organizações dos Estados constitucionais, em que agem as assembleias coletivas, sem se poder identificar a vontade produtora das leis; e, sim, a dar realização prática a um direito, que seja a expressão dos interesses concretos e objeti-

vos da vida social, em forma a satisfazer-lhe os fins práticos e a real utilidade.

O direito livre não tolera, pois, que a criação do direito seja exclusivamente reservada ao legislador.

Desde que as necessidades objetivas do comércio da vida, no seu aspecto econômico, como em todas as manifestações oriundas da solidariedade familiar e social, determinam a livre criação de regras jurídicas, formação espontânea da avaliação dos interesses, que se chocam, no incessante intercâmbio da vida social; desde que o direito vive em torno de nós e nós o sentimos viver, também têm função criadora do direito outras fontes, com a sua vida autônoma, e a interpretação ganha uma função muito mais elevada, com a livre formação ou livre produção. Nesse ponto, há algumas divergências radicais entre os partidários do direito livre (como se terá verificado nas páginas anteriores deste volume), pois há autores que se contentam com a *freie Rechtsfindung*, enquanto outros entendem ser indispensável a *freie Rechtsbildund* ou a *freie Rechtssch*opfund.

Mas, onde maior desentendimento há, entre os partidários dessa doutrina avançada, é no respeito que o intérprete deve à lei.

Como se verificou, pelo que expusemos nos números que precedem, muitos defensores do direito livre restringem a ação criadora da interpretação ao caso de não haver lei regulando expressamente a matéria; outros fazem-na intervir, mesmo nas matérias legiferadas, eis que a lei escrita não seja clara, ou não satisfaça eficientemente a todas as exigências práticas da vida, e até quando os preceitos legais se mostrem retrógrados ou chocantes com as condições atuais do comércio jurídico; então, a interpretação livre não tem função apenas supletiva do direito positivo, é ela corretiva, aperfeiçoadora do direito escrito.

A escola do direito livre, com o colocar outras fontes, em seguimento ou a par da lei, para produção do direito, firmou o descrédito da analogia, que força a finalidade da lei, com a imposição de suas regras a relações, que não previu e a que se não destinou, e assenta que, do mesmo modo que o legislador tira o direito escrito da natureza íntima das coisas, pode o intérprete ir buscá-lo aí também: *rebus ipsis dictantibus*.

No tocante ao princípio, em que se deve inspirar o intérprete, nessa sua ação de descobrimento e de formação livre do direito, os autores, que se preocuparam em fornecer critério filosófico para a orientação, apresentaram o direito justo (STAMMLER), o direito natural (JUNG), as normas de cultura (MEYER), não faltando quem, como SCHDOSSMANN e STURM, aluda ao sentimento jurídico (*Rechtsgefuhl*), ou à equidade (SCHMOLDER, BRIE e outros).[7]"

Os principais expositores da doutrina da Escola do Direito Livre foram EUGÈNE EHRLICH e HERMANN KANTOROWICZ.

2.7. Émile Durkheim

Assim como no plano lógico a verdade ou síntese resulta do conflito de teses, na seara jurídica a verdade e a justiça emergem do confronto de pretensões envolvendo fatos e valores.

A começar pela visão ou concepção do fenômeno jurídico, os juristas se digladiam. Assim como as partes numa demanda, não raro se excedem no radicalismo das pretensões, visando a enfatizar os aspectos de seu respectivo interesse.

Com relação à importância da **norma** no Direito, vimos o fetichismo da lei como plenitude lógica na Escola da Exegese e o positivismo de KELSEN no formalismo lógico.

Quanto ao exagero do **fato** na composição do Direito, acabamos de examinar a posição da Escola do Direito Livre, que vê o Direito brotar da realidade ou ser ditado pelos fatos sociais: *rebus ipsis dictantibus*. Daí a sua tese extremada da supressão da lei escrita, imobilizadora do Direito.

Examinemos agora outra posição radical em defesa do fato social como caráter maior do Direito: a teoria sociológica de ÉMILE DURKHEIM.

7 ESPÍNOLA, Eduardo, pai e filho. *Tratado de Direito Civil*, citado, vol. IV, pp. 215-217.

Ele parte da tese da **autonomia da consciência coletiva**, como consciência das consciências, cristalizadora e decantadora de valores e ideais que ela comunica e transmite aos indivíduos, modelando-os:

> "*La société n'est nullement un être illogique ou a--logique, incohérent et fantasque comme on l' a souvent considérée. Tout au contraire, la conscience collective est la forme la plus haute de la vie psychique, puisqu'elle est la conscience de la conscience. Étant placée en dehors et audessus des contingences individuelles et locales, elle ne voit les choses que sous leurs aspects permanents et essentiels, qu'elle cristallise en idées communicables. La société voit plus loin et mieux que* les individus."[8]

E conclui que o Direito não é fenômeno psicológico, mas sociológico, produto do meio social e formado na consciência coletiva, através da formação lenta e progressiva, pela interação humana de hábitos, costumes, preceitos morais e regras jurídicas. A Moral e o Direito são criações objetivas e não subjetivas.

MIGUEL REALE assim resume a teoria de DURKHEIM:

> "Em síntese, o que a escola de DURKHEIM afirma é que, se o Direito tem um **valor ideal**, este não resulta imediatamente da natureza humana, mas constitui o resultado final de um longo e tormentoso processo de decantação do fenômeno social, primeiro, e do Direito positivo, depois:
>
> '*Cette espèce d'auréole de sainteté qui entoure l'homme et qui le protége contre les empietements sacritègues, l'homme ne la poss*ède pas naturellement. Analysez l'homme tel qu'il se présente à l'analyse e*mpirique et vous n'y trouverez rien qui emplique cette sainteté; il n'y a en lui rien que de temporel*' (DURKHEIM, *Sociologie et Philosophie*, Paris, 1922, p. 84).
>
> O Direito como **valor ideal** é uma conquista histórica, mas nem por isto deixa de ter uma **certa realidade objetiva.** Esses valores ideais que o constituem, observa

8 DURKHEIM, Émile. *Les Formes Élémentaires de la Vie Religieuse,* Paris, 1912, p. 444.

CUVILLIER expondo a doutrina de DURKHEIM e de DAVY, existem, com efeito, na **consciência coletiva**, que é a sua principal criadora. Se a pessoa humana hoje em dia é o mais fundamental e essencial dos valores ideais que constituem o Direito, é porque a sociedade consagrou o indivíduo, tornando-o a coisa respeitável por excelência.[9]"

Apreciando a tese desse grande sociólogo, EDUARDO ESPÍNOLA acrescenta:

> "Deve-se reconhecer, com SOROKIN, que a teoria de DURKHEIM não pode ser contestada quando faz ver que os fenômenos psíquicos sofrem a influência dos processos sociais, da interação dos indivíduos, e que a regularidade desses processos não coincide com a regularidade que se pode esperar das atividades dos indivíduos isolados. Não é aceitável, ao invés, a existência do espírito ou dos fenômenos psíquicos fora do espírito dos indivíduos e, assim também, a existência da sociedade independentemente de seus membros individuais. Essa tese de DURKHEIM é contestada, considerando-se misticismo injustificado.[10]"

2.8. Lévy Bruhl

Segundo HENRY LÉVY BRUHL, não há valores fora da **consciência** coletiva nem razão para oposição entre o **real** e o **ideal**:

> "*A la conception imaginative d'un idéal aura succedé la conquête méthodique du réel.*[11]"

Em artigo intitulado "*Droit et Sociologie*"[12], LÉVY BRUHL faz a apologia da visão sociológica exclusiva do Direito, em confronto com a visão filosófica e psicológica.

---

9 REALE, Miguel. *Fundamentos do Direito*, cit., p. 63.

10 ESPÍNOLA, Eduardo, pai e filho. *Tratado*, cit., vol. I, p. 29.

11 LÉVY BRUHL, Henry. *La moral, la Science et les Moeurs:* Paris, 1903, p. 154.

12 LÉVY BRUHL, Henry. Artigo *in Archives de Philosophie du Droit*, 1937.

Para ele, a única fonte do Direito é a **consciência coletiva**. As regras de direito provêm dos hábitos e costumes do povo, das relações e pressões sociais que se vão **graduando** até transformar-se moral e tecnicamente em lei.

Em outro trabalho, assim discorre:

> "*Caráter essencialmente provisório das normas do Direito* – A mudança do grupo acarreta a mudança do direito.
>
> Ao contrário da doutrina há muito tempo dominante e ainda hoje difundida, as normas jurídicas, para o sociólogo, não têm caráter estável, nem perpétuo. Essa precariedade é revelada pela própria definição proposta acima. Com efeito, se o direito emana do grupo social, não poderia ter maior estabilidade que o próprio grupo. Ora, o que é o grupo humano, senão uma reunião mais ou menos natural, voluntária ou fortuita de indivíduos de sexos e idades diferentes – grupo que jamais é o mesmo, pois seus elementos componentes se modificam a todo instante pelo simples efeito do tempo? Se considerarmos esses elementos em dois momentos de sua existência, num intervalo de dez anos, por exemplo, mesmo supondo, o que é raro, que no fim desse tempo o grupo compreenda exatamente os mesmos indivíduos, esse grupo social sofreu modificações: os adultos envelheceram, os jovens tornaram-se homens e mulheres na força da idade, e têm uma visão diferente da vida. É inegável, por outro lado, que ao cabo de certo tempo esse mesmo grupo se renovou totalmente pela morte de uns, pela introdução de novos membros, sensíveis a outras influências. Como pode o direito, sendo a expressão da vontade de um grupo, permanecer imutável, quando esse mesmo grupo se modifica constantemente? (...)
>
> Nenhum ato humano é, por si só, inocente ou criminoso. Os delitos que nos parecem mais abomináveis, como o parricídio, são admitidos em alguns grupos sociais; outros, como, por exemplo, a violação de certos tabus, são severamente punidos em algumas populações arcaicas, mas nos deixam perfeitamente indiferentes."[13]

---

13 LÉVY-BRUHL, Henri. *Sociologia do Direito,* trad. de Teruka Minamissawa, São Paulo, Dif. Europeia do Livro, 1964, pp. 32-34.

2.9. Retrospecto

A Escola da Exegese proclamou o primado da **norma** como expressão do Direito, reduzido à lei escrita. Fê-lo por exigência de certeza e de segurança dos direitos subjetivos. Teve o mérito de destacar a importância da sistematização, através da codificação ou fixação do Direito, no que foi seguida pela maioria dos povos.

A Escola de Viena, por razões metodológicas, por neutralidade ou amoralismo, viu o Direito apenas como **norma positiva**. Pôs a norma em confronto com os **valores** e com os **fatos** ou realidade sociológica, para só reconhecer aquela como expressão jurídica. O Direito é o **dever ser puro**, aberto a qualquer conteúdo, finalidade ou valor, procedentes de outras áreas. Realçou a flexibilidade do Direito como técnica de ordenação da vida social. Destacou-lhe a finalidade política, vinculando-o ao Estado: o Direito é oficial ou positivo.

As Escolas Científicas, sob vários matizes, contestaram a tese da plenitude formal e fizeram a apologia dos **fatos**: o Direito é a emanação da realidade histórico-social.

Tanto destacaram a realidade, que não tardaram os exageros. Um deles foi a Escola do Direito Livre, que, ao fetichismo legal da Escola da Exegese, opôs o "nihilismo" legislativo: o aplicador do Direito deve se guiar pelos fatos, pela realidade sociológica. O outro foi a Escola DURKHEIM e seus discípulos GEORGES DAVY, LÉVY-BRUHL e outros, que reduziram o Direito a **fatos**, inclusive os valores jurídicos (moralidade, Justiça), que não seriam fenômenos psicológicos, mas simples produtos industrializados nos laboratórios da **consciência coletiva**.

Passemos, pois, ao estudo dos **valores**.

Capítulo III

O DIREITO COMO VALOR

3.1. Introdução

A visão plena do Direito comporta uma estrutura normativa, uma infra-estrutura fática e uma super-estrutura de Valores.

Ao fenômeno jurídico total interessa o **ser** (o conteúdo da norma, o que é regulado – o homem, a sociedade, os bens e suas relações), o **dever ser** (a normatividade em si) e o **objeto ou fim do dever ser** (os valores humanos e sociais).

A Moral, o Direito Natural, a Justiça, o Bem Comum e o Humanismo constituem os **valores-fim** do Direito, ao lado de valores-meio, instrumentais ou contingentes.

Comecemos pelo estudo dos fenômenos éticos, suas afinidades e distinções. Seguir-se-á uma visão histórica do Direito Natural ou Racional, como fenômeno jurídico interno ou subjetivo, vinculando consciências. Veremos a Justiça como valor-fim específico do Direito, ao lado dos valores-meio ou instrumentais e circunstanciais; o Bem Comum como expressão da Justiça geral ou social; e o Humanismo como fim último do Direito e da vida em sociedade.

3.2. A Moral e o Direito como Fenômenos Éticos: Afinidades e Distinções

AFINIDADES: são ambos fenômenos éticos, regras de ações humanas, envolvendo juízos éticos ou de conduta com caráter imperativo.

3.2.1. Traços diferenciais

1) Quanto ao fim: O Direito visa à Justiça; a Moral visa ao Bem.

2) Quanto ao fundamento: a Moral é apenas **imperativa:** impõe deveres **por si mesmos (unilateralidade)**; o Direito é **imperativo--atributivo:** impõe deveres ou obrigações porque correlatos a **direitos subjetivos** de outrem. Logo, o fundamento da Moral é só o **dever**, enquanto que o do Direito são os **direitos subjetivos (bilateralidade)**.

3) Quanto à coercibilidade: a Moral é incoercível, materialmente.

> A) O Direito, porque atribui direitos subjetivos, torna estes exigíveis. A exigibilidade impõe a **coercibilidade**, e esta supõe uma organização política (poder, autoridade, força, coação incondicionada).
>
> A Moral só contém sanção da própria consciência ou da sociedade (pressões sociais) e não do Estado.
>
> B) O homem tem autonomia moral (pode resistir às pressões da consciência e do meio social) mas não tem autonomia jurídica (**heteronomia**): as normas jurídicas vêm de fora e lhe são impostas coativa e materialmente.
>
> C) O Direito realiza-se:
>
> I – em obediência à consciência ética do cidadão (independentemente de coação); ou
>
> II – em razão do temor da coação do Estado (coação preventiva ou potencial); ou
>
> III – em virtude da coação efetiva ou repressiva do Estado.

Logo, o Direito não se vincula total e necessariamente à coação material. Decorre, em grande parte, da formação ética das pessoas e até de condições econômico-sociais.

4) Quanto à subjetividade:

A) o Direito regula preponderantemente a conduta externa do homem: gestos, palavras, ações, omissões;

B) a conduta interior ou íntima é área predominante da Moral: pensamentos, intenções, atos reservados ou ocultos.

3.2.2. Tipos de regras

I – **Sociais:** etiqueta, educação, boas maneiras, delicadeza. Efeito: pressão social apenas: ridículo, crítica.

II – **Morais: a) individuais:** deveres para consigo mesmo; pressão da própria consciência; **b) sociais:** deveres morais para com o próximo: caridade, ajuda, cooperação, bondade; pressão e reprovação social.

III – **Direito e obrigação naturais:** exigibilidade natural.

IV – **Costume:** regra objetiva-subjetiva, fronteira ou intercâmbio entre a pressão social e a do Estado. Exigibilidade coativa, na ausência de lei contrária; requisitos: reiteração do fato (objetivo) e consciência da obrigatoriedade (subj.).

V – **Direito positivo:** exigibilidade coativa pelo Estado.

3.2.3. *Forum internum* e *forum externum*

GIORGIO DEL VECCHIO atribui a CRISTIAN TOMASIO a primeira tentativa de formular uma teoria sobre a distinção entre o Direito e a Moral, partindo da distinção entre o *forum internum* (domínio da Moral) e o *forum externum* (domínio do Direito). Fê-lo em defesa da liberdade de pensamento e de consciência do cidadão, diante do Estado opressor do século XVIII. A teoria fora encampada por KANT. Mas DEL VECCHIO faz a devida ressalva a essa distinção:

> "*Pero las valoraciones jurídicas, partiendo del elemento exterior, llegan forzosamente al momento interior o psíquico, porque sin esto no se podría conocer integralmen-*

*te de ninguna manera un acto. Análogamente, las valoraciones morales no se limitan a considerar sólo el elemento psíquico o sea el motivo de la conducta, sino que se ext*ienden hasta abrazar también la realización de ésta, o sea, el hecho físico. Se trata, pues sólo del punto de partida y de preponderancia, y no en modo alguno de una consideración exclusiva. El objeto de la valoración es y permanece siempre el mismo, esto es, el acto humano en su integridad. Sería absurdo concebir el Derecho como incompetente sobre la esfera psíquica.[1]"

3.2.4. Unilateralidade e bilateralidade

A propósito da bilateralidade do Direito, assim expõe DEL VECCHIO, que tem o mérito da distinção:

> "*La verdadera distinción se funda sobre la diversa posición lógica de las dos categorías. La Moral impone al sujeto una elección entre las acciones que éste puede cumplir; se refiere al sujeto de por si; y en consecuencia contrapone unos actos frente a acciones* **de otros sujetos.** *Este caráter diferencial puede expresarse diciendo que la Moral es* ***unilateral,*** *mientras que el Derecho es* ***bilateral.***
>
> *En realidad el Derecho pone siempre frente a frente, por lo menos, a dos sujetos; y da normas a ambos, en el sentido de que aquello que es posible por parte de uno, no es impedible por parte del otro.*
>
> *La posibilidad implica una exigencia, una pretensión. El valer frente a otros no es un elemento sobrevenido o complementario, sino la misma esencia lógica del Derecho. La Moral indica un deber cuyo cumplimiento podrá tener efectos, además de para el agente, para otras personas, pero no da normas a éstas, no determina el comportamiento de éstas: por la norma moral se define sólo la conducta de aquel que debe cumplir o satisfacer el deber moral. El Derecho,*

---

1 DEL VECCHIO, Giorgio. *Filosofía del Derecho*, 6ª ed., Barcelona, Bosch, 1953, pp. 346, 347 e 351.

en cambio, señala el contenido de la conducta de un sujeto, considerada siempre en relación con la de otro sujeto. De un lado se impone a una de las partes una obligación; de otro lado se atribuye a la otra una facultad o pretensión. Adviértase que no se trata de dos cosas distintas: es una sola determinación jurídica la que asigna, al mismo tiempo, la obligación de uno y la pretensión o exigencia del otro. Se puede decir que este concepto de la bilateralidad es el elemento fundamental y esencial del edifício jurídico. Por esto se comprende que no pudo escapar a la consideración de las principales escuelas filosóficas. SANTO TOMÁS DE AQUINO, por ejemplo, y después en el siglo XIX ROSMINI, han hablado de la ***alteridad*** *del Derecho (...)*"[2]

3.2.5. Coercibilidade do Direito

DEL VECCHIO considera os conceitos de **coercibilidade** e de **Direito** inseparáveis, real e logicamente (*Filosofia...*, cit., p. 379). Segundo o renomado jusfilósofo, pensadores anteriores já haviam percebido essa propriedade lógica do Direito, que TOMASIO E KANT afirmaram claramente, não obstante as discussões a respeito, as quais prosseguem (*Filosofia...*, cit., pp. 371-372).

Em seguida, o eminente professor da Universidade de Roma passa a contestar as teses contrárias à coercibilidade do Direito.

A primeira, de Karl Ahrens e outros, afirma que o Direito, em regra, é observado ou cumprido espontaneamente e não pela força. Deve haver e há outros motivos psicológicos, independentes da força física, que determinam a observância das normas jurídicas.

Responde DEL VECCHIO que a coação é potencial ou possível no Direito. Em sendo violado, é possível uma oposição ou sanção coativa. O Direito é por natureza violável fisicamente.

À segunda objeção, de que a coação do Estado é quase sempre tardia ou inócua, argumenta DEL VECCHIO com a possibilidade de ressarcimento civil do dano ou de sanção penal.

À objeção de que o Direito Internacional Público não é provido de coação, replica que esse Direito, como sistema ideal, implica pos-

2 DEL VECCHIO, Giorgio. *Filosofia del Derecho*, cit., pp. 349-350.

sibilidade de coação, embora se encontre em uma fase retardada de formação, análoga a estágios já superados da evolução dos Direitos nacionais (*Filosofia...*, cit., pp. 371-379).

A propósito do conceito de obrigação civil, tema correlato, já tivemos oportunidade de escrever:

> "A dúvida ou discussão é sobre qual dos dois momentos predomina na caracterização da obrigação civil.
>
> Para os clássicos, a essência ou momento culminante está no fato da existência real de uma dívida ou débito, correlato ao crédito. O segundo momento ou coação estatal seria um acidente da obrigação ou momento patológico, consequente ao seu descumprimento. Tanto que 99,99% das obrigações se cumprem independentemente de execução coativa, pelo que o débito seria a regra e a garantia a exceção. Logo, a regra é que define o instituto.
>
> O jurista alemão BRINZ liderou, no último quartel do século XIX, a doutrina contrária, de orientação positivista. Para ele e seus seguidores, o que caracteriza a obrigação civil é a garantia ou responsabilidade. No Estado de Direito, resultante do pacto social de con- vivência harmônica e responsável, um só devedor que deixasse, impunemente, de cumprir sua obrigação (a despeito de reconhecê-la devida e justa) estaria desmoralizando todo o sistema. Assim, embora a obrigação seja antes de tudo débito, o que mais a caracteriza e tipifica é a garantia ou coação estatal, que não só reprime como previne o seu inadimplemento, pela função intimidativa e pedagógica. Os moralistas podem encarar o débito, a consciência da dívida ou responsabilidade moral do devedor como sua tônica, mas o jurista, o advogado ou o juiz só podem divisar na garantia ou projeção sobre os bens do devedor o apanágio da obrigação civil.
>
> Do exposto se conclui que a essência ou ponto culminante da obrigação civil está na garantia ou possibilidade de efetiva execução ou recebimento da prestação pelo credor. No plano da existência ou sob o aspecto estático, a obrigação, para nascer ou para existir apenas, vinculando juridicamente as partes, tem como elemento essencial o vínculo legal ou voluntário. Mas, sob o aspecto dinâmico

ou para operar ou funcionar, para produzir os efeitos visados pela lei e pelas partes, a obrigação desloca o seu centro de gravidade para a garantia, na seguinte sucessão de efeitos: primeiro efeito: a necessidade de entrega espontânea da prestação pelo devedor ao credor, o que ocorre normalmente em 99,99% dos casos; segundo efeito: diante da não- entrega espontânea, o credor tem o poder de agressão aos bens do devedor para se garantir (pretensão material), mas não o faz pessoalmente e sim por intermédio do Estado, contra o qual dispõe da pretensão formal ou direito de ação, fruto do pacto social de convivência."[3]

Noutra oportunidade, retomamos o tema nos seguintes termos:

"Se é ilusão confundir a lei com o próprio Direito, maior artifício é considerar a coerção como inerência jurídica.

SANTO TOMÁS DE AQUINO comparou o justo, que manifesta o Direito, com o belo, que compõe a obra de arte, e com o bom, que exprime a caridade. Todos procedem de emoções racionais e de ideias preexistentes no espírito humano.

O grande mestre de nossa Faculdade, EDGAR DA MATA MACHADO, em sua magnífica tese *Direito e Coerção*, assim conclui, com apoio em RENÉ TOULEMONT: 'Toda a significação do fato normativo reside na eficiência, não na coerção. A eficiência é a disposição real dos membros de um meio social, para inclinar-se diante de um valor. É, pois, algo que difere totalmente da força material e da coerção; a obediência à força material e à coerção provém do medo instilado pela ameaça: a eficiência, ao contrário, tem por motivo o respeito a uma valor'.

Outro mestre da Casa de Afonso Pena assim pondera: 'É urgentemente necessário reconhecer que uma ordem

---

3 COSTA, Dilvanir José da. "O Conceito de Obrigação Civil", *in Revista de Informação Legislativa*, Senado Federal, número 117, pp. 353 e 355, janeiro/março 1993.

jurídica baseada na coerção é indigna da transcendental grandeza do homem. Se se quer para o futuro expressões convencionais inspiradas no amor e na justiça, na dignidade e na confiança, tem-se de restituir ao homem a superior liberdade de responder, ele próprio, aos deveres que decorrem da vida em sociedade. O homem só é feliz à condição de ser livre. Só é livre, quando responsável. E só é responsável se os motivos de sua conduta estão dentro e não fora dele'.

E a final propõe: 'À consciência de que é necessário 'descoercibilizar' a prática do direito, deve seguir-se esforço de aperfeiçoar as instituições, no sentido de se obter a adesão espontânea do homem às normas jurídicas da coletividade. Não há, com efeito, onde a vitalidade do corpo político encontre melhor expressão do que no dar e receber cada um, livre e respectivamente, aquilo que deve e aquilo que lhe é devido'.

O imortal jurista FRANCESCO CARNELUTTI, em suas meditações sobre o Direito, publicadas sob o título *Arte do Direito*, considera a estrutura jurídica do Estado tão artificial e instrumental como as armaduras ou suportes que a engenharia usa na construção de pontes, edifícios e outras obras de concreto. Decorrido certo tempo e assim que o cimento haja atuado sobre os demais elementos, agregando-os no bloco de concreto, as vigas e as fôrmas são retiradas. Assim também – assegura CARNELUTTI – deveria ocorrer com a armadura jurídica do Estado, se os cidadãos se adaptassem às fôrmas da verdade e da Justiça.

O Direito positivo provido de coerção constitui a armadura de que a sociedade necessita para alcançar firmeza e equilíbrio. Enquanto fraqueje a força interior que une os homens – pondera o notável processualista da Universidade de Roma –, a via do Estado corre perigo sem o Direito positivo, sem juiz e sem força policial.

Tanto é valido o argumento que há Estados evoluídos que necessitam menos de estruturas jurídicas organizadas, assim como existem agrupamentos moralmente estruturados que prescindem de normas externas, pautando espontaneamente seus atos segundo os princípios da justiça e até da caridade. Aliás, a experiência comprova que expressiva maioria dos cidadãos prescinde de coerção jurídica. A minoria que exige a intervenção judicial fá-lo ou por defeito de informação sobre seus direitos e obrigações, ou por defeito de formação (egoísmo, vingança etc.), e a maioria dessa minoria por simples dificuldades econômicas. Segundo um pensador moderno, a humanidade padece hoje mais por causa de problemas econômicos do que pela ação dos micróbios."[4]

3.3. O Direito Natural: Visão Histórica e Conceito

3.3.1. O Direito Natural na Grécia

EDGAR DE GODÓI DA MATA MACHADO faz uma análise histórica do Direito Natural, da qual se extrai o seguinte:

> "É na doutrina dos sofistas, preocupados com a reforma social, que aparece a rigorosa distinção entre a ***physis*** (ou natureza com suas leis invariáveis) e a ***nomos*** (ou lei humana positiva). O problema do Direi- to Natural é objeto de toda a intensa e tantas vezes contraditória especulação desse filósofos, espécies de 'pensadores públicos', dispostos a sacudir a vida rotineira da Grécia dos século V antes de Cristo.
>
> A HÍPIAS, LICOFRON E ALCIDAMAS preocupa, de modo especial, a fixação de um critério para a crítica do direito positivo. LICOFRON, segundo o testemunho de ARISTÓTELES, negava todo o gênero de privilégios, como contrário à igualdade natural dos homens; e ALCIDAMAS foi o primeiro, na antiguidade, a condenar a escravidão, com o mesmo fundamento.
>
> SÓCRATES reage contra o ceticismo dos últimos Sofistas e, apoiado sobre o princípio de que a virtude é ciência (só quem não conhece o bem pratica o mal), mantinha

---

4 COSTA, Dilvanir José da. "Mensagem aos Novos Bacharéis", discurso de patrono, publicado *in Jornal do Advogado*, OAB/MG, nº 112, outubro/1991.

a afirmação de que existe um mundo objetivo e cognoscível de valores: valores do bem, do belo e do justo.[5]"

EDUARDO SPÍNOLA, ao tratar da "concepção moderna do Direito Natural", assim inicia seu estudo:

"O conceito de Direito Natural consiste em admitir, acima e independentemente do direito positivo, um direito que decorre da própria natureza do homem, que resulta das supremas exigências dessa natureza.

Afirma-se que em SÓCRATES se encontra uma noção clara do Direito Natural. Assim também na filosofia de PLATÃO, de ARISTÓTELES, dos estóicos. Disse ARISTÓTELES: 'Quanto ao direito válido para o cidadão, uma parte é Direito Natural, a outra é direito positivo. O Direito Natural é o que tem por toda a parte o mesmo princípio e não depende de aprovação'.[6]"

3.3.2. O Direito Natural em Roma

Lê-se nas *Institutas*:

"DO DIREITO NATURAL, DAS GENTES E CIVIL

Direito natural é o que a natureza ensinou a todos os animais, porque ele não é próprio do gênero humano, mas de todos os animais, que nascem no ar, na terra e no mar. Daí deriva a união do macho com a fêmea, a qual chamamos matrimônio; daí a procriação e educação dos filhos. Em verdade vemos julgarem-se os outros animais como conhecedores deste direito" (L. 1º, T. II).

O direito, porém, que a razão natural constitui entre todos os homens, é observado do mesmo modo por todos os povos e se chama direito das gentes, isto é, direito de que usam todos os povos. Semelhantemente, o povo romano

---

5 MATA-MACHADO, Edgar de Godói da. *Elementos de Teoria Geral do Direito*, 1ª ed., Belo Horizonte, Ed. Vega S/A, pp. 60-61.

6 ESPÍNOLA, Eduardo. *Tratado...*, cit., vol. I, pp. 50-51.

usa em parte de um direito exclusivamente seu e em parte do comum a todos os homens" (L. 1º, T. II, § 1º).

Mas os direitos naturais, que são observados entre todos os povos igualmente, como se constituídos pela providência divina, permanecem firmes sempre e imutáveis; enquanto os que cada cidade constitui para si mesma costumam ser muitas vezes mudados, já pelo consentimento tácito do povo, já por outra lei posteriormente promulgada" (L. 1º, T. II, § 11).[7]

3.3.3. O Direito Natural na Idade Média (o pensamento cristão)

Ao tratar desta fase, o Prof. EDGAR MATA-MACHADO cita SÃO PAULO:

> "(...) quando os gentios, que não têm lei, cumprem naturalmente o que a lei manda, embora não tenham lei, servem de lei a si mesmos; mostram que a lei está escrita em seus corações" (Rom. 2,14-15).

Em seguida, refere-se ao caráter teológico da concepção dos padres da Igreja Católica, vinculando o Direito à autoridade divina, inclusive SANTO AGOSTINHO, nesta definição de lei:

> "*Lex est ratio divina et voluntas Dei ordinem naturalem iubens, perturbari vetans ut omnia sint ordinatissima.*"

Conclui acentuando, com GEORGE GURVITCH, que, em SANTO TOMÁS DE AQUINO, vemos o primeiro esforço, dentro do Cristianismo, de "laicização" do Direito natural:

> "E o melhor expositor da Filosofia Política de SANTO TOMÁS, em nosso tempo, vê, no Direito Natural, uma ordem ou disposição existente, real, em virtude da própria na-

---

7 *Institutas do Imperador Justiniano*, trad. revista por Clovis N. Oliveira, 1ª ed. (bilíngue), São Paulo, Ed. Edições e Public. Brasil Editora S.A., locais citados.

tureza humana, ordem ou disposição que a razão humana pode descobrir e segundo a qual a vontade humana deve agir para pôr-se em consonância com os fins essenciais do ser humano" (MARITAIN, 78).[8]

3.3.4. O Direito Natural nos séculos XVII e XVIII (a Escola do Direito Natural)

Lê-se em EDUARDO ESPÍNOLA:

> "Nos séculos XVII e XVIII é que se constituiu verdadeiramente a escola do Direito Natural, que proclama a independência do direito em face da religião. GRÓCIO, considerado seu fundador, assim definiu: 'O Direito Natural é uma regra que nos é sugerida pela reta razão, segundo a qual julgamos, necessariamente, que uma ação é injusta ou moral, segundo sua conformidade com a natureza raciocinante, e que assim, Deus, autor da natureza, proíbe uma e ordena outra'.[9]"

E EDGAR MATA-MACHADO faz esta importante distinção:

> "É bom ainda insistir, no remate desta visão de conjunto das técnicas de elaboração do Direito na época da 'Ilustração', que o fato de haverem setecentistas e oitocentistas concebido o Direito como pura criação do espírito, abstrata, desencarnada, independente das conjunturas existenciais concretas, históricas, ficando suas concepções ligadas a uma Escola que se chamou de 'Direito Natural', – comprometeu a própria noção de uma regra de conduta fundada na essência e nas inclinações da natureza humana, regra cuja objetividade pode, todavia, ser matéria de demonstração, com fundamento em dados da realidade, e matéria de conhecimento, com base na verificação do progresso histórico da consciência moral. A essa regra é que

8 MATA-MACHADO, Edgar. *Elementos*..., cit., pp. 64-66.

9 ESPÍNOLA, Eduardo, pai e filho. *Tratado*..., cit., vol. I, p. 51.

chamamos **Direito ou Lei Natural**, que nada tem a ver , senão o nome – origem do equívoco mencionado – com o Direito Natural que melhor se designaria como **Direito Racional**, da 'Escola do Direito Natural e das Gentes'.[10]"

3.3.5. O RACIONALISMO DE EMMANUEL KANT

EDUARDO ESPÍNOLA considera que o grande filósofo alemão, embora não filiado à Escola do Direito Natural, muito contribuiu para o prestígio desta, com a sua doutrina do direito racional. E cita KORKOUNOV:

> "Nos séculos XVII e XVIII, sob a influência do racionalismo, que dominava então, a teoria do Direito Natural afasta de novo todo o fundamento religioso, e o Direito Natural é considerado como um sistema abstrato do direito, que decorre, como uma necessidade lógica, da natureza raciocinante do homem e que existe ao lado do direito positivo."[11]

Eis uma síntese do racionalismo, extraída de EDGAR MATA- MACHADO:

> "... para a questão de saber se o que prescrevem as leis é justo, só há uma solução: 'deixar de parte todos os princípios empíricos'e ir buscar 'juízos apenas na razão... para estabelecer os fundamentos de uma legislação positiva possível'. (...)
>
> Realiza-se, dessa forma, através de KANT, não só a 'racionalização' do Direito Natural e sua como 'minimização' (redução a um só preceito, este mesmo *a priori*), como também a radical separação entre ele e o direito positivo, que, desde então, vai começar o seu processo de autonomia, como ciência e como faculdade de obrigar.
>
> É – repetimos – nesse clima **formal**, de que nunca se apartou KANT, que vão ser oferecidos os **famosos** princípio e lei universais do Direito:

10 MATA-MACHADO, Edgar. *Elementos...*, cit., p. 73.

11 ESPÍNOLA, Eduardo, pai e filho. *Tratado...*, cit., pp. 51-52.

O princípio:

É justa toda ação que, por si, ou por sua máxima, não constitui obstáculo à conformidade do arbítrio de todos com a liberdade de cada um, segundo leis universais.

E a lei:

Age exteriormente de modo que o livre uso do teu arbítrio se possa conciliar com a liberdade de todos, segundo uma lei universal."[12]

3.3.6. A REAÇÃO AO DIREITO NATURAL

A primeira reação ao Direito Natural partiu da Escola Histórica de SAVIGNY, que teve origem na sua polêmica com THIBAUT, que escrevera, em 1814, "sobre a necessidade de um código civil geral para a Alemanha", tendo em vista a codificação francesa (Cód. Napoleão – 1804).

Em resposta, sob o título "Da vocação de nosso século para a legislação e a ciência do direito", SAVIGNY lançou o programa da Escola Histórica, já analisada no capítulo anterior. Segundo ele, como vimos, o Direito origina-se, espontaneamente, dos fatos ou realidade histórico-social, de forma irreflexiva. Donde a negação do seu caráter racional e imutável.

Seguiram-se novas reações, através das escolas científicas, de cunho sociológico, positivista e realista, cumulando com KELSEN, DURKHEIM, LÉVY BRUHL e outros, já comentados. Devido ao extremismo a que chegaram, não tardou o movimento contrário aos positivistas e realistas, restaurador do Direito Natural. É o que passaremos a examinar.

3.3.7. A RESTAURAÇÃO DO DIREITO NATURAL

Em sua exposição sobre o Direito Natural, EDUARDO ESPÍNOLA assim se refere ao movimento restaurador:

> "Mas, a partir dos últimos anos do século transato, começou a manifestar-se a tendência a restaurar o idealismo

---

12 MATA-MACHADO, Edgar. *Elementos...*, cit., pp. 90-93.

no direito, sob várias denominações: **Direito Natural, direito justo, direito racional, direito ideal, direito moral, direito científico, direito intuitivo** e também **direito objetivo, direito livre**.

(...) em todos os países – França e Alemanha, Inglaterra e Estados Unidos, Itália e Espanha – aparecem livros proclamando a restauração do Direito Natural em novos moldes."

E, mais adiante:

"N. N. ALEXEIEV, antigo professor da Universidade de Moscou, referindo-se aos artigos que foram publicados nos números 3 e 4 dos *Archives de la Philosophie du Droit* (1933), declara que uma das convicções profundas e fundamentais de todos os autores é que o positivismo jurídico já não satisfaz a ninguém e que, por conseguinte, se torna necessário voltar às tradições do antigo Direito Natural, ou, então, procurar 'equivalentes ao Direito Natural tradicional'. Na verdade, as contribuições, a que se refere ALEXEIEV, são de juristas filósofos e professores como GÉNY, HUBERT, AILLET, RÉGLADE, HAESERT.

O eminente professor GÉNY considera o Direito Natural um conjunto de regras da moral, de preceitos da religião cristã, regras superiores para inspirar as leis positivas, completá-las, interpretá-las, limitá-las. Daí dizer DRAGHICESCO, professor da Universidade de Bucarest, que é mista a concepção de GÉNY – Direito Divino-Natural – lembrando a dos estóicos e a de SANTO TOMÁS.

STAMMLER acredita num Direito Natural de conteúdo variável, na ideia do direito, a cuja apreciação crítica se submete o direito positivo.

LE FUR, RENARD, CATHREIN admitem alguns princípios eternos do Direito Natural ou racional, embora este tenha um conteúdo concreto variável.

Essa ressurreição do Direito Natural, tanto como outras manifestações do pensamento jurídico-filosófico de nossos dias, demonstra que já a ninguém satisfaz o positivismo jurídico, que imperou no século XIX.

O Instituto de Filosofia do Direito e de Sociologia Jurídica, em sua terceira reunião (1937), discutiu a tese – o fim do Direito. Em seu relatório, o professor DELOS, da Faculdade de Direito de Lille, fazia a seguinte consideração: 'É por uma reflexão sobre si mesmo que o homem descobre sua natureza; é a sua razão que percebe as relações necessárias decorrentes dessa natureza e as leis fundamentais da vida social.' Em seu discurso final, na mesma reunião, o professor LE FUR salientava o acordo a que haviam chegado os congressistas, reconhecendo a ideia do direito, transcendente em relação ao direito positivo, um **Direito Natural ou ideal**, fora do direito positivo, e ao qual este não pode ser indiferente."[13]

3.3.8. O idealismo de Giorgio del Vecchio

Depois de afirmar que "o notável catedrático da Universidade de Roma é um dos maiores juristas filósofos da atualidade", EDUARDO ESPÍNOLA cita estas suas palavras, pronunciadas na reunião do Instituto Internacional de Filosofia do Direito, realizada em Roma (1937), na condição de seu vice-presidente:

> "O estudo da particularidade das leis e dos costumes próprios de cada país – estudo certamente necessário, por evidentes considerações práticas – não exclui, antes implica e pressupõe o das razões profundas, comuns a todos os sistemas jurídicos e ínsitas na própria natureza humana. A isso se destina a filosofia do direito: a colher e definir o conceito universal do direito, portanto, também os princípios que constituem ou devem constituir a base de toda a ordem jurídica possível.
>
> Fácil é ao vulgo e aos semidoutos ridicularizar essa indagação filosófica, em nome dum relativismo superficial. Mas a crítica gnoseológica já demonstrou, rigorosamente, a irreparável falácia das instâncias empíricas e cépticas; e antes ainda da crítica gnoseológica foram e são essas instâncias

13 ESPÍNOLA, Eduardo, pai e filho. *Tratado*..., cit., pp. 52-55.

repelidas pela sã consciência ética, que, ao interrogar-se, genuinamente, encontra em si, impressa, indelevelmente, a lei do dever e da Justiça."[14]

3.3.9. Eduardo Espínola

Finalmente chegou a vez do renomado mestre nacional e ex Ministro do Supremo Tribunal Federal, autor do magnífico *Tratado de Direito Civil Brasileiro*, em doze alentados volumes, edição da Editora Freitas Bastos há meio século. O destaque de sua obra neste trabalho, além de enriquecê-lo, tem o propósito de resgatar a sua cultura perante as novas gerações de juristas. Eis a síntese de seu pensamento, com suas palavras:

> "Como acima tivemos o ensejo de afirmar, é hoje ponto reconhecido pela quase totalidade dos juristas de todos os países que não é direito apenas o direito estatal, oficial ou formal, isto é, o conjunto das leis decretadas pelos órgãos competentes segundo as Constituições dos Estados.
>
> O direito existe antes de ser traduzido em lei, e, não raro, esta não corresponde ao sentimento de justiça dominante no grupo social, a que ela se destina.
>
> Cumpre, pois, verificar em que consiste o direito, como se manifesta e compreende, qual a sua natureza específica. (...)
>
> Muito se preocupam os juristas de nossos dias com a experiência jurídica. (...)
>
> Quanto ao direito, a experiência só poderá dar resultado satisfatório se recair sobre os fenômenos adequados.
>
> A experiência puramente objetiva conduzirá a conclusões errôneas, se não for de todo frustrada. (...)
>
> Como diz CORNIL, não resta dúvida de que a observação é o método fundamental a ser utilizado na descoberta dos fenômenos, mas, em se tratando dos fenômenos do mundo espiritual, o que se terá de observar é o nosso próprio comportamento moral; assim, a observação terá de ser interna, a introspecção. (...)

---

14 ESPÍNOLA, Eduardo. *Tratado...*, cit., vol. I, p. 56.

> Não pode padecer dúvida, em face dos estudos mais recentes de filosofia do direito, que a determinação do conceito de direito só poderá resultar da experiência jurídica, da observação dos fenômenos jurídicos, e que essa observação há de ser interna, introspectiva.[15]"

3.3.10. A experiência introspectiva de Léon Petrasizky

EDUARDO ESPÍNOLA não esconde seu entusiasmo pela teoria da experiência psíquica, através da introspecção, de autoria do jurista polonês LÉON PETRASIZKY, que foi professor em Petrogrado e Varsóvia, falecido em 1931 e considerado, no parecer de ESPÍNOLA, "o maior jurista filósofo da Rússia e da Polônia".

São expositores de sua teoria, dentre outros: SOROKIN (*Théories Sociologiques*, 1938, pp. 518-523; GEORGES CORNIL ("A propos d'un livre posthum de L. Petrasizky", *in Arch. de Phil. du Droit*, 1934, 1-2, pp. 180- 196; EDUARDO ESPÍNOLA, *Tratado...*, cit., vol. I, pp. 42-50; MIGUEL REALE, *Fundamentos do Direito*, cit., pp. 114-124; GOFFREDO TELES JR., *A Criação do Direito*, cit., pp. 421-428).

Segundo PETRASIZKY, o fenômeno ético é interno. Como não se pode observá-lo no íntimo das pessoas, só resta o recurso à auto-observação ou experiência psíquica, através da introspecção.

O homem sente emoções, que os sentidos transmitem à inteligência, onde são interpretadas e conscientizadas, provocando reações sob a forma de juízos. Há juízos lógicos (verdade, erro), econômicos (útil, inútil), estéticos (belo, feio), éticos, que se desdobram em morais (bom, caridoso, mau, egoísta) e jurídicos (justo, injusto). O Direito é uma experiência psíquica imperativa-atributiva.

3.4. Conclusão

Ante o exposto, podemos concluir primeiro com EDUARDO ESPÍNOLA:

> "Em conclusão, o que resulta do ligeiro exame que fizemos das doutrinas e sistemas sociológicos, tomando por

15 ESPÍNOLA, Eduardo. *Tratado...*, cit., vol. I, pp. 75-76 e 82.

guia o livro criterioso e abundantemente fundamentado do professor da Universidade de Harvard – P. A. SOROKIN –, é que existe um número extraordinário de estudos profundos e sérios, nos domínios da sociologia, os quais contribuíram, fartamente, para a compreensão dos fenômenos sociais, estudos que, verdadeiramente, criaram a ciência da sociologia.

Como é natural, as teorias, que se comprazem no exame circunstanciado de certo fator, ou de certa variante, tendem a lhe atribuir papel mais importante do que aos outros fatores, na determinação dos fenômenos sociais. Ora é o fator físico, ora o psicológico, ora o sociológico ou social, que tem a primazia, no conceito das escolas.

Entretanto, como bem observou PARETO, o princípio da causalidade única não se aplica ao estudo dos fenômenos sociais. Estes dependem do meio geográfico; de condições biológicas, como a raça, a herança; da situação econômica; da constituição política; da religião, das ideologias; do pensar e do saber; e, quiçá, de outros fatores ainda não bem caracterizados. São múltiplas as **variáveis**, que dependem umas das outras e influem umas sobre as outras, como diz PARETO. Por sua interação, mudam, continuamente, o caráter e o equilíbrio da sociedade, para empregar as palavras do sociólogo italiano. Os fenômenos sociais ou as funções sociais resultam da interação das variáveis; não é possível, *a priori*, declarar que uma variável prepondera em relação a certo fenômeno.

O Direito, como fato social, como fenômeno que se manifesta na vida social, depende de todos os fatores que contribuem para a manifestação dos outros fenômenos sociais.[16]"

E com GIORGIO DEL VECCHIO:

"Cumpre atender a que, segundo já observaram, em parte, certos pensadores antigos, e ainda melhor o demonstrou a ciência moderna, a variabilidade do direito é uma consequência de sua relatividade ou de sua compenetração

16 ESPINOLA, Eduardo. *Tratado...*, cit., vol. I, pp. 36-37.

com os outros fatos sociais. Não é possível estudar o direito de um povo dado, numa época determinada, fazendo abstração de suas condições de vida. Quando elas se modificam, o direito também deve modificar-se. É ele, pois, não somente diverso, mas **necessariamente** diverso, em virtude da lei da **relatividade histórica** a que está submetido.

O conteúdo da realidade jurídica é impróprio para servir de base a uma definição do direito, porquanto não se poderá desconhecer que o direito é, *por natureza, condicionado ou submetido a certas flutuações e vicissitudes.*"

Mas ressalva o mestre italiano:

"Mas, daí não se deve concluir que a realidade jurídica se esgote com o conteúdo, porquanto uma reflexão atenta permite assegurar que existe no direito um elemento imutável, incluído em nosso espírito, capaz de servir de fundamento à definição."

E aponta o caminho certo:

"Em vão interrogamos a História sobre a essência imutável do direito; respondeu-nos a História de modo contraditório; apresentou-nos proposições diversas, instituições diversas, fluxo e refluxo, evolução, inconstância. Então, reconhecida a inutilidade de procurar no exterior, tivemos de nós refugiar em nós mesmos, segundo o célebre conselho de Santo Agostinho: *noli foras ire; in te ipsum redi; in iteriore homine habitat veritas.* Esse grande princípio metodológico, que serve de guia na solução de numerosos problemas filosóficos, que inutilmente se tentaria resolver pela observação exterior, devemos aplicá-lo ao nosso assunto."

Acentua DEL VECCHIO que o próprio fato da variedade do seu conteúdo implica a existência de uma forma lógica universal do direito: "O múltiplo supõe a unidade".

E, prosseguindo no seu raciocínio, diz que a primeira observação que resulta do exame introspectivo do direito é a de que ele se relaciona, exclusivamente, com as ações, com a conduta, com o agir humano. Logo, os predicados do **justo** ou **injusto** estão ligados a uma atividade do homem. Os fenômenos naturais não comportam tais atributos.

A atividade humana manifesta-se objetivamente, mas tem origem psíquica, num estado dalma, numa afirmação de vontade consciente e racional. Daí a essência do justo ou injusto ser um juízo lógico, racional e universal.

MIGUEL REALE, partindo da distinção de EDMOND GOBLOT, entre valores-fim e valores-meio, subordinantes e subordinados, concilia a variedade sociológica do Direito com a sua unidade filosófica.

Valor-fim ou absoluto do Direito é a Justiça, cujo conteúdo procede do valor-fonte, que é a própria natureza psíquica e racional do homem.

Valores-meio, instrumentais, circunstanciais ou ambientais são as variáveis decorrentes da cultura humana. São valores-meio a segurança, a ordem pública, o desenvolvimento, a liberdade, a economia, a ciência ou outro interesse eventualmente visado pela ordem jurídica, ainda que com sacrifício imediato da Justiça.

A Justiça é o valor jurídico inerente à natureza humana. Os valores- meio servem à cultura humana.

Cultura é o que o homem acrescenta à sua natureza imutável. A natureza é a substância, é o principal na estrutura do homem. A cultura são os acidentes, são os acessórios acrescentados pelo próprio homem e pela sociedade.

Considerar o direito apenas como produto sociológico é negar o seu traço original de regra de comportamento do homem-natureza, pressuposto do homem-cultura.

Assim o Direito não é apenas fato, é também Valor. São os fatos, que atuam sobre os valores, na dinâmica da evolução humana, e são os valores, que modelam os fatos, contendo-os nos limites da natureza humana.

Mas o Direito não é apenas fato e valor. É também norma, forma ou conduto de vinculação dos fatos aos valores. Não apenas norma abstrata, mas norma escrita ou lei, como técnica ou instrumento de comunicação social do direito, como penhor de certeza, de garantia e segurança dos cidadãos.

O Direito, como disse MIGUEL REALE, "não é puro fato, nem pura norma, mas é o fato social na forma que lhe dá uma norma racionalmente promulgada por uma autoridade competente segundo uma ordem de valores".[17]

E, como conclui GOFFREDO TELLES JR.:

> "A ordem ética resulta do encontro da força criadora do espírito com os fatos reais da vida. Esses fatos, por mais que se repitam, jamais gerarão uma norma de comportamento, se não forem julgados: o **ser** não gera o **dever ser**. Por outro lado, o espírito sem os fatos é uma energia desperdiçada, uma potência ordenadora a que falta matéria para se fazer ato. A norma não surge do fato e não surge do espírito; surge do espírito colocado diante do fato: do fato julgado pelo espírito; do espírito julgando o fato. A ordem ética repousa em três elementos entrosados: **espírito, fato** e **norma**."[18]

Numa aula magna, já fizéramos esta profissão de fé nos valores do Direito:

> "As leis não obrigam por si mesmas, ainda que dotadas de coerção emanada da soberania do Estado.
>
> O Direito puro, a essência jurídica obrigatória deflui dos valores humanos carentes de proteção, os quais se projetam de cada um de nós e dos agrupamentos humanos, através dos instrumentos legais de captação. As leis que compõem o direito positivo não passam de vias ou canais de comunicação e consagração oficial desses valores pelo Estado, com maior ou menor fidelidade e até com sacrifício dos mesmos.
>
> Os direitos subjetivos decorrem de necessidades e imperativos da existência e da convivência humana. O homem é a razão última de todos os direitos, já diziam os romanos: '*omne jus hominum causa*'.
>
> Ao assumir a presidência do Supremo Tribunal Federal, o Ministro Rafael Mayer proclamou que 'o homem é o núcleo da valoração' e, citando Rosmini, 'o Direito é a pessoa humana'."[19]

---

17 REALE, Miguel. *Fundamentos do Direito*, cit., p. 302.

18 TELLES JR., Goffredo. *A Criação do Direito*, cit., pp. 547-548.

19 COSTA, Dilvanir José da. "Mensagem aos Novos Bacharéis", cit.

PARTE II

A INTERPRETAÇÃO DO DIREITO

Capítulo I

INTRODUÇÃO

Sumário: 1.1. Interpretação e hermenêutica. **1.2.** Fonte, interpretação e integração do Direito. **1.3.** Interesse do estudo da hermenêutica. **1.4.** Espécies de interpretação. **1.5.** História da interpretação.

1.1. Interpretação e Hermenêutica

Interpretação, no sentido amplo, é a explicação do sentido de uma lei, de uma decisão ou de um ato (CAPITANT).

Interpretação, na acepção técnica e estrita, é o confronto do texto frio da lei com os fatos e litígios a que tem de ser aplicada, e, para este fim, a investigação do exato sentido do mesmo texto.[1]

Interpretar é, sobretudo, pesquisar e traduzir uma vontade exteriorizada num ato jurídico, numa correspondência, num contrato, num texto legal ou constitucional. Depois de uma simples conversa, é comum ouvir-se de um dos interlocutores: "Fui mal interpretado." Assim, a interpretação é a alma da comunicação e a própria condição da vida social. Interpretação é identificação de pensamentos, de sentimentos e de vontades; é comunhão de espíritos e fator de integração social.

No sentido amplo, interpretação é sinônimo de hermenêutica. Mas técnica e juridicamente se distinguem. Enquanto a interpretação é próprio ato de extrair o sentido exato da lei, de traduzir a vontade social, a hermenêutica é a ciência, a teoria e a doutrina da interpretação. É o conjunto de regras e princípios, o estudo da técnica, dos métodos, das doutrinas e das Escolas de interpretação.

---

1 CUNHA GONÇALVES, Luiz. Princípios de Direito Civil Luso-Brasileiro, São Paulo, Max Limonad, 1951, vol. I, cap. II, p. 33.

CARLOS MAXIMILIANO distingue:

> "As leis positivas são formuladas em termos gerais; fixam regras, consolidam princípios, estabelecem normas, em linguagem clara e precisa, porém ampla, sem descer a minúcias. É tarefa primordial do executor a pesquisa da relação entre o texto abstrato e o caso concreto, entre a norma jurídica e o fato social, isto é, aplicar o Direito. Para o conseguir, faz-se mister um trabalho preliminar: descobrir e fixar o sentido verdadeiro da regra positiva; e, logo depois, o respectivo alcance, a sua extensão. Em resumo, o executor extrai da norma tudo o que na mesma se contém: é o que se chama interpretar, isto é, **determinar o sentido e o alcance das expressões do Direito.**
>
> A interpretação, como as artes em geral, possui a sua técnica, os meios para chegar aos fins colimados. Foi orientada por princípios e regras que se desenvolveu e aperfeiçoou, à medida que evolveu a sociedade e desabrocharam as doutrinas jurídicas. A arte ficou subordinada, em seu desenvolvimento progressivo, a uma ciência geral, o Direito, obediente, por sua vez, aos postulados da Sociologia; e a outra, especial, a Hermenêutica. Esta se aproveita das conclusões da Filosofia Jurídica; com o auxílio delas fixa novos processos de interpretação; enfeixa-os num sistema, e, assim, areja com um sopro de saudável modernismo a arte, rejuvenescendo-a, aperfeiçoando-a, de modo que se conserve à altura do seu século, como elemento de progresso, propulsor da cultura profissional, auxiliar prestimosa dos pioneiros da civilização. (...)
>
> A Hermenêutica é a teoria científica da arte de interpretar.[2]"

1.2. Fonte, Interpretação e Integração do Direito

Não se confundem fonte, interpretação e integração do Direito.

Fonte por excelência é a lei (ao lado do costume e das fontes subsidiárias: doutrina, jurisprudência e Direito Comparado), cujo

---

2 MAXIMILIANO, Carlos. Hermenêutica e Aplicação do Direito, 5ª ed., Rio-SP, Freitas Bastos, 1951, pp. 13-14.

sentido deve ser pesquisado e interpretado. Fonte é uma realidade, um comando aparente, enquanto que interpretação é abstração, é ato subjetivo e processo intelectual.

Também a **integração** não se confunde com **fonte** nem com **interpretação.** Diríamos que é um meio-termo, situando-se, conceitualmente, entre a fonte e a interpretação. Integração vem de "integrar", significando inteirar ou completar a fonte deficiente ou incompleta. É um processo lógico de ampliação e complementação das fontes sem inová-las. É necessária como fator da plenitude do direito positivo. Quando este é lacunoso, a integração supre os claros da lei, procurando novas fontes dentro do próprio sistema orgânico do direito positivo, através dos processos lógicos conhecidos como **analogia, princípios gerais de direito** e **equidade.**

A propósito da analogia e dos princípios gerais de direito, discorre com precisão e segurança FRANCESCO FERRARA:

> "A analogia consiste na aplicação dum princípio jurídico que a lei põe para certo fato a outro fato não regulado, mas semelhante, sob o aspecto jurídico, ao primeiro. (...)
>
> O procedimento por analogia radica no conceito de que os fatos de igual natureza devem ter igual regulamentação, e, se um de tais fatos encontra já no sistema a sua disciplina, esta forma o **tipo** do qual se deve inferir a disciplina jurídica geral que há de governar os casos afins. (...)
>
> Base de analogia pode ser: ou uma só disposição (analogia *legis*) ou um complexo de princípios jurídicos, a síntese deles, e mesmo o espírito de todo o sistema (analogia *juris*).
>
> A primeira forma é a mais fácil. Decide-se um caso não-regulado, segundo a norma que preside a um caso afim: ***ubi eadem legis ratio, ibi eadem legis dispositio***. Trata-se duma aplicação por semelhança. Outras vezes não aparece disposição para um caso afim, e então é preciso reconstruir a norma pela combinação de vários casos regulados, que se mostram aplicações dum princípio geral não-expresso. Ou então, por último, a lei omitiu completamente a disciplina jurídica de todo um instituto, e é necessário construí-la segundo os princípios de todo o sistema. (...)
>
> A nossa lei diz que em tal caso cumpre recorrer aos **princípios gerais de direito**. Ora, o recurso a estes princípios gerais não é senão uma forma de **analogia *juris***.

> Discutiu-se no passado qual a significação a atribuir aos princípios gerais de direito: para alguns tais princípios equivaliam aos do direito racional ou natural; para outros aos ensinamentos do direito romano; e para outros ainda aos princípios da moral ou às exigências da justiça e da equidade. Atualmente, porém, estes conceitos estão abandonados, e a doutrina reconhece que se deve tratar de princípios de **direito**, e portanto de **direito positivo**, de normas da legislação vigente" (FADDA e BENSA, ad WINDSCHEID, *Pandette*, I, p. 28).[3]

Equidade é a suavização do rigor da lei diante de determinadas espécies em que a sua aplicação implicaria *summa injuria*, contrariando a *ratio* e os fins da lei.

Sobre esse instituto, tão ligado à interpretação, discorre com a exatidão de sempre ROBERTO DE RUGGIERO:

> "O direito positivo, na verdade, não pode proceder senão por preceitos e disposições de caráter geral, pois que não pode observar cada caso individualmente e as circunstâncias particulares de cada relação de fato; regula o que sucede normal e geralmente (*id quod plerumque accidit*) e, baseando-se na média dos casos que sucedem mais frequente e vulgarmente, formula por abstração e quase como uma operação estatística a norma fixa e universal à qual todos os casos que se verifiquem de futuro devem obedecer. Porém, como a norma por necessidade lógica é sempre universal e fixa e não pode prever todas as circunstâncias particulares que se verifiquem em cada caso concreto, não é raro suceder que o caso concreto apresente circunstâncias diversas das previstas ou que não foram previstas, de onde se segue que, se o juiz aplicasse rigidamente a fórmula do preceito, da aplicação resultaria uma injustiça e o resultado repugnava ao sentimento, pela desigualdade que originava. Intervém

3 FERRARA, Francesco. Interpretação e Aplicação das Leis (Capítulos III, IV e V do Tratatto de Diritto Civile Italiano, Roma, 1921, vol. I), Coimbra, Armênio Amado, 1963, nº 11, pp. 158-160.

então o critério da equidade que força o juiz a tomar em consideração as diversas circunstâncias e a adaptar-se a elas na aplicação do preceito, de modo que se restaure aquele princípio supremo de igualdade no qual a própria norma se inspira. (...)

O nosso código civil várias vezes remete o intérprete à equidade. (...)

Quando esta faculdade se exclua, pode chegar-se a um resultado deplorável (*summum jus summa injuria*), que é, porém, sempre mal menor do que deixar ao arbítrio ilimitado do juiz a determinação dos casos em que lhe seja consentido, com maior ou menor extensão, modificar a norma ou não a aplicar."[4]

Também no Brasil o artigo 127 do Código de Processo Civil dispõe que: "O juiz só decidirá por equidade nos casos previstos em lei."

1.3. Interesse do Estudo da Hermenêutica

"Para que o direito passe da teoria à prática, para que o preceito abstrato da norma jurídica se mude em preceito concreto, diante de uma situação em que se chocam interesses contrários, há mister que: I – o estado de fato, objeto da controvérsia, seja fixado; II – a norma jurídica a aplicar seja determinada; III – seja pronunciado o resultado jurídico, que deriva da subordinação do estado de fato aos princípios jurídicos.[5]"

"Para DOMAT, em dois casos é necessário interpretar as leis: quando na lei se encontra alguma obscuridade, alguma ambiguidade, ou outro defeito qualquer de expressão; quando o sentido da lei, por muito claro que se mostre nos seus termos, conduziria a falsas consequências e a decisões injustas, se fosse indistintamente aplicada a tudo o que parece compreendido no seu texto."[6]

A propósito da clareza da lei, o brocardo *in claris cessat interpretatio* já não tem valor científico. A hermenêutica moderna consagra o

---

4 RUGGIERO, Roberto de . Instituições de Direito Civil, trad. de Ary dos Santos, São Paulo, Saraiva, 1957, pp. 37-39.

5 ESPÍNOLA, Eduardo. Tratado..., cit., vol. III, p. 21.

6 ESPÍNOLA, Eduardo. Tratado..., cit., vol. III, p. 243

princípio de que a lei, seja obscura, ambígua, defeituosa ou seja clara e formalmente perfeita, está sempre sujeita à interpretação. A própria averiguação da clareza já constitui operação interpretativa.

CARLOS MAXIMILIANO dá conta de que o brocardo não é de origem romana, eis que ULPIANO ensinou o contrário: "Embora claríssimo o édito do pretor, não se deve descurar da interpretação respectiva" (*Digesto*, L. 25, t. 4, frag. l, § 11). Não obstante, dominava os pretórios há meio século.[7]

Donde não só a utilidade como a necessidade da interpretação e, portanto, do conhecimento de suas regras e diretrizes. A hermenêutica tem, inclusive, uma função social: as normas reguladoras do convívio devem ser interpretadas por todos, como condição de seu cumprimento ou obediência.

Mais de perto a hermenêutica interessa aos que militam na área do Direito e da Justiça. Aos advogados, na orientação de seus clientes e na condução de suas causas, onde estão em disputa interesses morais e patrimoniais. Aos professores de Direito e autores de obras jurídicas, na missão de transmitir aos discípulos e leitores a mensagem correta das leis e de seus Institutos. Aos magistrados, na função de julgar sob o efeito da *res judicata*.

Vamos encerrar esta parte, sobre a importância do estudo da hermenêutica, com os ensinamentos de FERRARA sobre a função do juiz na interpretação e aplicação das leis:

> "O juiz é o intermediário entre a norma e a vida: é o instrumento vivo que transforma a regulamentação típica imposta pelo legislador na regulamentação individual das relações dos particulares; que traduz o comando abstrato da lei no comando concreto entre as partes, formulado na sentença. O juiz é a ***viva vox juris***. (...)
>
> Sua atividade desdobra-se em três operações:
>
> I) Averiguar o estado de fato que é objeto da controvérsia.
>
> II) Determinar a norma jurídica aplicável.
>
> III) Pronunciar o resultado jurídico que deriva da subsunção do estado de fato aos princípios jurídicos (HELLVVIG – Lehrbuch, I, p. 36. CHIOVENDA, *Principi*, p. 596).

7 MAXIMILIANO, Carlos, com apoio em Vander Eycken e Jandoli. Hermenêutica..., cit., nº 38, p. 51.

> Tem-se dito que o julgamento é um silogismo em que a premissa maior está na lei, a menor na espécie de fato e o corolário na sentença. (...)"

E conclui o mestre italiano:

> "A tarefa central a que o juiz se dedica é, porém, a determinação do direito que há de valer no caso concreto. Para esse fim deve levar a cabo três indagações:
>
> 1ª) Apurar que o direito existe.
>
> 2ª) Determinar o sentido desta norma jurídica.
>
> 3ª) Decidir se esta norma se aplica ao caso concreto.
>
> A aplicação das leis envolve, por consequência, uma tríplice investigação: sobre a existência da norma; sobre o seu significado e valor; e sobre a sua aplicabilidade."[8]

1.4. Espécies de Interpretação

Quanto à fonte ou origem, a interpretação classifica-se em autêntica, judicial e doutrinária. Autêntica é a que emana do próprio poder que a expediu, a fim de esclarecer o seu exato sentido. Por isso tem efeito declaratório ou retroativo à data da vigência do texto interpretado. Judicial é a que provém dos órgãos judiciários (juízes e tribunais). Não tem caráter obrigatório senão para o caso julgado, mas serve de diretriz ou precedente para a solução de questões idênticas ou similares, tanto mais prestigiosa quanto mais perseverante e pacífica, a exemplo das Súmulas da jurisprudência predominante dos tribunais, em nosso país. E doutrinária a que procede dos comentaristas das leis.[9]

Quanto à extensão ou compreensão, classifica-se em **gramatical**, **lógica**, **sistemática** e **histórica**.

Gramatical, literal ou textual é a mais simples e menos compreensiva, limitando-se a pesquisar o sentido do texto pelo significado de suas palavras.

Lógica é a que vai além do significado textual e procura penetrar o espírito ou a intenção da lei (a *mens legis*).

Sistemática é a que extrai o sentido da lei do contexto, do conjunto ou do sistema da legislação ou de determinado Instituto jurídico, em que o texto interpretando se insere.

---

8 FERRARA, Francesco. Interpretação..., cit., pp. 111-113.

9 MAXIMILIANO, Carlos. Hermenêutica..., cit., pp. 115 e segs.

Histórica é a que leva em conta não só os antecedentes ou a evolução da lei através dos tempos, com suas sucessivas alterações, para servir de subsídio ao intérprete, como também a própria história de sua promulgação, através dos trabalhos preparatórios, projetos, exposição de motivos, debates parlamentares etc.).

Concordamos com aqueles que proclamam que a interpretação completa e segura constitui um processo que abrange todas essas fases ou etapas, a partir da literalidade do texto.

Com o advento dos métodos de interpretação, a cada um deles corresponde um sistema e uma técnica de interpretar a lei, desde o tradicional ou exegético até os mais recentes, passando pela Escola Científica, tudo conforme veremos oportunamente.

É conhecida a classificação da interpretação em **estrita** ou não-ampliativa: as leis que estabelecem exceções – *exceptio est restrictissima interpretationis*. O que não se comporta na exceção devolve-se à regra. As leis que concedem privilégios, dispensas ou similares – *odiosa restri*ngenda.

A interpretação extensiva ocorre por argumento ***a pari*** ou por identidade de razão, ***a fortiori*** ou por maioria de razão, e ainda em certos casos de disposições genéricas, como na hipótese de a lei se referir ao homem como gênero humano, compreendendo também a mulher.

Passemos ao exame de alguns dos conceitos acima referidos à luz da doutrina.

Segundo LUIZ DA CUNHA GONÇALVES:

> "Interpretação *gramatical* ou *literal* significa que o intérprete deve atender, em primeiro lugar, ao *texto da lei*, isto é, ao sentido corrente das palavras e das frases, não só segundo as regras da gramática e os bons dicionários da língua, mas ainda conforme o lugar, a matéria sujeita e o tempo da redação da lei, visto que certas palavras variam de sentido no decurso dos tempos e de lugar a lugar, e algumas têm um sentido vulgar e outro técnico.
>
> Quando as palavras e as frases da lei são obscuras, de sentido duvidoso, ambíguo, impróprio, será preciso averiguar o **espírito da lei**, e para isto se usa da interpretação **lógica**.
>
> Para se apurar a intenção e o fim do legislador há que recorrer, às vezes, ao **elemento sistemático,** isto é, cotejar o artigo considerado obscuro com os anteriores ou poste-

> riores, havendo entre eles sequência de ideias com as epígrafes dos respectivos capítulo ou título, com a definição do respectivo instituto; é isto o que se chama **examinar o contexto**.
>
> Quando tudo isto seja insuficiente, estuda-se o **elemento histórico**: o projeto primitivo, o respectivo relatório, a discussão e emendas da comissão revisora e das câmaras legislativas, em suma, os **trabalhos preparatórios**. Contudo, não se deve atribuir valor decisivo a estes trabalhos, às opiniões expendidas pelas pessoas que neles participaram; pois a vontade de cada uma destas pode ter sido diversa da **vontade da lei** revelada pelo texto."[10]

Na mesma linha doutrinária posiciona-se FRANCESCO FERRARA:

> "A interpretação literal é o primeiro estádio da interpretação. Efetivamente, o texto da lei forma o substrato de que deve partir e em que deve repousar o intérprete. Uma vez que a lei está expressa em palavras, o intérprete há de começar por extrair o significado verbal que delas resulta, segundo a sua natural conexão e as regras gramaticais.
>
> Interpretação lógica ou racional. Esta move-se num ambiente mais alto e utiliza meios mais finos de indagação, pois remonta ao espírito da disposição.
>
> Elemento sistemático. Um princípio jurídico não existe isoladamente, mas está ligado por nexo íntimo com outros princípios.
>
> O direito objetivo, de fato, não é um aglomerado caótico de disposições, mas um organismo jurídico, um sistema de preceitos coordenados ou subordinados, em que cada um tem o seu posto próprio. Há princípios jurídicos gerais de que os outros são deduções e corolários, ou então vários princípios condicionam-se ou restringem-se mutuamente, ou constituem desenvolvimentos autônomos em campos diversos. Assim todos os princípios são membros dum grande todo.
>
> Desta conexão cada norma particular recebe luz.

---

10 CUNHA GONÇALVES, Luiz da. Princípios..., cit., pp. 34-35.

Elemento histórico. O direito, em especial o direito privado, é o produto duma lenta evolução, é uma fase dum desenvolvimento histórico muito longo que remonta ao direito romano e depois, através da elaboração medieval, onde confluem correntes de direito germânico e canônico, prossegue no direito comum e daí, pelo trâmite do direito francês, entra no nosso código. Uma grande parte dos princípios contidos nos códigos são a reprodução de princípios análogos vigentes no passado e têm cada um a sua história própria.

Compreende-se que precioso auxílio para a plena inteligência dum texto resulta de se descobrir a sua origem histórica, e seguir o seu desenvolvimento e as suas transformações, até ao arranjo definitivo do assunto no presente."[11]

Sobre a interpretação sistemática, não pode faltar este conceito de CAIO MÁRIO DA SILVA PEREIRA:

> "Sistemática é a que leva o investigador ainda mais longe, evidenciando a subordinação da norma a um conjunto de disposições de maior generalização, do qual não pode ou não deve ser dissociada. Aqui, o esforço hermenêutico impõe a fixação de princípios amplos, norteadores do sistema a que o interpretando pertence, e o seu entendimento em função dele. A interpretação sistemática é também um processo lógico, que opera em mais vasto campo de ação. Parte o intérprete do pressuposto de que uma lei não existe isolada, e por isso mesmo não pode ser entendida isoladamente. Na sua boa compreensão, devem-se extrair de um complexo legislativo as ideias gerais inspiradoras de legislação em conjunto, ou de uma província jurídica inteira, e à sua luz pesquisar o conteúdo daquela disposição."[12]

1.5. História da Interpretação

A história da interpretação jurídica está ligada à própria história das leis escritas, da codificação e da sistematização das regras de

11 FERRARA, Francesco. Interpretação..., cit., pp. 139-144.

12 PEREIRA, Caio Mário da Silva. Instituições de Direito Civil, Rio, Forense, 1980, vol. I, p. 182.

conduta em sociedade. Por isso o marco inicial de uma teoria e de uma metodologia de interpretação coincide com a entrada em vigor do Código Civil francês (Código Napoleão), em 1804, e com o seu movimento preparador, que foi a Revolução Francesa.

Lê-se em EDUARDO ESPÍNOLA:

> "Assentado que a interpretação, na história das suas transformações, partiu da compreensão servil da palavra para a fase das construções orientadas no sentido de conhecer o pensamento do autor da norma jurídica; e chegou à conclusão de entender o preceito de direito objetivo de acordo com a sua finalidade social, quer apreendendo todas as suas reações, todos os seus efeitos, do texto fielmente analisado, quer enveredando fora dos textos, para, livremente, fazer o direito corresponder à utilidade, às necessidades, às exigências sociais; urge declarar que o processo inicial é simplesmente empírico, não se podendo falar, propriamente, em método de interpretação na fase primitiva desse instituto."[13]

E prossegue ESPÍNOLA, com apoio em FRANÇOIS GÉNY:

> "Compreende-se, sem trabalho, que assim tenha sido, numa época em que o direito era, na sua máxima parte, não-escrito, saído do sentimento popular, apercebido por uma espécie de intuição e constatado por uma tradição, que o transmitia de geração em geração, tal qual o tinham sugerido e formado, pouco, as necessidades da vida. A sua interpretação se fazia segundo alguns princípios de bom senso ou de lógica elementar muito simples, do gênero dos que nos transmitiram os jurisconsultos romanos e dos quais se tiraram, em grande número, adágios ou brocardos, ainda hoje repetidos. Para a maior parte do direito privado, o jurista, obrigado somente a seguir o costume, interpretando-o à luz da razão e contribuindo, ele próprio, para a sua for-

13 ESPÍNOLA, Eduardo. Tratado..., cit., vol. III, p. 218.

> mação, como convém a essa fonte essencialmente móvel e progressiva, e autorizado a procurar os seus precedentes no enorme depósito das autoridades anteriores, gozava, pela necessidade das coisas, de uma grande latitude de doutrina, como é o caso ainda hoje na Inglaterra, e como também assim ocorria numa grande parte da Alemanha, até a entrada em vigor do Código Civil" (FRANÇOIS GÉNY, *Méthode d'Interprétation et Sources en Droit Privé Positif*, 2ª ed., Paris, 1919, vol. I, pp. 21-22).

Nem mesmo entre os romanos, com o advento do *Corpus Juris Civilis*, chegou-se a formar uma teoria, um método de interpretação, como esclarece ESPÍNOLA:

> "Uma teoria, um método de interpretação não se encontram, porém, no direito romano, em qualquer das fases da sua evolução; nem nos tempos iniciais, quando a palavra de ordem era a estrita obediência à letra, ao texto, ou à fórmula; nem quando se libertaram os juízes da sujeição à interpretação dos pontífices, e os cônsules enfeixaram o monopólio de desvendar os segredos da letra, que se não entendia, ou era tida como obscura; nem, mais tarde, quando, por obra da jurisprudência antiga e, depois , do pretor, a norma jurídica passou a ser entendida de modo largo, buscando satisfazer às exigências sociais, embora com sacrifício dos textos; nem, finalmente, na época da grande compilação, com a lei posta a pináculo, como coisa intangível e pretendidamente imutável.
>
> Quer pela obra da doutrina, quer pela da jurisprudência, não se formou, nunca, a disciplina da interpretação.
>
> Irrecusável, pois, é a conclusão de que o direito romano desconheceu o método e a teoria da interpretação, sendo-lhe perfeitamente alheias as expressões **interpretação gramatical** e **interpretação lógica,** apenas mencionada a **interpretação dura**, como representação da estrita observância dos textos – ***strictum jus***, e a ***aequitas***, como temperamento ao rigor do ***jus scriptum***.

> A Idade Média dá a conhecer a primeira forma histórica da ciência do direito, a **exegese**, que se traduz na interpretação literal da lei, seguindo a ordem da própria lei.
>
> Refere, com exatidão PAULO DE LACERDA que, procurando-se os vestígios da interpretação da lei nesse período, encontra-se, verdadeiramente, de um lado, a exegese, a um tempo servil e divinatória, encabeçada pelo estudo dos textos dos livros sagrados, e perdida entre os inúmeros preceitos legislativos, ou códigos incoerentes, dominando territórios muito limitados e subdivididos, e, de outro lado, a prodigiosa elaboração do direito consuetudinário, que fermentava em miríades de costumes locais e gerais, cultivando e desenvolvendo os gérmens jurídicos, donde surgiu o direito moderno em toda a sua magnificência.
>
> Na Idade Moderna, o processo de elaboração continuou e, aproveitando a contribuição fecunda dos glosadores e comentadores do período anterior, já os juristas ensaiam as construções jurídicas, norteando-se pelo comentário do direito justinianeu.
>
> Tênues, vacilantes, os primeiros traços de uma teoria de interpretação se apresentam, anunciando a criação do sistema, o aparecimento do método."[14]

O movimento revolucionário francês, em defesa das liberdades públicas, veio lançar as bases do primeiro método de interpretação, que se caracterizou pela supervalorização da legalidade. Os direitos e deveres dos cidadãos, entre si e em relação aos governantes, seriam definidos, delimitados, discriminados, disciplinados e gravados em leis escritas, de forma precisa e completa. Para maior garantia, o aplicador da lei não seria o seu próprio autor, mas outro poder, que a faria cumprir literal e rigorosamente. Eis, a propósito, a opinião dos mentores da Revolução:

> "Poderia suceder que a lei, que é, ao mesmo tempo, clarividente e cega, seja, em certos casos, demasiado rigorosa. Mas, os juízes da nação, como temos dito, nada mais

14 ESPÍNOLA, Eduardo. Tratado..., cit., vol. III, pp. 235- 236-240.

são do que a boca que pronuncia as palavras da lei, seres inanimados, que não lhe podem moderar nem a força, nem o rigor" (Montesquieu).[15]

"Aquele que faz a lei sabe, melhor que ninguém, como deve ela ser executada e interpretada" (Rousseau).[16]

E arremata EDUARDO ESPÍNOLA:

"Dessas ideias, que lhes eram transmitidas pelo movimento filosófico do século, assenhoreavam-se os construtores do regime social e político inaugurado com a Revolução Francesa.

E, empregando-se à tarefa de dar legislação, que correspondesse ao novo estado de coisas, trabalharam na persuasão de que as suas leis seriam onipotentes, completas, perfeitas, intangíveis.

Para interpretar o direito objetivo, a ciência jurídica tem percorrido uma escala completa, que vai de um verdadeiro fetichismo pela lei até a um pretenso nihilismo legislativo.

Entre os pontos extremos, vão-se colocando as teorias mais mode- radas.

Partindo da absoluta escravidão à lei, na sua representação literal e na pretendida exteriorização da vontade do seu autor, para terminar no desprezo da lei, afirmando a mais completa liberdade do aplicador, podem classificar-se em quatro grandes seções os métodos conhecidos: a) o método jurídico – tradicional, ou lógico – a jurisprudência do conceito; b) o método teleológico, ou da fidelidade à lei – a jurisprudência do interesse; c) o método histórico evolutivo – a jurisprudência progressiva; d) o método da livre investigação científica ou da livre formação do direito – escola do direito livre."[17]

15 MONTESQUIEU. De l'Esprit des Lois, Paris, Ed. Garnier, p. 149.

16 ROUSSEAU Jean J. Du Contrat Social, Paris, Ed. Firmin-Didot, 1875, Liv. III, cap. 4º, p. 666.

17 ESPÍNOLA, Eduardo. Tratado..., cit., pp. 264-286.

Passemos, pois, à análise do primeiro método de interpretação das leis, que predominou durante todo o século XIX, mais como movimento de afirmação da lei e em defesa da legalidade do que propriamente um conjunto de regras e princípios de hermenêutica: o método lógico ou tradicional, que, de tanto acentuar a auto-suficiência da lei, chegou ao ponto de negar ou vedar a sua interpretação, num quase paradoxo.

Capítulo II

O MÉTODO TRADICIONAL: A ESCOLA DA EXEGESE

2.1. As Três Fases: Formação, Apogeu e Decadência

O método lógico ou tradicional, fruto da exaltação legal, surgiu na França, preparado pela Revolução e iniciado com a codificação do Direito Civil. Sua filosofia e seu fundamento psicológico consistiam na preocupação com a defesa e garantia dos direitos e liberdades individuais, somente assegurados e perpetuados através de sua fixação em dispositivos legais escritos, sistematizados e codificados. Como tais, completas, perfeitas e contendo todo o direito, prevendo todas as hipóteses disciplináveis, as leis seriam intocáveis e inalteráveis por seu aplicador ou intérprete, que simplesmente as aplicaria de forma estrita, sem tirar nem acrescentar.

Nascido sob a inspiração do movimento codificador, o método tradicional só poderia ter uma rota e um destino: seguir a trajetória do primeiro grande Código Civil dos tempos modernos – o monumental Código Napoleão, que tantos progressos trouxe à Ciência do Direito no século passado. Por isso a sua história inicia-se com o próprio Código, em 1804, desdobrando-se em três períodos sucessivos: a fase inicial ou de formação, de 1804 a 1830; a fase áurea ou de apogeu, de 1830 a 1880; e o período de decadência, de 1880 até o fim do século, quando se instaurou definitivamente o novo movimento de interpretação das leis, em bases científicas, filosóficas, racionais e experimentais, por via da obra genial de FRANÇOIS GÉNY.

O método tradicional ou Escola da Exegese, denominação dada ao movimento por GLASSON, decano da Universidade de Paris, por ocasião das comemorações do centenário do Código Napoleão, em 1904, integrou-se, em todas essas fases, como seria natural, pelos grandes comentaristas do Código Civil francês, renomados mestres de direito das Universidades da França e notáveis juízes e advogados.

Na sua primeira fase, a Escola contou com a colaboração dos seguintes nomes principais: DELVINCOURT, decano da Faculdade de Direito de Paris, autor da primeira obra sobre o Código, intitulada *Cours de Code Civil*, em 1808; PROUDHON, decano de Dijón, com o *Cours de Droit Français*, 1809; TOULLIER, decano de Rennes, com o *Droit Civil suivant l'ordre du Code*, em 1811; MERLIN, com o conhecido *Repertoire*.

Iniciando a segunda fase, o apogeu da Escola, o renomado professor DURANTON, da Faculdade de Paris, considerado o mais ilustre comentarista da Escola, símbolo de seu espírito e de suas tendências, lançou, em 1825, sua obra *Cours de Droit Français suivant le Code Civil*, em 22 volumes.

Outros grandes nomes dessa fase áurea do método lógico: DEMOLOMBE, decano da Faculdade de Caen e autor do *Cours de Code Napoleón*, em 31 volumes, considerado o "príncipe da Escola da Exegese". Dele se disse: "Pothier é o Demolombe do antigo Direito: Demolombe é o Pothier do Direito atual"; MARCADÉ, grande advogado das Cortes de França, autor de uma exposição do Código, em 11 volumes, considerado o "polemista da Escola"; TROPLONG, primeiro presidente da Corte de Cassação, autor de uma série de tratados e de *Le Droit Civil Expliqué suivant l'ordre des Articles du Code*, em 27 volumes, considerado o "filósofo da Escola", tal a grandeza de sua obra e de seus prefácios, num dos quais se lê esta mostra de seu gênio, já pendendo para a Escola Científica:

> "Se o direito civil não fosse mais do que uma ciência de textos, teria menos atração para os espíritos filosóficos; a exegese, por necessária que seja, não é senão a parte mais árida e mais reduzida. Sobre ela levanta-se, a grande altura, a investigação das verdades naturais em que se apóiam as relações privadas do homem, suas obrigações e direitos de família e de propriedade. Nesta esfera, o Direito civil se mostra como um raio divino, que brilha e se obscurece na

humanidade segundo a marcha da civilização. Aqui é onde o vemos desenvolver-se como uma das formas da liberdade humana, exercendo sua influência no que o homem tem de mais caro, pessoal e sagrado" (Prefácio de *Das Doações entre Vivos e dos Testamentos*, *apud* J. Bonnecase, ob. cit., pp. 54/55).

Na mesma linha divisória de TROPLONG, entre a Escola da Exegese e a Científica, destacam-se: LAURENT, professor belga da Universidade de Gante, autor de *Principes de Droit Civil*, em 33 volumes; AUBRY e RAU, eminentes professores e juristas, autores da "obra-mestra" da Escola da Exegese – *Cours de Droit Civil Français*, em 8 volumes, sob a forma de tratado, da qual se disse que, "pelo seu caráter científico, pelas construções jurídicas fundadas em elementos racionais e experimentais (os grandes princípios e permanências jurídicas e os fenômenos sociais), salvou a Escola da Exegese e a ciência jurídica francesa" (conf. J. BONNECASE, ob. e loc. cits.).

A fase final do método tradicional coincidiu com a tentativa de renovação dos processos de hermenêutica, no fim do século XX. Foi o período de transição, marcado pelos nomes de BUFNOIR, LABBÉ, BEUDANT e SALEILLES, por isso também considerados como pertencentes à Escola Científica. Cultivaram os elementos racional e experimental do Direito e admitiram os elementos de fato da relação jurídica e a evolução social. BUFNOIR, com GÉNY e SALEILLES, chegaram a ser os fundadores da Escola Sociológica e os instauradores do método científico.

Segundo BONNECASE, LABBÉ deu à interpretação jurídica a elasticidade necessária para adaptar os textos às transformações do estado social (concepção típica da Escola Científica). BEUDANT coroa esta fase com sua obra *Le Droit Individuel et l'Etat* e se torna o precursor imediato da Escola Científica, afirmando que "as leis podem ser ab-rogadas pelo desuso".

Tudo estava preparado para que GÉNY viesse a deflagrar a revolução contra o método tradicional, ao apagar das luzes do século XIX, que assistiu ao império da Escola da Exegese.

2.2. A Doutrina da Escola

Como observa J. BONNECASE, a Escola da Exegese não teve uma doutrina, com regras de interpretação, senão pela própria lei e na lei. Esforça-se por conhecer o verdadeiro sentido da lei sem pretender realizar uma sistematização.

Ficou célebre, para caracterizar a Escola, a frase de BUGNET, repetida de sua cátedra: "Não conheço o direito civil, só ensino o Código Napoleão", – a qual "simboliza para sempre a doutrina e o método da Escola da Exegese".[1]

Acrescenta BONNECASE que a doutrina da Escola, que se resume em conceitos sobre os elementos da Ciência do Direito Civil, encontra-se, sobretudo, nos prefácios das obras de seus grandes representantes.

Passemos, pois, à análise de seus caracteres básicos.

2.2.1. O culto ao texto da lei

O culto ao texto legal é o primeiro traço da Escola, que substituiu o culto ao Direito pelo culto à lei.

Para LAURENT, os códigos resumem todo o direito, nada restando ao intérprete que, ao ensinar ou aplicar, não deve ter a ambição de **fazer** o direito, senão interpretá-lo.

Para PROUDHON, é no Código Napoleão que se deve estudar o Código Napoleão.

E BUGNET repetia: "*Je ne connait pas le droit civil, je n'enseigne que le Code Napoleón.*"

EDUARDO ESPÍNOLA assim resume esse caráter essencial da Escola:

> "O método jurídico tradicional, clássico ou lógico, tem toda a sua atenção, exclusivamente, voltada para a **lei**.
>
> É fruto da preocupação de limitar todo o arbítrio da interpretação, movimentando-se baseado na concepção de que o legislador é o criador do direito. No seu conceito, o direito se identifica com a lei.
>
> Parte da ideia de que a lei escrita deve satisfazer todas as exigências da vida jurídica, bastando ao intérprete examinar-lhe diretamente o conteúdo, para, com os meios fornecidos pela lógica, tirar as consequências todas que

1 BONNECASE, Julien. *La Escuela...*, cit., pp. 47-48.

> dela derivam, sem ultrapassar os limites que lhe animaram a formação."[2]

2.2.2. O PREDOMÍNIO DA VONTADE DO LEGISLADOR

A Escola considera a **intenção do legislador** como a fonte suprema do direito positivo. Essa a sua doutrina. E o método consiste nos meios de descobrir essa intenção.

Segundo BONNECASE, vem a propósito o seguinte trecho da aula inaugural das Faculdades de Strasburgo, em 1857, proferida pelo decano AUBRY:

> "Os professores, encarregados de promover, em nome do Estado, o ensino jurídico, têm por missão protestar, moderada, porém, firmemente, contra toda inovação que tenda a substituir a vontade do legislador por uma estranha."

E condenou ainda os "excessos de interpretação dos espíritos impacientes e progressistas" (ob. e loc. cits.).

2 ESPÍNOLA, Eduardo. *Tratado...*, cit., vol. III, pp. 289-290.

Capítulo III

A ESCOLA CIENTÍFICA – OS MÉTODOS MODERNOS DE INTERPRETAÇÃO

Sumário: **3.1.** As duas fases de instauração. **3.2.** O programa da Escola Científica. **3.3.** Os métodos da Escola Científica. **3.3.1.** O método histórico. **3.3.2.** O método teleológico. **3.3.3.** O método sociológico. **3.3.4.** A interpretação livre. **3.3.5.** O método histórico-evolutivo. **3.3.6.** A concepção dialética do Direito e da hermenêutica. **3.3.7.** O Direito concreto.

3.1. As Duas Fases de Instauração

Os autores consideram duas fases na luta contra os postulados da escola tradicional e na implantação dos métodos modernos de hermenêutica:

A) primeira fase: de 1819 a 1831, com ATANASIO JOURDAN e sua revista jurídica *La Thémis*;

B) segunda fase ou de instauração definitiva da Escola Científica, a partir de 1899, com FRANÇOIS GÉNY e seu programa ou manifesto de renovação.

JOURDAN e *La Thémis* puseram em relevo a distinção entre o Direito e a lei, entre as fontes reais e formais do Direito e, sobretudo, o alcance limitado das leis e da codificação.

No parecer de BONNECASE, Jourdan e sua célebre revista preservaram a ciência francesa do direito dos abusos e da esterilidade científica da Escola da Exegese. Com efeito, criticaram o Código Napoleão, suas lacunas e imperfeições, numa época em que se lhe tributavam um respeito e uma admiração incondicionais. Dentre outras invectivas, afirmaram: "O Código Napoleão não é obra consagrada à imortalidade e à admiração cega. O Conselho de Estado Imperial não era o Santuário de onde a razão ditava seus infalíveis oráculos."

Já nessa primeira fase o estudo do Direito Romano se reanima e se propaga, bem como a História e a Filosofia do Direito. Propugnaram o estudo científico do Direito e a restauração do domínio da **razão** sobre a **autoridade**. Lançaram, enfim, o lema segundo o qual "para interpretar a lei é preciso julgá-la à luz do Direito".

Mas, a despeito de tudo isso, a Escola da Exegese venceu a resistência no século XIX. Só em 1899, com a obra de FRANÇOIS GÉNY – *Méthode d'Interprétation et Sources en Droit privé Positif*, a Escola Científica se instaurou definitivamente.

Eis um trecho da profissão de fé de GÉNY:

> "Ademais, a exclusiva atenção à autoridade conduz, necessária e quase fatalmente, a que a obra se converta, pura e simplesmente, em classificação de antecedentes. Desta maneira se descuida da crítica desinteressada e elevada, para dar lugar à concordância e manejo metódico de soluções particulares. Converte-se em **repertório**, manancial de notícias, conhecimentos muito úteis, indubitavelmente, porém não obra científica."

O comentário supra foi a propósito do **argumento de autoridade**, mais uma característica do método tradicional, que primou pelo respeito aos precedentes e pareceres dos notáveis. O seu culto a Pothier era supersticioso. GÉNY demonstrou o perigo das construções jurídicas já elaboradas, na base de precedentes. E indagou:

> "Nossa ciência tem sabido descobrir e cultivar os caminhos e os meios mais favoráveis à realização de seus fins? Temos logrado interpretar não só a lei, senão também o Direito imanente, do qual aquela não é, afinal, senão uma revelação imperfeita? Temos compreendido tal qual é, sem rebaixar nem elevar demasiado, o caráter desse notável fenômeno social chamado codificação? A pretexto de aprofundar o pensamento do legislador, não o temos deturpado? Não temos porventura exagerado sua missão e seu poder, tanto ao limitar arbitrariamente nossas fontes de investigação quanto aviltando a missão do intérprete, seja este jurista ou juiz? Não temos, frequentemente também, cedido ao

atrativo de uma lógica enganosa, ignorando a realidade da vida e suas exigências?”[1]

3.2. O Programa da Escola Científica

Conforme vimos na primeira parte desta tese, com apoio em BONNECASE, convém recordar agora, o programa da Escola Científica parte de uma tríplice distinção: ciência, técnica e método.

A ciência é o estudo das **fontes reais** das regras de direito e de seus princípios. É o estudo dos elementos de fundo ou de base, geradores das regras, os quais são em número de dois: **o experimental e o racional.** O primeiro são as fontes imediatas das regras, sob a inspiração e direção do elemento racional, que por sua vez são as aspirações de harmonia que derivam do meio social ou da natureza permanente do homem. É a própria noção de Direito. As fontes reais se opõem às formais e estas nos fazem passar à técnica. São fontes formais os condutos pelos quais nos chegam as regras jurídicas, manifestando-se e impondo-se-nos: a lei e o costume.

A técnica são os processos de elaboração, transformação e extinção das regras – a linguagem da lei, as decisões judiciais, a exposição da doutrina. É a manifestação de uma regra, que por sua vez é a manifestação do Direito, das fontes reais.

Ao lado da ciência e da técnica, o método ocupa um lugar no programa da Escola. O método são as diretrizes que segue o espírito para perceber e conhecer um objeto qualquer de conhecimento humano. Há tantos métodos quanto ciências.

A Escola da Exegese sacrificou as fontes reais das regras jurídicas, em benefício das fontes formais. Não fez mais do que técnica jurídica.

Contra isso se levantou a Escola Científica, cujo nome indica o apelo à Ciência, às fontes reais do Direito.

3.3. Os Métodos da Escola Científica

3.3.1. O método histórico

Vimos que a Escola da Exegese sacrificou as fontes reais das regras jurídicas, em troca pelas fontes formais. Contra essa atitude se levantou a Escola Científica.

---

1 GÉNY, François. *Méthode d'Interprétation et Sources en Droit Privé Positif*, 2ª ed., Paris, 1919, pp. 4-6.

O movimento científico começou com a Escola Histórica, a partir do manifesto de SAVIGNY, contrário à codificação civil na Alemanha, defendida por THIBAUT, jurisconsulto alemão que, em 1814, publicou um trabalho em defesa da elaboração de um código civil para a Alemanha. No mesmo ano veio a resposta de SAVIGNY. A publicação em Berlim recebeu o seguinte título: *Von Beruf unseres Zeit fur Gesetzgebund und Rechtswissenschaft*, que se traduziu e publicou na França como: *Sur la Vocation de notre Temps pour la Législation et la Jurisprudence*. No prefácio da versão em espanhol na Argentina se lê:

> "*Las ideas de Thibaut fueron combatidas enérgicamente por Savigny, el cual señalaba que toda codificación es una obra falsa y arbitraria 'porque es hecha con ideas sistemáticas y desconoce el desenvolvimiento histórico del derecho: la codificación impide a la ciencia marchar con el siglo, inmoviliza el espíritu de os jurisconsultos por la fijación de sus fórmulas y priva al derecho del mejoramiento sucessivo que le aporta una interpretación mas libre.*
>
> *Con esas palabras resume el propio Savigny el motivo, la oportunidad y el contenido de la vocación de nuestro siglo para la legislación e la ciencia del derecho, obra que tuvo amplia resonancia y que ha sido traducida al francés, italiano, inglés, espãnol, ruso, etcétera, lo que significa la enorme difusión que ha tenido en todo el mundo.*"[2]

Foram estas as principais ideias lançadas por SAVIGNY:

I – a codificação fixa e imobiliza o Direito na lei, constituindo um obstáculo ao seu progresso ou evolução;

II – o Direito é um produto histórico e não arbitrário. É como a língua, que reflete o caráter e a identidade de cada nação;

III – as leis não contêm todo o Direito. A plenitude do Direito extrapola os códigos, através de um sistema orgânico. O direito positivo deficiente deve tirar provisões de si mesmo, da força orgânica que o integra, inclusive através da analogia *juris*.

---

2 SAVIGNY, F. von. *De la Vocación de Nuestro Siglo para la Legislatión y la Ciencia del Derecho*, Buenos Aires, Editorial Heliasta, 1977, pp. 9-10.

A Escola da Exegese identificou o direito civil como sendo as normas do Código Napoleão e impôs a regra única de sua interpretação: não há direito além do código e por isso não pode o interprete ir além do mesmo.

A Escola Histórica lançou o grito de independência e libertação do Direito além dos textos. Ao ampliar o raio de ação do direito além da norma jurídica e descendo aos seus pressupostos e aos suportes fáticos e históricos, SAVIGNY e seus adeptos dilargaram os horizontes da interpretação, transformando-a em ciência e arte ou hermenêutica jurídica. Foi a grande contribuição para o enriquecimento do direito, da interpretação e das suas respectivas ciências.

No prólogo da primeira edição espanhola de *La vocación* .... (ob. cit., p. 11), o professor Pesada atribui a SAVIGNY os três caracteres próprios dos grandes homens: o talento, a cultura e o amor, por ter sido o precursor de uma grande revolução científica.

A obra de SAVIGNY retardou em quase um século o advento do Código Civil alemão, mas não o pôde evitar. A despeito de toda a revolução científica e expansão do fenônemo jurídico, que provocou, não conseguiu derrubar um mito exaltado pela Escola da Exegese, único mérito que se lhe atribui: o grande mérito de defender a codificação em nome da segurança do cidadão e na salvaguarda de seus direitos subjetivos. A segurança jurídica continua sendo "o bem mais alto da vida moderna", na expressão de Francesco Ferrara (ob. cit., p. 174).

3.3.2. O MÉTODO TELEOLÓGICO

SAVIGNY viu o Direito como fenômeno histórico, espontâneo e não- arbitrário, que se modifica e por isso não deve ser represado e fixo na lei.

IHERING não o considerou espontâneo, mas necessário à convivência social. Não há contradição. O necessário pode ser espontâneo, na medida das novas necessidades que vão surgindo e se implantando.

Mas a ideia básica da Escola Teleológica é a noção de fim, de finalidade ou utilidade social do Direito para servir à sociedade. O Direito seria "a organização da utilidade social". Logo, essa utilidade e essa organização é que devem comandar o Direito, e não este regular, arbitraria e logicamente, aquelas.

Além de opor a realidade à lógica, SAVIGNY comparou o Direito e a lei escrita ao pensamento e sua expressão, respectivamente, para destacar os riscos de a expressão literal não corresponder à intenção da lei, podendo-se chegar ao absurdo de a expressão sacrificar o objetivo legal colimado. Daí a regra de hermenêutica que salvaguarda os fins sociais da lei e o bem comum, a exemplo do artigo 5º de nossa Lei de Introdução ao Código Civil.

Assim, para a Escola Teleológica, o que pressupõe e caracteriza o Direito é uma necessidade ou finalidade socialmente útil, a exigir consagração e proteção. Logo, é a necessidade ou utilidade social que comanda e produz o Direito vigente. E o critério de interpretação aprofunda-se na busca ou pesquisa dessa utilidade, como princípio norteador.

Ao lado da segurança jurídica e da sistematização do Direito, trazidas pela Escola Tradicional, e da evolução histórica e adaptadora do mesmo, introduzida pela Escola Histórica, a Escola Teleológica enriqueceu o Direito e a interpretação com o requisito ou valor da utilidade social.

3.3.3. O MÉTODO SOCIOLÓGICO

Tão grande foi a influência da Escola Sociológica, que conduziu a excessos e a conclusões absurdas, sob dois aspectos:

A) na conceituação do Direito, transformando os valores jurídicos em criação artificial e espontânea da consciência social ou coletiva (laboratório de valores);

B) na interpretação da lei, através da defesa da livre interpretação pelo aplicador, ainda que ab-rogatória, mas desde que assim o exijam os fatos sociais.

De parte os exageros, a Escola trouxe grande contribuição para o alargamento das fronteiras do Direito e das ciências jurídicas. Inegável que o fato jurídico confina com os fatos sociais (ou melhor, são os mesmos fatos sob o enfoque ou aspecto jurídico da garantia). Assim, o Direito envolve os fatos políticos, econômicos, morais, religiosos, artísticos, com influências recíprocas, cujas consequências podem até ser desastrosas, como quando a estrutura jurídica não suporta a força política contrária, ou a estrutura econômica vai à ruína ou bancarrota, ou o fanatismo religioso sufoca o Direito. O desequilíbrio ou desarmonia pode conduzir ao caos social.

E assim a visão sociológica do Direito veio alertar para os riscos de um desequilíbrio das estruturas que compõem o edifício da vida social. Isso pode ocorrer quando o Direito não corresponder às exigências e aos anseios da sociedade.

3.3.4. A INTERPRETAÇÃO LIVRE

Os métodos de interpretação vão de um extremo ao outro: do fetichismo legal da Exegese ao nihilismo legislativo da Escola do Direito Livre.

Para os cultores da livre interpretação, o domínio da lei ou dos códigos é restrito, e as soluções diretas, previstas pelo legislador, são parte apenas do Direito.

Seus partidários conduziram ao extremo as teses históricas e sociológicas do dinamismo da vida social, que o Direito deve regular. Extraíram as consequências desse posicionamento e partiram audaciosamente para as soluções.

Antes de tudo – argumentam –, a lei é não raro arbitrária e não provém da vontade real da sociedade, mas de meros representantes leigos, que nem sempre interpretam fielmente a sua vontade, aspirações e necessidades. Mais afeitos aos critérios de justiça são os Juízes, pela vocação, pela formação e experiência jurídica.

De outra parte, o legislador é moroso e negligente e o Direito não deve permanecer imobilizado nos textos, enquanto novas necessidades clamam por soluções.

Não bastam os processos de integração do direito positivo, afirmam os mais radicais, nem mesmo através dos princípios gerais de direito, que tanto inovam a jurisprudência.

Deve-se atribuir ao juiz a missão mais ampla de corrigir e aperfeiçoar a lei que já não corresponda ao ambiente social, atualizando-a.

Aliás, a moderna **construção** doutrinária e jurisprudencial é fruto desse método de supervalorização e dimensionamento das fontes reais, que chegou ao cúmulo da defesa da livre criação do Direito pelo aplicador da lei ultrapassada ou injusta, ainda que para tanto o juiz deva, tal como o legislador, extrair a norma da natureza íntima dos fatos: *rebus ipsis dictantibus* – este o seu lema.

A insegurança jurídica a que leva o Direito Livre mereceu este posicionamento de EDUARDO ESPÍNOLA (que não deixa de reconhecer os seus méritos):

> "Com essas ressalvas, aderimos convictos à corrente que vem repelindo o direito livre, a despeito de não ser negado à enérgica ação dos eminentes autores, que lançaram, como um grito de guerra, o manifesto desse grande movi-

mento renovador do direito, – o mérito, e muito grande mérito de ter arruinado o preconceito de que todo o direito estava zelosamente encerrado na lei escrita, com as consequências da adoção cega dos mais extremos postulados do método jurídico tradicional, baseado na falsa concepção da plenitude lógica do direito."[3]

Embora se refira ao Direito italiano, tem inteira aplicação ao nosso este judicioso comentário de FERRARA, reconhecendo os méritos da Escola, mas colocando a questão nos devidos termos:

> "Mas a questão do direito livre deve ser discutida sobre a base do nosso sistema de direito público.
>
> Pois *a priori* não é de modo nenhum ilógico e impossível fiar do juiz uma cooperação ativa na produção do direito, como nos mostram os exemplos do pretor romano e dos tribunais de equidade ingleses; e também na atualidade o Código Civil suíço estabelece que no caso de lacunas o juiz deve decidir segundo as regras que adotaria se fosse legislador. Pelo que toca, porém, ao problema de saber se, no nosso ordenamento constitucional, o juiz goza de tal poder, não é duvidoso que o nosso sistema atribui a órgãos diferentes a produção do direito e a sua aplicação: os poderes da autoridade judiciária são limitados à aplicação da lei.
>
> No entanto, a escola do direito livre trouxe uma renovação benéfica à doutrina da interpretação, um novo sopro vital, pois ao mesmo tempo que lançava a mãos cheias o descrédito sobre o abuso dos teoremas e das construções, isto é, sobre o método lógico, apontou que a decisão deve ser inspirada na natureza real das relações e nas exigências sociais. (...)
>
> Resumindo, pois, o juiz pode aplicar princípios da lei a casos novos, dar a princípios da lei um sentido novo, desde que não vá de encontro a outras normas.
>
> Até aqui pode chegar a obra do intérprete. Mas desviar-se conscientemente da lei, querer reformá-la ou inová-la

3 ESPÍNOLA, Eduardo. *Tratado...*, cit., vol. IV, p. 220.

por pretendidas exigências de interesses, é atraiçoar a função do magistrado. O juiz deve ficar pago com a sua nobre missão, e não ir mais longe, passando a usurpar os domínios do legislador. Os dois poderes estão divididos, e assim devem estar.

De certo o juiz nem sempre pode dar satisfação às necessidades práticas, limitando-se a aplicar a lei; alguma vez se encontrará em momentos trágicos de ter de sentenciar em oposição ao seu sentimento pessoal de justiça e de equidade, e de aplicar leis más. Tal é, porém, o seu dever de ofício. Na reforma das leis, na produção do direito novo pensam outros órgãos do Estado: ele não tem competência para isso.

Só com esta condição se pode alcançar aquela objetiva SEGURANÇA JURÍDICA QUE É O BEM MAIS ALTO DA VIDA MODERNA" (destaque final do autor da tese).[4]

Este método teria sido consagrado pelo Código Civil suíço, conforme o parecer supra de FERRARA, confirmado por ANDRÉ FRANCO MONTORO nesta passagem:

"O sistema da livre indagação obteve notável vitória, com a consagração de sua doutrina no Código Civil Suíço (1907), que estabelece em seu artigo 1°: 'Aplica-se a lei a todas as questões de Direito para as quais ela, segundo a sua letra ou interpretação, contém um dispositivo específico. Deve o juiz, quando não encontra preceito legal apropriado, decidir de acordo com o Direito Consuetudinário, e, na falta deste, segundo a regra que ele próprio estabeleceria se fora legislador.[5]"

Os principais expositores deste método foram EUGÈNE EHRLICH e HERMANN KANTOROWICZ, este último mais radical, defendendo, inclusive, o julgamento ***contra legem*** na busca do direito justo. Kantorowicz escreveu: "A luta pela ciência do direito" e "Pela teoria do direito justo".

---

4 FERRARA, Francesco. *Interpretação...*, cit., pp. 171-174.

5 MONTORO, André Franco. *Introdução à Ciência do Direito*, 21ª ed., São Paulo, Rev. dos Tribs., 1993, p. 378.

Segundo CARLOS MAXIMILIANO, este movimento renovador do direito e da hermenêutica surgiu na última década do século XIX, mais arrojado do que o método histórico-evolutivo, pois não se contentava em interpretar amplamente o texto: pretendia criar ou produzir o direito novo exigido do aplicador.

Na França tomou o nome Livre Indagação. Na Suíça, Áustria e Alemanha, Direito Justo ou Livre Pesquisa do Direito. Os adversários passaram a chamar-lhe Direito Livre (*Freies Recht*).

Um corrente moderada, chefiada por EHRLICH, ainda respeitava a lei e o costume. Se do exame dessas fontes não resultasse claramente a solução desejada, partiria o juiz para a criação da norma específica. Nada de aplicação dos recursos tradicionais de interpretação. Esta corrente obteve ruidosa vitória com o Código Civil suíço, em 1907, cujo art. 1° admitiu que o juiz decidisse "segundo a regra que ele próprio estabeleceria se fora legislador", na ausência de lei ou de costume regulando a espécie. E prossegue MAXIMILIANO:

> "Lançada a escola da Livre Indagação por FRANÇOIS GÉNY, com alguma timidez, e EUGÊNIO EHRLICH, com desembaraço maior, eis que em 1906 reboa na Europa, estridente e sensacional como um toque de clarim, a voz de ARMÍNIO KANTOROWICZ. Em vigorosa monografia – *A luta pela Ciência do Direito*, e disfarçado no pseudônimo de GNAEUS FLAVIUS, o docente de Friburgo em Brisgovia atira a barra muito longe. EHRLICH e GÉNY atribuem ao juiz liberdade ampla, relativamente criadora, **em falta de disposição escrita ou costumeira;** portanto autorizam-no a agir ***proeter legem***. KANTOROWICZ, embora filiado à mesma escola, induz o magistrado a buscar o ideal jurídico, o **Direito justo,** onde quer que se encontre, **dentro ou fora da lei,** na ausência desta ou a despeito da mesma, isto é, a decidir ***proeter*** e também ***contra legem***: não se preocupe com os textos; despreze qualquer interpretação, construção, ficção ou analogia; inspire-se, de preferência, nos dados sociológicos e siga o determinismo dos fenômenos, atenha-se à observação e à experiência, tome como guias os ditames imediatos do seu sentimento, do seu tato profissional, da sua consciência jurídica.

A doutrina revolucionária olha demasiado para o foro íntimo, quando deveria, como os moderados e a escola histórico-evolutiva, tomar por ponto de partida a lei, interpretada e compreendida não somente à luz dos preceitos lógicos, mas também de acordo com as ideias, aspirações e interesses legítimos da coletividade."[6]

E prossegue C. MAXIMILIANO:

"Não foi possível aos corifeus da doutrina extremada preestabelecerem um critério para se saber quanto é lícito abandonar os textos e formular nova regra, e quais os litígios cuja valia não justifica a saída dos limites das disposições expressas. Por isso a escola pressupõe a existência de magistratura bem escolhida entre homens de valor intelectual. Para se justificar de semelhante necessidade, esmerou-se em pôr em realce os defeitos das organizações atuais, e demonstrou, até à evidência, que também a corrente histórico-evolutiva não atingirá o seu ideal sem a colaboração oportuna de um corpo de julgadores bem preparados. Na personalidade do juiz está o único perigo no exercício do Direito, mas também na mesma se encerra a garantia real da verdadeira justiça – proclama EHRLICH, o chefe tedesco do grupo moderado.

O magistrado moderno, libertado das estreitezas da dogmática, investido da prerrogativa de melhorar a lei e suprir-lhe as lacunas, guiado pela finalidade humana, atento aos fatores sociológicos dos fenômenos jurídicos, não pode ter apenas a tradicional cultura romanista clássica; necessita de um preparo menos especializado, mais amplo e completo. Homens de tanto valor se não encontram comumente nos pretórios, porque o atual processo de seleção é antiquado e deficiente, e os vencimentos não atraem as capacidades excepcionais.

Têm razão, neste particular, os apóstolos da ideia nova. A justiça das decisões depende sempre do coeficiente pesso-

6 MAXIMILIANO, Carlos. *Hermenêutica...*, cit., nº 6, pp. 99-100.

al: da cultura e perspicácia do magistrado, suas preferências filosóficas, pendores jurídicos, orientação sociológica, bondade, retidão.

Urge adaptar às novas exigências o ensino superior e as leis de organização judiciária, bem como dignificar, à moda britânica, e estipendiar generosamente os membros dos tribunais. Quanto mais o Governo economiza com a magistratura, mais despende o povo com advogado (EHRLICH). (...)

Serviço indireto presta, entretanto, a corrente ultra-adiantada com a crítica panfletária e incisiva; coroa a obra da maioria histórico-evolutiva na repulsa da exegese meramente lógica ou dogmática dos repositórios de normas, e no clamor para que se aquilatem e equilibrem os interesses legítimos e se dê grande importância aos valores sociais ao interpretar e aplicar o Direito (OERTMANN).

É lamentável o exagero em que incide: com pretender o uso menos imperfeito das regras jurídicas, chega ao perigoso despropósito de admitir que as desprezem; despeja a criança com a água do banho (DURINGER).

A Livre Indagação moderada aclimou-se em algumas regiões, e possui elementos de vitalidade apreciável; parece destinada a brilhante futuro. Os extremados tiveram a rutilância fugaz de estrelas cadentes. (...)

Lutero não solapou o edifício maravilhoso do Catolicismo; porém pôs a nu abusos deploráveis.

A Livre Indagação conseguiu: A) generalizar o método teleológico, a preocupação os fins sociais nos trabalhos de Hermenêutica, e conciliar com aquele processo a rígida dogmática; B) matar, de vez, a preferência pelo método gramatical, ou filológico; de interpretação já combatida por Ihering e seus discípulos; C) selar o túmulo do *in claris cessat interpretatio*; D) acabar com o *fiat justitia* a *pereat mundus*; E) reduzir aos limites do razoável o uso das *Pandectas*, das *Institutas* e do Código de Justiniano, em todos os pretórios, e valorizar o moderno Direito Comparado; F) combater, vantajosamente, o excesso de erudição clássica e o desprezo pelo fatos econômicos, na educação profissional dos juristas; G) deixar clara a necessidade, reconhecida, aliás, por vários povos cultos, de atribuir algum **poder discricionário** ao juiz, tanto nos feitos civis, como ao aplicar a pena dentro dos limites máximo e mínimo fixados pelo Código; H) dar o golpe de graça, definitivo, na Escola de Exegese em Direito Privado Positivo, já abalada, em França, pelos trabalhos sistemáticos de BUFNOIR E AUBRY e RAU, e na Alemanha, por JOSÉ KOHLER e CARLOS CROME."[7]

3.3.5. O MÉTODO HISTÓRICO-EVOLUTIVO

Um dos métodos mais avançados e modernos, o qual concilia e harmoniza pontos básicos da Escola Histórica e da própria Escola da Exegese com o método teleológico e com a Escola Sociológica, e dá maior ênfase à evolução do direito através da hermenêutica, – é o histórico-evolutivo ou da jurisprudência progressiva, na expressão de ESPÍNOLA. Seus adeptos são numerosos, na França, na Itália, na Alemanha, no Brasil e em todo o mundo jurídico contemporâneo, tais as virtudes conciliadoras de sua doutrina.

Antes de tudo, parte da ideia da Escola Histórica, do direito como fenômeno histórico e autônomo, destacado da vontade do legislador, tal como a língua e o costume, sujeito a transformações e mudanças contínuas. Adere aos postulados da Escola Sociológica, do direito como um todo orgânico, de conteúdo científico e social, e por isso a lei, que o traduz, deve ser interpretada em função das necessidades e exigências do momento de sua aplicação. Acolhe os subsídios do método teleológico, dos fins sociais do Direito como realidade que deve inspirar a sua criação e evolução. Tudo isso sem perder de vista os postulados lógicos e fundamentais do respeito à lei, defendidos pelo método tradicional.

ESPÍNOLA assim discorre sobre este método:

> "Partindo da ideia de que a lei não é produto da vontade do legislador, que apenas declara o direito, e não o cria; concebendo-a como um produto sociológico, sendo o direito, como qualquer outra norma da vida social – língua e costume –, superior à vontade humana; o método histórico-

7 MAXIMILIANO, Carlos. *Hermenêutica...*, cit., pp. 101-114.

> -evolutivo vê a lei, uma vez emanada, destacar-se do pensamento do seu produtor – o legislador –, ganhando vida própria.
>
> Assim, aos elementos lógicos da interpretação se juntam outros, tirados das condições reais da vida social, porque a interpretação tende a fazer alcançados os fins de justiça e de utilidade social, devendo acomodar às necessidades atuais a lei antiga, que não as poderia, com o sentido da época da sua elaboração, satisfazer convenientemente.
>
> Dá-se como grande vantagem desse método ser o da **adaptação histórica**, porque, não havendo previsão tão sagaz, nem produtividade tão fecunda, que possam apresentar sempre um preceito de lei em condições de dar uma regra perfeita e completamente adequada a cada relação, que a marcha incessante da vida faz surgir no comércio jurídico, está ele em condições de adaptar a legislação às condições reais do ambiente, em que tem atuação.
>
> É um método que não avança tanto quanto a escola do direito livre, pois não atribui ao intérprete as funções de ***conductor juris***, mas lhe permite uma posição de grande liberdade, com a possibilidade de ir "*au-delà de la loi, mais par la loi.*"[8]

FERRARA ajuda-nos a traçar o perfil deste método:

> "A ***ratio legis*** pode mudar com o tempo. O intérprete, examinando uma norma de há um século, não está incondicionalmente vinculado a procurar a razão que induziu o legislador de então, mas qual é o fundamento racional de agora. Assim pode acontecer que uma norma ditada para um certo fim adquira função e destino diverso.
>
> A ***ratio legis*** é uma **força vivente móvel** que anima a disposição, acompanhando-a em toda a sua vida e desenvolvimento; é como linfa que mantém sempre verde a planta da lei e faz brotar sempre novas flores e novos frutos. A disposição pode, desta sorte, ganhar com o tempo um senti-

8 ESPÍNOLA, Eduardo. *Tratado...*, cit., vol. III, pp. 538-540.

do novo e aplicar-se a novos casos. Sobre este princípio se baseia a chamada **interpretação evolutiva**.

Por isso, como reação e transação de tendências opostas, surgiram outras escolas, entre as quais a do método **histórico-evolutivo,** propugnado em França por SALEILLES, que, considerando a lei uma entidade distinta e autônoma, busca interpretá-la, não já segundo o pensamento do seu autor, mas no sentido que melhor a habilita para realizar os fins da justiça e da utilidade social, e sustenta que, assim como as condições, ideias e necessidades mudam, assim também devemos adaptar a lei às condições históricas do ambiente, fazendo-a evolver-se de harmonia com o movimento social. A lei tem de ser respeitada quando o seu sentido é indúbio, mas se há incerteza no seu conteúdo, se o significado originário se mostra já em desacordo com o rumo (***indirizzo***) da nova legislação, ou se trata de colimar lacunas, o intérprete, além de se inspirar nos elementos internos da lei, deve inspirar-se também nos **fatores sociais** que circundam a vida do direito em todas as sus manifestações e demonstram a sua finalidade.

Este método é certamente verdadeiro, e para nós não constitui um desvio, antes nos parece uma exata inteligência do método tradicional, do qual se tem exagerado os defeitos, que, todavia, são dos autores e nunca da orientação em si.

A chamada interpretação evolutiva é sempre mera aplicação do direito, e repousa em dois cânones: a ***ratio legis*** é **objetiva** (não a ***ratio*** subjetiva do criador da lei) e é **atual** (não a ***ratio*** histórica do tempo em que a lei foi feita). Assim pode acontecer que uma norma ditada para certa ordem de relações adquira mais tarde um destino e função diversa.

É um fenômeno biológico que tem correspondência no campo do direito. (...)

A interpretação evoluciona e satisfaz novas necessidades, sem todavia mudar a lei. A lei lá está; mas porque a sua ***ratio***, como força vivente e móvel, adquire com o tempo coloração diversa, o intérprete sagaz colhe daí novas aplicações."[9]

9 FERRARA, Francesco. *Interpretação...*, cit., pp. 142, 172 e 173.

Sobre essa flexibilidade da lei e capacidade de evolução e adaptação, movida por sua ***ratio* atual**, CAIO MÁRIO, com apoio em LÚCIO BITTENCOURT (*Rev. For.*, vol. 94, p. 9), chega a divisar nessa interpretação evolutiva e construtiva a "última fase da elaboração normativa".

Eis como discorre o nosso mestre:

> "A interpretação da lei, como processo mental de pesquisa de seu conteúdo real, permite ao jurista fixá-lo tanto em relação com a forma do comando coetâneo de seu aparecimento como ainda nas situações que o desenvolvimento das atividades humanas venha a criar, inexistentes quando de sua elaboração, porém suscetíveis de subordinação à sua regra em tempo ulterior. Esta pesquisa da vontade legal, que, de tão importante e construtiva, não falta quem classifique como última fase da elaboração normativa, sob fundamento de que a lei contém na verdade o que o intérprete nela enxerga, ou dela extrai, afina em essência com o conceito valorativo da disposição, e conduz o direito no rumo evolutivo que permite conservar, vivificar e atualizar preceitos ditados há anos, há décadas, há séculos, e que hoje subsistem somente em função do entendimento moderno de seus termos. Na verdade, só o esforço hermenêutico pode dar vida ao nosso Código Comercial, publicado em 1850, diante da complexidade da vida mercantil de nossos dias; só pela atualização do trabalho do intérprete é possível conceber-se o vigor do Código Napoleão, ou a sobrevivência dos cânones da Constituição americana, que é de 1787."[10]

Discorrendo sobre este método, FRANCO MONTORO, professor da USP, chega a citar exemplos expressivos dos efeitos e da utilidade social de sua aplicação, renovando as leis:

> "O sistema da evolução histórica, também chamado histórico-evolutivo ou escola atualizadora do direito, tem em Saleilles seu maior representante.

10 PEREIRA, Caio Mário da Silva. *Instituições...*, cit., vol. I, p. 176.

A lei deve ser considerada como dotada de vida própria de modo que corresponda não apenas às necessidades que lhe deram origem, mas também a suas transformações surgidas através da evolução histórica.

Diante da lei, o intérprete deve observar não só o que o legislador quis, mas também o que ele quereria, se vivesse no meio atual. Deve 'adaptar-se a velha lei aos tempos novos', e não de abandoná-la. E, assim, dar vida aos Códigos.

A jurisprudência francesa usou largamente esse método e manteve, até hoje, vivo o Código de Napoleão, interpretando seus textos à luz de novas teorias, decorrentes de grandes transformações sociais provocadas pela Revolução Industrial, como:

a) a teoria da responsabilidade civil por riscos criados, que se impôs em consequência da proliferação de acidentes de automóvel, de aviação, de estradas de ferro, acidentes do trabalho etc.;

b) a revisão judicial dos contratos (teoria da imprevisão ou da cláusula ***rebus sic stantibus***);

c) a teoria do abuso dos direitos.

Todas incompatíveis com o liberalismo e o individualismo jurídicos, que inspiraram o Código Civil francês.[11]"

O método histórico-evolutivo pode ser resumido na fórmula de SALEILLES, no prefácio da obra de GÉNY, em 1899:[12]

"*Au delà du Code Civil, mais par le Code Civil!*"

E também na síntese de FERRARA: "O intérprete deve buscar a ***ratio legis*** **objetiva** (não a *ratio* subjetiva do criador da lei) e **atual** (não a ***ratio*** histórica do tempo em que a lei foi feita)."[13]

11 MONTORO, André Franco. *Introdução...*, cit., pp. 376-377.

12 GÉNY, François. *Méthode...*, cit., prefácio de Saleilles.

13 FERRARA, Francesco. *Interpretação...*, cit., p. 173.

3.3.6. A concepção dialética do Direito e da hermenêutica

Em obra de jurista amadurecido e sábio, FRANCESCO CARNELUTT[14] enaltece a contribuição da **dúvida ou contraditório** no julgamento ou no esclarecimento da verdade. Começa citando IHERING, para quem a luta, a disputa, a reivindicação cria, constrói o próprio direito. Refere-se aos biólogos, que dispõem do microscópio, das lentes de aumento para possibilitar suas pesquisas, tal como os astrônomos recorrem aos telescópios para aproximar os corpos celestes. E conclui que os lógicos só dispõem de um instrumento para pesquisar a verdade: o processo, o confronto das provas, a discussão, o debate, a crítica, o questionamento, o contraditório. Deve-se **exasperar a dúvida** para se atingir a verdade e o justo, conclui o eminente processualista da Universidade de Roma.

Tal como na Filosofia de Hegel, do evolucionismo, do vir a ser das coisas através da luta, das disputas e reivindicações de espaço na vida e na sociedade. Esta seria a lei do progresso e do avanço em busca da perfeição, da síntese dos contrários, superando as divergências e contradições em todas as áreas da realidade, da cultura e do espírito (conf. Giorgio del Vecchio, *in Filosofia...*, cit., p. 156).

François Perroux, na sugestiva obra *La Coexistencia Pacífica*, destaca a contribuição das reivindicações, das lutas e dos conflitos sociais sucessivos e intermináveis, para a mudança e o aperfeiçoamento das leis e das instituições, nesta eloquente citação de seu livro:

> "*Las instituciones son armisticios en las luchas sociales, reglas del juego en otro tiempo coaguladas, emanadas de conflictos pasados, que norman los conflictos presentes y preparan futuros conflictos; fija provisionalmente la relación de fuerzas entre adversarios que han tenido que renunciar transitoriamente al combate; señalan pausas durante las cuales se definem nuevos adversarios y se preparan luchas nuevas.*"[15]

---

14 CARNELUTTI, Francesco. *Arte del Derecho*, Buenos Aires, Europa-América, 1948, p. 67.

15 MERINO, Daniel M. *Derecho Económico*, Santiago de Chile, Edit. Jur. de Chile, 1962, p. 11.

Outra não foi a visão de IHERING, com a sua experiência de jurista:

> "*Todo derecho en el mundo debió ser adquirido por lucha; esos principios de Derecho que están hoy en vigor ha sido indispensable imponerlos por la lucha a los que no los aceptaban, por lo que todo derecho, tanto el derecho de un pueblo, como el de un indivíduo, supone que están el individuo y el pueblo dispuestos a defenderlos.*"[16]

A visão do Direito sob a ótica dialética consagra a multidimensionalidade dinâmica e polêmica do fenômeno jurídico.

Há uma influência recíproca entre as ciências sociais e seus respectivos objetos, que se transformam e se ampliam em consequência dessa atuação recíproca e progressiva. Por isso os objetos, as ciências e as próprias pessoas passam pelo processo de reconstrução, retificação, humanização ou degeneração.

Um dos representantes dessa corrente alternativa da multidimensionalidade do Direito é o professor maranhense AGOSTINHO RAMALHO MARQUES NETO, cujas ideias podem ser assim resumidas, com suas palavras:

> "Ciência é discurso, teoria, que resulta de um processo de construção e retificação de conceitos.
>
> Por isso, todas as teorias científicas contêm um conhecimento apenas aproximado, retificável, em parte verdade e em parte erro. A maturidade de uma ciência é tanto maior quanto mais ela questiona seus princípios e proposições, submetendo-os a uma crítica incessante. Não existe a ciência, mas ciências concretas, específicas, que no entanto possuem pontos comuns, aos quais podemos chegar por abstração.
>
> As ciências, tanto em sua elaboração teórica quanto em suas aplicações técnicas, não estão absolutamente isentas da influência da ideologia dominante na sociedade. O cientista não pode nem deve ser completamente neutro, pois a prática teórica já implica um engajamento, em função de

16 HERING, Rudolf von. "La lucha por el Derecho", *in Estudios Jurídicos*, Buenos Aires, Edit. Heliasta, 1974, p. 10.

uma opção não despojada de conteúdo axiológico. O que se lhe exige é que não manipule seu objeto de estudo para amoldá-lo aos seus preconceitos e convicções subjetivas.

A ciência do Direito, como qualquer outra, decorre de um trabalho de construção da teoria, do método, do objeto etc. Por isso, suas proposições nunca são absolutas, mas aproximadas e retificáveis.

O fenômeno jurídico é interior ao espaço-tempo social, onde surge e se modifica por diferenciação das relações. Em razão de seu caráter eminentemente n-dimensional, ele jamais pode ser encontrado em estado puro. A ciência do Direito o constrói como objeto científico, a partir dos seus enfoques teórico-problemáticos específicos. Para formular proposições de cunho integral sobre seu objeto, a ciência jurídica não pode prescindir da colaboração de outras disciplinas sociais, numa perspectiva interdisciplinar.

O método jurídico faz parte do processo de elaboração teórica, e sua validade não pode ser estabelecida *a priori*, mas sempre em função da natureza de cada pesquisa completa.

A ciência do Direito se aplica normativamente, mas não é ciência normativa, pois não existe tal tipo de ciência. As normas constituem o momento técnico, prático, da elaboração jurídico-científica. Elas não devem traduzir simplesmente o arbítrio do poder estatal, ou a vontade do legislador, mas sim consagrar os valores e aspirações do corpo social, à luz dos resultados da ciência jurídica. É através do confronto com a realidade social que se pode determinar a eficácia das normas jurídicas.

Tanto as correntes empiristas como as idealistas, que tentam explicar a natureza do Direito, se caracterizam por um posicionamento essencialmente dogmático no trato do problema jurídico. Esse dogmatismo apresenta um tríplice aspecto, conforme se concentre na norma, no valor ou no fato. As proposições de tais correntes constituem verdadeiros obstáculos epistemológicos ao estudo científico do Direito, só podendo ser superados através de um enfoque dialético mediante o qual se aborde o Direito dentro de suas condições concretas de existência, numa perspectiva engajada e libertadora.

O papel da Filosofia do Direito consiste em dinamizar e dar vida à ciência jurídica, partindo das proposições que esta aceita como verdadeiras e submetendo-as a uma crítica permanente que ponha em xeque os fins e o sentido do Direito, dentro dos objetivos de uma justiça social concreta e efetiva, que se realize em condições de igualdade e liberdade dos cidadãos.

O ensino jurídico precisa procurar libertar-se, paralelamente à ciência do Direito, de toda uma carga dogmática que o aliena. Para tanto, há que se voltar para o objetivo fundamental da educação, que é a formação de uma consciência livre e crítica que possibilite ao jurista participar ativamente do processo de desenvolvimento integral, comprometendo-se com as realidades e aspirações da sociedade e lutando pela construção de um mundo livre e igualitário, onde reinem a justiça e a paz."[17]

Outros líderes dessa Escola, "com visão crítica e totalizadora do Direito", são: Roberto Lira Filho, Sérgio Ferraz, Raymundo Faoro, Marilena Chauí, José Eduardo de Faria, Nelson Saldanha e outros.

Se o próprio Direito passa por um processo de reconstrução e retificação de conceitos, continuamente, em razão das transformações sociais decorrentes dos confrontos dialéticos, também a sua interpretação sujeita-se a esses impactos e vicissitudes, com repercussão no método, que seria o dialético, sempre em processo de retificação, reconstrução e aperfeiçoamento, acompanhando o Direito e o homem.

3.3.7. O Direito concreto

I. ANDRÉ-VINCENT, Ph. (O.P.) escreve sobre o livro de KARL ENGISCH,[18] onde esclarece de início o seguinte:

---

17 MARQUES NETO, Agostinho Ramalho. *A Ciência do Direito: Conceito, Objeto, Método*, Rio de Janeiro, Ed. Forense, 1982, pp. 186-187.

18 ENGISCH, Karl. *L'Idée de Concrétion dans le Droit*, Pamplona, Esp., 1968. Obra comentada por I. André-Vincent em artigo sob o título "L'abstrait et le concret dans l'interprétation", *in Archives de Philosophie du Droit*, Paris, 1972, Tome XVII, pp. 135-147.

"*Bien que limité à la pensée allemande contemporaine, ce livre est representatif des corants divers qui dominent le monde actuel*" (*Revista* citada, p. 135, nota l).

Em seguida, formula esta indagação: Em face da natureza abstrata da lei, qual será a autonomia do juiz na interpretação? E responde: três tendências dominantes destacam-se no pensamento jurídico alemão atual: o hegelianismo com Karl Larenz, Dahm, Karl Schmitt: a escola do "direito livre"(de Welzel até Isay); e a tendência jusnaturalista (de Radbruch até Rommen). E acentua: estas três correntes dão o primado ao concreto no trabalho jurisprudencial.

Sobre o "direito livre" já nos referimos, como método realista extremado. Também sobre a corrente dialética.

Prosseguindo, à margem de ENGISCH, o douto articulista afirma que o problema da interpretação toca a natureza mesma do Direito. Ela apanha o Direito na sua gênese, no ato de sua criação.

A ordem jurídica não é constituída por um conjunto de leis: está estruturada, concretamente, por uma infinidade de atos individuais, e tais atos são mais que a simples aplicação das leis.

A sentença judicial é o domínio próprio da interpretação.

Não há direito sem referência ao existente. O direito é concreto.

Sua gênese, na expressão de Engisch, é uma "concreção".

A atividade jurídica desenvolve-se no meio social e encontra aí suas dimensões, numa perspectiva realista e aberta aos fins sociais. O problema da interpretação inscreve-se no âmbito do concreto.

O concreto é primordial na vida e na essência mesma do Direito.

A lei existe para sua realização. A realização é a vida e a verdade do Direito, afirmou Ihering.

O verdadeiro direito é um "direito concreto", formado pelos atos jurídicos e pelas decisões judiciais. O direito encontra-se na sua objetividade imanente, na sua historicidade. Não é o simples reflexo da norma. Não é pura e simples determinação da lei, ainda que não seja determinado sem ela.

Dessa consistência concreta do direito decorre naturalmente a sua interpretação.

A lei não é uma criação absoluta. Antes de formulá-la, o legislador consulta os fatos e ausculta os interesses e os valores.

Conforme a afirmativa de Isay: "A decisão do juiz não se deduz da norma, mas, a partir da decisão, se obtém a norma para os casos concretos." O que faz a grandeza da lei produz a sua fraqueza: sua extensão é grande, sua compreensão é mínima.

A norma concreta definida pela sentença não surge espontaneamente do caso; ela nasce dele mas sob a influência de uma luz normativa: o senso concreto do justo. Essa norma natural basta, num Estado social desorganizado. Na sociedade política, essa lei natural encontra-se nas leis positivas e faz corpo com elas.

O "bem devido ao outro", tal é o Direito, o justo. Tal o valor que mede as relações humanas. O Direito nasce sob o império de uma observação dos fatos, acompanhada de um julgamento. O Direito é valor: avaliar o que é justo é a missão concreta do legislador e do juiz.

A elaboração das normas concretas, que são as decisões judiciais, refere-se à mesma "realidade autêntica" que norteia as normas legais abstratas: a natureza mesma das coisas.

A dualidade do abstrato e do concreto, da lei e do direito, é superada pela unidade do real e pela referência, tanto do concreto como do abstrato, à mesma realidade.

E conclui ENGISCH: "superando o aparente dualismo do abstrato e do concreto, descortinamos a vinculação do direito ao real: contemplamos a unidade da ordem do justo."

Se bem entendemos e interpretamos o seu pensamento, o direito positivo é o reflexo ou espelho e não a fonte do verdadeiro direito – real e concreto – que brota dos fatos jurídicos (atos, contratos, sentenças).

Isso até concilia o ***civil law*** com o ***case law***: um constrói a sentença a partir da norma abstrata, obtida por indução da realidade; o outro a partir dos precedentes ou da visão direta da realidade. No fundo está sempre a realidade ou o direito concreto.

CAPÍTULO IV

HERMENÊUTICA CONTEMPORÂNEA

SUMÁRIO: 4.1. Novas correntes.

Eis, na esteira de renomados autores, como se situa o problema da hermenêutica na atualidade.

EDUARDO ESPÍNOLA faz a seguinte opção:

> "Do mesmo modo que se não podem manter as leis com o seu espírito antigo, para, imudadas e estáticas, resolverem as questões surgidas do comércio jurídico de eras novas, às quais, em vez de dar satisfação, trazem uma situação de constrangimento insuportável, é preciso atender a que o poder judiciário, a fim de conservar o seu papel supremo de garantidor da ordem legal e escudo dos direitos particulares contra os arbítrios e as invasões do poder público, necessita de acompanhar a evolução da vida social, auscultando-lhe as imperiosas necessidades, para, sem sacrificar os mais legítimos interesses públicos, fazer das leis, sabiamente interpretadas, entendidas com espírito adiantado e progressivo, a garantia real da vida da comunhão, e não torná-las, por meio de exegese atrasada e indiferente às condições da situação atual, naquele instrumento intolerável de compressão da verdade e da realidade, que acima criticamos. Agindo da forma condenada, o poder judiciário não consegue tenham as suas decisões aquela indispensável comunicabilidade com o sentimento de justiça latente no povo, a que se dirige, – a qual representa, realmente, o fator mais forte e mais seguro da indispensabilidade da união da força à palavra

da justiça, para transmitir às sentenças o caráter coercitivo, incondicionalmente reclamado pelo direito."[1]

ALÍPIO SILVEIRA, da Universidade de São Paulo e uma das maiores autoridades nacionais sobre hermenêutica, em artigo publicado sob o título "Hermenêutica Jurídica Contemporânea",[2] identifica a hermenêutica tradicional como "forma", como "lógica formal"apenas, e a hermenêutica moderna como "fundo", correspondendo às exigências da vida social. Faz uma comparação expressiva sobre a natureza da norma jurídica e a função do seu intérprete e aplicador. A norma seria uma regra geral, abstrata, padrão – **sortimento de roupas feitas** que vestirão as realidades e negócios da vida social, a fim de gozarem da tutela do Estado. Mas são roupas que não se ajustam rigorosamente a nenhum "talhe". Há necessidade de adaptar a norma a cada caso particular, assim como a roupa a cada corpo individual. Esse trabalho de adaptação do intérprete constitui nova elaboração ou segunda criação da lei, assim como da roupa.

Cita ROSCOE POUND, da Universidad de Harvard e um dos maiores juristas contemporâneos, para o qual o Direito é meio ou instrumento a serviço do bem-estar do homem e não fim em si. O juiz visa antes a fazer justiça no caso particular, para depois fazê-la de acordo com o Direito. Em primeiro plano estão a justiça, o fato, a vida, o homem. Em segundo plano está o Direito.

O jurista-filósofo LUIS RECASÉNS SICHES, das Universidades do México e Madrid, afirma que a vida é mais rica do que as leis. Não é possível encaixar o mundo, as causas, as ações, a História, a cultura nos moldes do ser estático. A razão vital exige esquemas próprios, já que nela opera o ser vivente. A técnica hermenêutica do "razoável" ou do "logos do humano" é a que convém à interpretação e à adaptação da norma ao caso. O processo de produção do Direito continua na obra do órgão jurisdicional, o qual, em lugar de valorar em termos gerais ou genéricos, fá-lo em termos concretos, valorando provas, fatos e circunstâncias das causas. Por isso sua função é criadora, pois se ali-

---

1 ESPÍNOLA, Eduardo, pai e filho. "Interpretação da norma jurídica", artigo *in Repert. Enciclop. do Dir. Bras.*, Rio, Borsoi, vol. 29, pp. 137-138.

2 SILVEIRA, Alípio. "Hermenêutica Jurídica Contemporânea", artigo *in Tribuna da Justiça* de 19.09.1973.

menta de um rico complexo de valorações particulares. O fetichismo da norma abstrata aniquila a realidade da vida.[3]

HENRI DE PAGE, jurista belga, considerado o maior civilista moderno, tornou-se muito citado nos pretórios com esta magnífica síntese de hermenêutica evoluída:

> "Sem dúvida, o juiz, ao interpretar a lei, não pode tomar liberdades inadmissíveis com ela nem quedar-se surdo às exigências do real e da vida.
>
> O Direito é essencialmente uma coisa viva. Ele se destina a reger homens, isto é, seres que se movem, pensam, agem, mudam, modificam-se. O fim da lei não deve ser a imobilização ou a cristalização da vida e, sim, manter contato íntimo com ela, segui-la em sua evolução e adaptar-se a ela. Daí resulta que o direito se destina a um fim social, de que deve o juiz participar, ao interpretar as leis, sem se aferrar ao texto, às palavras, mas tendo em conta não só as necessidades sociais que elas visam disciplinar, como ainda as exigências da justiça e da equidade que constituem o seu fim."[4]

E o professor EMILIO BETTI, da Universidade de Roma:

> "A ordem jurídica não é um organismo que se desenvolva por si próprio, em virtude de mera lei natural. E não é algo preexistente e perfeito, mas algo que se vai fazendo justamente pelo labor assíduo da interpretação, de conformidade com o ambiente social historicamente condicionado.[5]"

---

3 SICHES, Luis Recaséns. *Nueva Filosofía de Interpretación del Derecho*, 2ª ed., México, Ed. Porrúa, 1973, cap. séptimo.

4 DE PAGE, Henri. *Traité Élémentaire de Droit Civil Belge*, troisième édition, Bruxelles, Émile Bruylant, 1962, tome premier, p. 302.

5 BETTI, Emilio. *Interpretazione della Legge e degli Atti Giuridici*, Roma, 1949, § 9º.

OROSIMBO NONATO, com o talento e a vibração de sempre, emite estes conceitos:

> "Não é o juiz um mero aplicador mecânico de normas e leis. Sua função verdadeira, a que tem sido fiel no curso da História, é a de adaptador do texto abstrato à realidade palpitante e, às vezes, dramática que os pleitos oferecem[6].
>
> A onipotência da forma legal perde seus fanáticos. Reclamam-se para o juiz moderno quase que a função de 'legislador de cada caso', e isso se reclama exatamente para que, em suas mãos, o texto legal se desdobre num sentido moral e social mais amplo do que aquele que, em sua angústia expressional, ele contém."[7]

CARLOS CAMPOS, outro eminente jurista-filósofo mineiro, discorre:

> "A Hermenêutica, como um instrumento de tradução da realidade elaborada na norma de conduta geral e de conformação nela dos fatos humanos concretos, particulares, não é o produt[8]o do pensamento puro nem do artifício abstrato, criação dogmática para racional limitação, segundo um plano previamente dado da vida, mas o produto da elaboração da vida, com os caracteres de higidez, de segurança e de redução máxima de arbítrio, que a realidade jurídica impõe, segundo a sua própria elaboração de elementos jurídicos de maior valor, para aquela conversão de energias elementares egoísticas em forças de conformação útil ao próprio indivíduo e ao meio social."

Digna de enfeixar esta pesquisa é a síntese do professor CAIO MÁRIO:

> "A posição correta do intérprete há de ser uma posição de termo- médio. Sem negar a supremacia da lei escrita como fonte jurídica, pois nisto está a ideia fundamental do

6 *Revista Forense*, vol. 87, p. 262.

7 NONATO, Orosimbo. "Aspectos do Modernismo Jurídico", *in Pandectas Brasileiras*, vol. 8º, 1ª parte, p. 176.

8 CAMPOS, Carlos. *Hermenêutica Tradicional e Direito Científico*, Belo Horizonte, Imprensa Oficial, 1970, p. 170.

ordenamento jurídico regularmente constituído, deverá tomar da escola científica a ideia de que a lei é um produto da sociedade organizada, e tem uma finalidade social de realizar o bem comum. A pretexto de interpretar, não pode o aplicador pender para o campo arbitrário de julgar a própria lei, de recusar-lhe aplicação ou de criar um direito contrário ao seu texto. Se interpretar a lei não é indagar o que alguém disse, mas o que está objetivamente nela consignado, e se na omissão do texto devem-se invocar as forças criadoras dos costumes sociais, da equidade, da jurisprudência, das necessidades sociais – a sua aplicação há de atender à sua finalidade social e às exigências do bem comum.

Nem o fetichismo da lei e a proclamação da sua perfeição como obra completa de um legislador todo-poderoso e onisciente, nem o excesso oposto do direito livre. Partidário e mesmo iniciador do movimento científico da moderna hermenêutica, intitulada método histórico-evolutivo, já SALEILLES precisava, numa fórmula sucinta ("*Au delà du Code Civil, mais par le Code Civil*"), um pensamento moderado, em cujo desenvolvimento o intérprete avança além da lei, mas sem perdê-la de vista.

Nesta mesma linha moderada, inscreve-se o Código Civil Suíço (art. 1º), o qual, sem render excessiva homenagem ao texto, sustenta o primado da lei, em cuja omissão, porém, arma o juiz de poderes criadores. Numa linha de equilíbrio, a que se filiou o art. 5º da nossa Lei de Introdução ao Código Civil, inspirado pela modernização da hermenêutica, o intérprete há de buscar o entendimento real da norma jurídica em função da sua utilidade social e da sua adaptação às injunções da vida social contemporânea de sua aplicação, e, quando autorizado o juiz a decidir por equidade, aplica uma norma que estabeleceria se fosse legislador (Cód. de Proc. Civil de 1939, art. 114).

Orientação idêntica vem consignada no Anteprojeto de Lei Geral de Aplicação das Normas Jurídicas, cujo art. 2º invoca a inspiração do bem-comum, da justiça social e da equidade."[9]

9 PEREIRA, Caio Mário da Silva. *Instituições...*, cit., pp. 188-189.

4.1. Novas Correntes

Sob o título acima, ANDRÉ FRANCO MONTORO assim resume as novas tendências da hermenêutica:

> "As novas tendências das doutrinas de interpretação podem ser sintetizadas na fórmula 'doutrinas de pensamento problemático', em oposição às doutrinas do 'pensamento sistemático', que representam o dogmatismo jurídico.
>
> Na mesma linha do pensamento de Gény e seus seguidores, essas correntes, ao interpretar as normas e decisões judiciais, procuram investigar as circunstâncias concretas e problemáticas de cada caso, dando especial ênfase à linguagem e à 'situação comunicativa'. Daí as denominações de 'lógica do concreto', da controvérsia, do provável' (Perelman), 'lógica do razoável' (Recaséns Siches), 'tópica' (do grego *topos*, lugar, situação) (Viehweg), 'zetética'(do grego *zetein*, que significa 'investigar'e se opõe ao 'dogma' absoluto das correntes dogmáticas), nova retórica, análise semiológica, linguística, pragmática, em que se destacam Olivecrona, Ross, Carrión e, no Brasil, Tércio Ferraz, Warat, Fernando Coelho e muitos outros (Recaséns Siches, *Nueva Filosofia de la Interpretación del Derecho*, México, Ed. Porrua, 1973; L. Fernando Coelho, *Lógica Jurídica e Interpretação das Leis*, Rio de Janeiro, Ed. Forense, 1981; J. Dualde, *Una Revolución en la Lógica del Derecho*, Barcelona, 1933; T. Viehweg, *Tópica e Jurisprudência*, trad. de Tércio Ferraz, UNB, Brasília, 1979; Karl Engisch, *Introdução ao Pensamento Jurídico*, Lisboa, Ed. Fundação Gulbenkian, 1965; H. Hart, *El Concepto de Derecho*, trad. G. Carrión, Buenos Aires, 1968; Ch. Perelman, *Logique Juridique Nouvelle Thétorique*, Paris, Ed. Dalloz, 1976; Tércio Ferraz, *Teoria da Norma Jurídica*, Rio de Janeiro, Ed. Forense, 1978; Karls Olivecrona, *El Derecho como Hecho*, Buenos Aires, 1959; Alf Ross, *Hacia una Ciencia Realista del Derecho*, Buenos Aires, 1961; *Sobre el Derecho y la Justicia*, Buenos Aires, 1970; Eduardo Russo, *Lógica de Persuasión*, Buenos Aires, 1975)."[10]

10 MONTORO, André Franco. *Introdução...*, cit., pp. 379-380.

Capítulo V

HERMENÊUTICA NO DIREITO COMPARADO

5.1. França

Depois do que foi dito, seria quase desnecessária uma exposição sobre a hermenêutica na França, pátria da famosa Revolução individualista de 1789, preparada pela filosofia político-jurídica de Montesquieu, Rousseau e outros ardorosos defensores dos direitos e liberdades do cidadão.

Ali se proclamaram os direitos e garantias do homem, ali se aprovou uma Constituição individualista. Mas não foi só. Os direitos subjetivos essenciais e fundamentais do cidadão, proclamados na Declaração Universal e na Constituição, foram discriminados e regulamentados num Código Civil (1804), ao qual se atribuiu a condição de plenitude infalível do Direito. O código continha toda a ordenação jurídica, nada restando para o intérprete acrescentar. O Código Civil significava o próprio "Direito Civil" e todo ele, pelo que era comum dizer-se: "curso de Código Civil", "professor de Código Civil". A palavra "jurisprudência" deveria ser riscada dos dicionários. Tudo em homenagem aos direitos do cidadão e seu resguardo, contra a opressão e o aniquilamento político.

Instaurou-se a Escola da Exegese, que imperou durante o século XIX, baseada no fetichismo legal, no individualismo, no predomínio da lógica e da forma.

Mas a reação não se fez esperar e a própria França teve o mérito de instaurar definitivamente o método científico de interpretação da lei, através dos juristas RAYMOND SALEILLES e FRANÇOIS GÉNY, fundadores da Escola Sociológica.

Antes, o direito positivo francês seguia apenas o modelo invariável e superior: o Direito Natural. Seu valor único era a Justiça, imanente e absoluta.

Hoje, na França, a lei não contém todo o direito, que é buscado fora dela pelo juiz e pelo doutrinador, tendo em vista outros valores sociais. Prevalece a fórmula inaugurada por Saleilles, do respeito à lei, como garantia e segurança individual e social, mas podendo-se ir além da lei: "*Au déla du Code Civil, mais par le Code Civil.*"

Di-lo com sua autoridade RENE DAVID:

> "*Los códigos, tales como los consideramos hoy en la práctica, sirven para dar los cuadros de nuestro derecho; sus disposiciones no agotan la materia jurídica, y la interpretación de ellos no excluye, más allá de su aplicación lisa y llana, un trabajo de creación y perfeccionamieto del derecho por la doctrina y la jurisprudencia. Como lo ha observado el profesor norte-americano H. DE VRIES, los códigos franceses desempeñan hoy la función de una obra doctrinaria, tanto o quizás más que la función de mandatos propios de la ley. 'Por el código civil, más allá del código civil'; esta fórmula de Saleilles, derivada de la de Ihering, suministra la clave de los métodos actuales para interpretación de las leys en Francia.*"[1]

5.2. Alemanha

Enquanto a França teve o seu Código Civil desde 1804, o Código Civil alemão (BGB) somente entrou em vigor em 1º de janeiro de 1900, quase um século depois.

Quando THIBAUT defendeu a ideia da codificação civil alemã, SAVIGNY lançou-se contra a mesma, sob o argumento de que a fixação do direito no código seria uma medida contrária ao progresso da ciência jurídica. Divulgou então o manifesto da Escola Histórica, ins-

1 DAVID, Rene (e John N. Hazard). *El Derecho Soviético*, Buenos Aires, La Lei Edit., 1964, tomo I, p. 294.

pirada na concepção do direito como fenômeno espontâneo e variável no tempo e no espaço, tal como a linguagem.

Além das novas ideias de Savigny, a cultura jurídica germânica contou com outro baluarte do Direito, RUDOLF VON IHERING, o fundador de outra grande escola científica de interpretação – a Teleológica.

Não parou aí a reação alemã contra o método tradicional. Partiu de lá o movimento que operou uma revolução na hermenêutica: a "Escola do Direito Livre".

Tudo isso em oposição aos pandectistas, partidários da escola tradicional.

Com quem ficou o BGB?

No meio-termo, entre o método lógico e os partidários da livre interpretação. Adotou o método teleológico de Ihering, consagrando a jurisprudência do interesse como impulso criador do direito. O juiz age não como filólogo ou historiador, mas leva em conta as mudanças sociais e econômicas e considera a lei em relação ao momento de sua aplicação. Eis como resume o método adotado no direito alemão o eminente professor EMILIO BETTI, da Universidad de Roma:

> "*Pour ce qui est de l'interprétation du code par la science jurid. allemande, il est à observer préliminairement qu'elle a suivi dès l'origine une libre méthode, dans l'effort de dégager les lacunes de la loi et d'en développer les principes.*
>
> *En s'oposant au doctinarisme abstrait de la 'Begriffsjurispr*udens', qui poursuivait la méthode logique des pandectistes (et aussi en corrigeant, d'autre côté, les exagérations de la 'freie Rechts-findung', qui revendiquait aux juges le pouvoir de combler les lacunes qu'ils trouvent dans la loi), il s'affirma un nouveau courant préconisé par Ihering avec sa vue téléologique du 'but dans le droit' (Zweck im Recht) et de l'impulsion créatrice qui a sa source dans l'intérêt: la 'Interessenjurisprudenz' sa méthode d'interprétation demandait aux juges de soupeser (abwagen) les intérêt typiques qui s'affrontent dans la vie de tous les jours et qui, par leur conflit, posent à l'ordre juridique un problème pratique de coéxistence sociale, dont la solution est à rechercher dans les règles de droit. Que

> l'on pense, par exemple, au conflit entre les parties d'un rapport contractuel, ou au conflit entre l'acheteur de bonne foi et le titulaire du droit dont on a disposé sans y être légitimé, ou entre celui qui agit à l'abri de formes légales pour exploiter una situation de fait, et le tiers intéressé qui donnent une solution à de tels conflits, suppose qui le juge reproduise, dans son jugement de valeur, l'evaluation comparative des intérêts, qui a été à la base de leur génèse. En tour cas l'interprétation d'un droit en vigueur assigne ao juiz le rôle, non pas d´un philologue ou d´un historien; mais les nécessités sociales et économiques, dans leurs changements, requièrent sans cesse d'être tênues en compte, de la sorte que les lois promulguées à une époque antérieure ne doivent pas être interprétées seulement dans le sens qu'a entendu leur attribuer le législateur d'alors, mais aussi bien dans l'orientation qui convient aux idées et aux besoins du moment de leur application."[2]

Vale acrescentar ainda, como contribuição da moderna hermenêutica germânica, o que dissemos no capítulo III, sob o nº 3.7, sobre o "direito concreto" e sua interpretação.

5.3. Direito Norte-Americano

EDUARDO ESPÍNOLA refere-se a dois processos de exegese usados no direito norte-americano: **interpretação e construção**, o primeiro como expressão do tradicionalismo, do apego aos textos e emprego apenas dos métodos gramatical, lógico e sistemático, enquanto que a hermenêutica construtiva atende aos fatos sociais e às exigências da vida real. Trava-se ali uma luta entre o método exegético e o sociológico, na qual este último vai ganhando terreno.

Como manifestação da nova tendência na jurisprudência americana, assim ilustra ESPÍNOLA:

---

2 BETTI, Emilio. *Système du Code Civil Allemand*, Milano, Dott. A. Giuffrè-Editore, 1965, pp. 37-39.

"Essa corrente partidária é a que tomou contato com o método sociológico ou realista, da nova escola da sociological jurisprudence, à qual LLEWELLYN deu todo relevo, contando com decidido apoio de publicistas, professores e magistrados, muitos dos quais tomaram posição em obras de assinalado destaque.

Lembra-se sempre como, em plena Corte Suprema, HOLMES reagiu, energicamente, contra o formalismo dos simples interpretadores, desejosos, no seu apego aos textos e à dialética de imobilizar a Constituição, agrilhetando-a a um sistema de regras abstratas, alheio inteiramente às necessidades da vida. Proclamou, então: 'Não são as cláusulas da Constituição fórmulas matemáticas, cuja essência está na forma; são instituições orgânicas, vivas, transplantadas do solo inglês. O seu sentido é vital e não formal.'

Depois de HOLMES é BRANDEIS, tomando como divisa a fórmula romana – ***ex facto jus oritur***. Para ele, essa antiga máxima deve prevalecer como condição de um sistema de lei viva (***a system of living law***), que norteará a interpretação e a aplicação da lei. Pois que o direito nasce dos fatos, nos fatos da vida social atual devemos procurar os elementos para penetrar o sentido dos textos de direito positivo, principalmente em se tratando de dispositivos que figurem num instrumento político, por excelência, como é a Constituição. Assim, haverá possibilidade de determinar, com dados objetivos, e não por meio de ideias apriorísticas e de deduções lógicas, se uma medida legislativa, aferida na pedra de toque do interesse público, é arbitrária ou injusta, legal ou ilegal, constitucional ou inconstitucional.

Colocou o eminente juiz, como verdadeira orientação da hermenêutica, um postulado, apresentado em fórmula lapidar: 'Nenhuma lei, escrita ou não, pode ser entendida sem o pleno conhecimento dos fatos que lhe deram origem ou aos quais vai ser aplicada. A lógica das palavras deve ceder à lógica das realidades.'

Essas manifestações de uma compreensão da lei, na sua realidade viva, vinculada aos interesses e às necessidades do meio ambiente, são constitutivas de um processo,

> há muito familiar ao direito norte-americano, conhecido como **construção**, o qual sempre se opôs ao processo restrito da **interpretação**, a ponto tal que WOODBURN afirmou: '***Interpretation*** *has been chiefly a matter of law;* ***Construction*** *has been largely a matter of politics.*'
>
> O que, pois, se verifica é: abandonando os processos clássicos de interpretação, nos seus elementos lótico, gramatical e sistemático, os **construtores** consideram a Constituição como um sistema permanente, que se não imobiliza, como uma estrutura eterna, que, em vez de ter a pretensão de subjugar as realidades sociais, tem a necessária flexibilidade, tem a vida e o dinamismo suficientes para, no contato com a sociedade, em evolução e em progresso, procurar ajustar-se, harmonizar-se com as necessidades decorrentes dessas transformações, sem constituir entrave a essa evolução e a esse progresso."

Em seguida, ESPÍNOLA cita o seguinte comentário de LAMBERT, que atribui à interpretação construtiva norte-americana uma técnica e um poder de controle da racionalidade e da oportunidade das leis equivalentes, na prática, à declaração de inconstitucionalidade:

> "Por efeito da extensão do controle de constitucionalidade, no exame da racionalidade e da oportunidade das leis, o princípio de interpretação, assentado pelos juízes antigos com um pensamento de reserva e de discrição, adquiriu, nas mãos dos seus sucessores, uma significação toda nova. Serviu-lhes para realizar, de um modo mais simples e menos estridente, por intermédio da construção e pelo jogo da autoridade do precedente, o equivalente daquilo que se pede, na presença de um texto muito formal e muito rígido, à declaração de inconstitucionalidade."

E arremata ESPÍNOLA:

> "A despeito de tudo isso, a escola avançada, que atende às exigências da vida real, encontra dificuldade para ven-

cer o tradicionalismo da interpretação apegada aos textos, surda às vozes sonoras da razão e do bom senso."[3]

5.4. Direito Soviético

Daremos aqui uma visão da interpretação das leis soviéticas, com base em pesquisa na obra de RENE DAVID (prof. de direito civil comparado da Fac. de Direito de Paris) e JOHN N. HAZARD (da Universidade de Colúmbia).[4]

O direito soviético é um simples aspecto da política, dissociado de qualquer ideia transcendente de justiça.

O direito obedece à ideologia e à política comunista, aos seus princípios, programas e metas. Assim também a sua interpretação. Por isso predomina o dirigismo na interpretação, contra o que denominam "anarquia da doutrina e da jurisprudência".

Prevalece a interpretação autêntica, oficial, dirigida, política, finalística, através de decretos, instruções e diretivas que os juízes obedecem.

O dirigismo manifesta-se até na publicação dos repositórios de jurisprudência, que são oficiais.

Atinge também a própria função dos juízes, cujos mandatos são temporários e breves. Não constituem um Poder autônomo e independente, intérprete do Direito. São funcionários públicos e instrumentos da política socialista, obedientes ao Poder. Por isso só interpretam e aplicam estritamente a lei: não alteram, não inovam, não criam, não aperfeiçoam o Direito.

Também ali o juiz não pode se negar a julgar, por omissão da lei. Para o suprimento das lacunas ele recorre:

I) ao seu sentimento socialista de justiça;
II) à política do governo;
III) ao interesse do proletariado e dos camponeses.

---

3 ESPÍNOLA, Eduardo, pai e filho. Artigo sob o título "Interpretação da Norma Jurídica", *in Repert. Encicl. do Dir. Bras.*, Rio, Borsoi, vol. 29, pp. 134-137.

4 DAVID, Rene e HAZARD, John N. *El Derecho Soviético*, cit., cap. III, sección III (Interpretación de las leyes soviéticas), pp. 293-302.

Para tanto ele se serve, como fonte subsidiária:

A) do Programa do Partido Comunista, que tem força de lei;

B) dos princípios gerais de direito civil, penal e do trabalho, sancionados em lei;

C) dos escritos de Marx, Engels, Lenin, Stalin e outros líderes comunistas.

Acima de tudo, na omissão ou obscuridade da lei, o juiz soviético orienta-se pela filosofia marxista:

> "*Los principios de la dialéctica materialista suministran al razonamiento una base, oficialmente admitida, que excluye muchas dificultades*" (obra e autores citados, p. 297).

Aliás, dispõe o artigo 4º de seu Código de Processo Civil:

> "Na hipótese de insuficiência das disposições da lei, o tribunal sentenciará tomando como guia os princípios da legislação soviética e a política geral do governo de trabalhadores e camponeses."

Recorre, por fim, na ausência de princípios jurídicos, à "Moral Socialista", conforme dispõe o artigo 130 da Constituição.

5.5. Resumindo

1) A única fonte do direito é a lei, que representa o interesse nacional.

2) É ao legislador, ao governo que compete estabelecer a política e a conveniência do país e da nação.

3) Os códigos são a expressão da política e da ideologia nacionais.

4) Por isso o Direito é preciso e determinado. Estrito e rígido nas relações econômicas e mais liberal nas normas penais e de família.

5) A interpretação está sujeita ao dirigismo socialista, com restrição severa ao uso de fórmulas gerais.

Pelo que acabamos de expor, com apoio em Rene David e John Hazard, podemos concluir descobrindo, nos domínios da interpretação jurídica, uma identidade de método ou de meios e uma oposição ou diferença fundamental de metas ou objetivos, entre a Rússia do século XX e a França do século XIX.

Montesquieu foi o Marx do individualismo. Marx veio a ser o Montesquieu do socialismo.

A França deflagrou a revolução individualista em 1789. A Rússia promoveu a revolução socialista em 1917.

Embora divergentes e até opostas, sob muitos aspectos, as duas ideologias foram institucionalizadas por dois povos e duas culturas, respectivamente. Mas para garantir a sua realização, tiraram toda a liberdade do intérprete. Enquanto os individualistas riscaram dos dicionários a palavra "jurisprudência", os socialistas acabaram com a "anarquia da doutrina e da jurisprudência".

Logo, em defesa dos postulados socialistas, a Rússia adota em seu direito o método tradicional de interpretação, em combinação com o método teleológico, através do dirigismo socialista.

Capítulo VI

A INTERPRETAÇÃO DA LEI NO DIREITO BRASILEIRO

Sumário: 6.1. Conclusão.

Pelo sistema do nosso direito positivo, temos que considerar, antes de tudo, que ao juiz não é dado omitir-se na distribuição da justiça, sob pretexto de omissão ou obscuridade da lei. É o que dispõe o artigo 126 do Código de Processo Civil:

> "O juiz não se exime de sentenciar ou despachar alegando lacuna ou obscuridade da lei.
> No julgamento da lide caber-lhe-á aplicar as normas legais; não as havendo, recorrerá à analogia, aos costumes e aos princípios gerais de direito."

A parte final do texto supra reproduz o artigo 4º da Lei de Introdução ao Código Civil, *verbis*:

> "Quando a lei for omissa, o juiz decidirá o caso de acordo com a analogia, os costumes e os princípios gerais de direito."

Recorrer à analogia, como processo racional de integração do direito positivo, é recorrer à própria lei aplicável a casos análogos e por isso antecede aos costumes, fonte somente aplicável na ausência de lei direta ou por analogia.

O artigo 127 do CPC completa: "O juiz só decidirá por equidade nos casos previstos em lei." Já vimos noutro local os conceitos de analogia, princípios gerais de direito e equidade (Parte II, cap. I, nº 2).

Sendo omissa a lei, o juiz recorrerá, primeiro, à analogia, que, segundo ESPÍNOLA, não constitui, por si mesma, fonte do direito. A fonte continua sendo uma lei, ou seja, aquele dispositivo que disciplina o caso análogo. Na sua falta é que se recorre a uma fonte subsidiária: o costume. Na ausência deste é que se recorrerá a uma fonte aparentemente estranha ao direito positivo, mas na verdade integrante dele pela unidade e pelo sistema orgânico: os princípios gerais de direito, aos quais se tem acesso pelo processo lógico da integração, tudo conforme já examinado.

O artigo 5º da Lei de Introdução ao Código Civil dispõe:

> "Na aplicação da lei, o juiz atenderá aos fins sociais a que ela se dirige e às exigências do bem comum."

OROSIMBO NONATO, um dos autores da Lei de Introdução, assim se manifesta sobre o texto *supra*:

> "Vê-se, no dispositivo, traço do método teleológico de Ihering, inculcando o legislador ao juiz a necessidade de, na adaptação da norma ao fato, atender às imposições do fim e da realidade do Direito.
>
> E a invocação do bem comum é indicativo de tendências frenadoras dos abusos do individualismo, ao qual se opõem os imperativos da democracia social" (Acórdão de 03.07.1945, *in DJU*, de 1º.12.1945).

ALÍPIO SILVEIRA considera como "sucinto e magistral comentário ao artigo 5º de nossa Lei de Introdução" as seguintes diretivas básicas do intérprete, sintetizadas por HENRI DE PAGE:

> "*Sans doute, le juge, en interprétant la loi, ne peut-il pas prendre avec elle des libertés inadmissibles,mais il ne doit pas demeurer sourd aux exigences du Réel et de la vie. Le droit est essentiellement une chose vivante. Il est appelé à régir des hommes, c'est-à-dire des êtres qui se meuvent, pensent, agissent, changent, se modifient. Le but de la loi ne doit pas être d'immobiliser da vie, de la cristalliser, mais de rester en contact étroit avec elle, de la suivre dans son évolution et de s'y adapter. Il en résulte que le droit a un*

rôle social à remplir, et que le juge doit y participer, en interprétant les lois non point seulement d'après leur texte et leurs mots, mais d'après les necessités sociales que'elles sont appelées à régir, et d'après les exigences de la justice et de l'équité qui en constituent le but. En d'autres mots, l'interprétation des lois ne doit pas être formelle; elle doit être avant tout réelle, humaine, socialement utile.[1]"

E acrescenta ALÍPIO SILVEIRA:

"Assim, o artigo 5º da Lei de Introdução veio significar, entre outras coisas:

1º) o declínio da interpretação puramente literal e silogística, e o conexo repúdio à aplicação mecânica do texto legal;

2º) a rejeição do predomínio da pesquisa da intenção ou vontade do legislador, de cunho subjetivista e com frequência fantasioso, substituída pela procura da vontade da lei e especialmente da finalidade da lei, de caráter objetivista;

3º) a prevalência do caráter valorativo, ético e político-social da interpretação jurídica, e consequente alargamento desta última no sentido do desenvolvimento dos textos, de quase uma segunda criação da regra estabelecida pelo legislador.[2]"

O método teleológico, consagrado no artigo 5º da Lei de Introdução, é o adotado por renomados juristas pátrios, entre os quais CLÓVIS BEVILÁQUA, FILINTO BASTOS, HERMES LIMA, PEDRO BATISTA MARTINS e outros.

Também a jurisprudência vem-se encaminhando nesse sentido da finalidade social da lei e da sua aplicação, em combinação com o método histórico-evolutivo, seguido por CARLOS MAXIMILIANO, PAULO DE LACERDA, CARVALHO DE MENDONÇA, HAROLDO

1 DE PAGE, Henri. *Traité Élémentaire de Droit Civil Belge*, Bruxelles, Établ. Émile Bruylant, *troisième édition*, 1962, tome premier, p. 302.

2 SILVEIRA, Alípio. "Hermenêutica Jurídica Contemporânea", artigo *in Tribuna da Justiça*, São Paulo, 19.09.1973.

VALADÃO, CARVALHO SANTOS, OROSIMBO NONATO e muitos outros.

Igualmente no Brasil vai-se condenando o *dura lex, sed lex*, o *summum jus*, que só produz a *summa injuria*. Vai-se substituindo o *fiat justitia et pereat mundus* pelo *fiat justitia ut floreat mundus*, orientação tipicamente finalista e progressista.

Manifestação nesse sentido está na Súmula nº 400 da jurisprudência predominante do Supremo Tribunal Federal, segundo a qual:

> **"Decisão que deu interpretação razoável à lei, ainda que não seja a melhor, não autoriza recurso extraordinário pela letra 'A'."**

Isso importa em reconhecer a flexibilidade e maleabilidade do texto legal, a ponto de poder ser interpretado de forma variável, desde que razoável e contanto que a variação não importe em ofensa ou negação da própria lei. A interpretação razoável é, assim, uma técnica de adaptação da lei às transformações sociais. Com esse critério, deu-se ao juiz maior autonomia, liberdade e poder de extrair das normas fossilizadas o sentido que melhor convenha ao ambiente e às circunstâncias da atualidade nacional, até que o legislador seja despertado para a sua readaptação.

O colendo Superior Tribunal de Justiça tem posto em dúvida a aplicabilidade da referida Súmula. Sem razão, *data maxima venia.*

Em nada alterou a Constituição vigente a situação do recurso extraordinário ou especial que pudesse refletir-se na Súmula 400. A interpretação razoável é compatível tanto com a *negativa de vigência* (Constituição anterior) quanto com a *contrariedade* à lei federal (Constituição atual). Sendo *razoável* a interpretação da lei, não ocorre ofensa à mesma, pois tal só pode se verificar quando a norma comporta mais de uma interpretação, todas compatíveis com o seu texto ou com o seu espírito. Isso ocorre normalmente em relação às normas polêmicas, ensejando a evolução do direito através da jurisprudência.

Isso, aliás, já foi reconhecido pelo Ministro NILSON NAVES, nestes termos:

> "Tratando-se, como se trata, ao que tudo indica, de assunto polêmico, o Tribunal local, acolhendo uma posição, o que fez com bons argumentos, tanto amparado na doutri-

> na como na jurisprudência, não maltratou o art. 70, inciso III, do Código de Processo Civil. Interpretou o texto, simplesmente, sem atingir a sua literalidade ou o seu espírito (REsp. nº 1.284).
>
> Trata-se de assunto controvertido, na jurisprudência e na doutrina, o do cabimento da renovatória em casos dessa ordem.
>
> Quando o acórdão recorrido, entre posições viáveis, adota uma delas, justificando-a a contento, o recurso especial não se torna admissível, se interposto pela alínea *a*, somente" (REsp. nº 4.375).

No mesmo sentido manifestou-se o Ministro ATHOS CARNEIRO:

> "Evidentemente, parece-me que se deve expungir a expressão **ainda que não seja a melhor**, constante do texto atual da súmula. Todavia, sempre que uma decisão dá à lei uma interpretação razoável, ou seja, uma interpretação conforme a boa razão, não se poderá afirmar que essa decisão tenha incorrido no vício de contrariedade à lei. A meu juízo, não contraria a lei quem a aplica em razoável exegese. Dir-se-á que pode haver outras interpretações também razoáveis, e em tais casos estaríamos na contingência de optar, de saber, dentre as exegeses razoáveis, qual aquela que representa a correta incidência da lei, já que num plano puramente lógico não pode haver mais de uma interpretação verdadeira. Mas isso num plano puramente lógico; num plano pragmático – e pragmáticos são os objetivos do próprio Direito, das normas de conduta – tenho por certo que a divergência de interpretação doutrinária, assim como a divergência na aplicação jurisprudencial, se de um lado, quiçá, pode ser um mal, de outra parte é elemento indispensável à própria dinâmica, ao aperfeiçoamento e modificação do Direito.
>
> Se admitíssemos que a existência de duas ou mais interpretações razoáveis já nos obrigasse a julgar qual delas seria a incidente naquele e em casos análogos, estaríamos praticamente esvaziando a alínea *c* do permissivo constitucional, já que esta alínea diz respeito exatamente a diferen-

tes interpretações da lei, adotadas por Tribunais. A alínea *c* seria um *plus* desnecessário, se bastasse a divergência doutrinária para a incidência da alínea *a*" (REsp. nº 1.582).

Já no Supremo Tribunal Federal o Ministro MOREIRA ALVES esclareceu:

> "Ora, a razoabilidade de uma interpretação afasta o cabimento do recurso extraordinário pela letra *a* (negativa de vigência). E interpretar razoavelmente não é negar vigência. Para que esta Corte possa manifestar-se sobre qual é a interpretação certa (e não, simplesmente, razoável), há a letra *d* do dispositivo constitucional acima referido: demonstrada a divergência de interpretações de Tribunais diversos, esta Corte tem o dever de conhecer do recurso, e, então, declarar qual a interpretação certa, que esta, sim, é exclusiva."[3]

E nesta última hipótese haverá a opção pelo critério de interpretação mais consentâneo com a realidade social presente, levando-se em conta os métodos histórico-evolutivo e teleológico, que adotamos.

6.1. Conclusão

Um jurista comparou a Teoria Pura do Direito, de Hans Kelsen, em razão de sua radiante fertilidade e riqueza de ideias, projetando-se no conceito do Direito ao sabor e sob a inspiração de cada intérprete, com os dois personagens polêmicos e contraditórios que o genial Miguel de Cervantes colocou em ação no cenário da vida, para que cada espectador os analisasse, julgasse e extraísse a síntese do homem ideal.

Um representava a luta, o destemor, a audácia, o entusiasmo tocando as raias do ridículo, da imprudência e até da loucura, o otimismo, o idealismo, o altruísmo, o progresso, o amor e a glória.

O outro simbolizava a paz, a moderação, a temperança, a acomodação, a prudência e conformação com a vida, a mediocridade e os prazeres mais simples.

3 BOMFIM, Edson Rocha. *Recurso Especial*, Belo Horizontae, Del Rey Editora, 1992, transcrições extraídas das pp. 94, 95, 97 e 119.

Nós os comparamos ou confrontamos com o conceito e a interpretação do Direito, com todas as teorias, escolas e métodos. Cada doutrina aqui analisada contém o seu aspecto positivo, contribuindo para a visão completa do Direito e da Hermenêutica.

O método tradicional, concebido para interpretar o Código Civil francês, criou o mito de que este continha a plenitude lógica do Direito Civil. Instituiu o fetichismo legal. Foi esse o seu exagero. Por outro lado, consagrou o princípio até hoje reconhecido pela quase unanimidade dos métodos: o de que a lei escrita é a garantia do cidadão. Já a Lei das Doze Tábuas, cinco séculos antes de nossa era, era decorada e recitada como *carmen necessarium* ou poesia obrigatória do cidadão romano. Como diria em nosso tempo Francesco Ferrara: "A segurança jurídica (que provém da lei) é o bem mais alto da vida moderna."

Ao defender a codificação, o método exegético contribuiu também para a sistematização do Direito e o desenvolvimento da ciência jurídica, eis que um código é a síntese de sua respectiva ciência.

Contra a codificação reagiu Savigny, retardando em quase um século a promulgação do Código Civil alemão. Lançou o manifesto da Escola Histórica, segundo a qual o Direito não é criação racional nos laboratórios jurídicos, mas sim fenômeno espontâneo e histórico, gerado no ambiente social do espaço-tempo. Comparou o fenômeno jurídico à linguagem, que caracteriza e identifica cada povo e cada cultura.

E assim essa escola contribuiu para a expansão do Direito, ampliando seus domínios muito além dos textos legais. Foi o grito de largada do movimento sociológico, que culminaria com o superdimensionamento do fato social na conceituação do Direito.

Na sequência de Savigny veio Ihering, com a Escola Teleológica ou finalista. O Direito seria mais do que uma criação espontânea no meio social: é uma regra necessária de conduta, uma condição da vida em sociedade. É a própria "organização da utilidade social".

Também foi contra a codificação, ao comparar o Direito ao pensamento, assim como a lei seria sua expressão verbal. O codificador pode não expressar fielmente, na linguagem do código, o pensamento jurídico, com riscos para os cidadãos.

A Escola Sociológica veio completar o movimento em favor do Direito como fato social. Os sociólogos radicais chegaram ao extremo de considerá-lo um produto exclusivo dos fatos sociais (políticos, econômicos, culturais etc.). O fenômeno ético seria produto da consciência social ou coletiva, não sendo fenômeno psicológico ou subjetivo.

A Escola do Direito Livre levou às últimas consequências o Direito como fato social. O Direito brota dos próprios fatos – *ipsis rebus dictantibus*, donde é recolhido pelo legislador e, portanto, também o pode ser pelo juiz em primeira mão, fielmente e sem intermediário que o deturpe.

Enquanto se debatiam as correntes do Direito como norma e como fato social, também os partidários do Direito como valor (correntes teológicas, racionais, psicológicas, emocionais) disputavam a sua faixa nobre na composição do fenômeno jurídico.

Tal era a expansão do Direito que despertou a atenção e o protesto de um grande jurista, HANS KELSEN, que pretendeu reduzir o fenômeno jurídico aos seus verdadeiros limites, para que, segundo ele, não se transforme em política, em economia, em psicologia, em sociologia, em filosofia e até em teologia. Criou a teoria pura do Direito, para isolá-lo dos fenômenos estranhos ao seu conteúdo específico. A essência do Direito seria, à semelhança de uma figura geométrica, um esquema normativo, um dever ser puro e neutro, estranho a qualquer conteúdo fático ou valorativo ou ideológico, e ao mesmo tempo aberto ou passível de acolher e instrumentalizar qualquer desses conteúdos, a serviço da organização político-jurídica.

Contra tal aniquilamento do Direito, social e espiritualmente, com a perda de seus valores referenciais, tudo reduzido ao esquema lógico do puro *dever ser*, levantaram-se as correntes valorativas, sociológicas e filosóficas.

Desse amplo debate sobreveio a grande síntese de que o Direito é composto de **fato**, de **norma** e de **valor**. É o fato regulado pela norma e sob a orientação dos valores. Pode ocorrer, eventualmente, a maior influência de um dos fatores na composição do fenômeno, sem alterar a sua identidade essencial.

Outras contribuições modernas vêm enriquecendo o debate sobre o conceito de Direito, inclusive a dialética, relativista ou evolucionista, que o vê em processo contínuo de transformação ou mudança, ora pendendo para o fato, ora para a norma e ora para o valor, conforme a *atuação e os efeitos* das disputas e reivindicações sociais.

O mais novo impulso vivificador do Direito provém da Alemanha, onde floresceu o Direito Livre. Sob a roupagem de "Direito Concreto", ali ressurge o Direito que brota imediatamente dos fatos, que o próprio juiz pode recolher na sentença, assim como o faz o legislador através da lei. A essência do Direito estaria nos fatos jurídicos e nas decisões judiciais. A lei abstrata não é senão o reflexo ou espelho da realidade jurídica. Lei é abstração, é processo de indução da vida social, de onde promana o Direito real ou concreto.

Além de resgatar a unidade do fenômeno jurídico, que se concentra na realidade e apenas se reflete na lei, o Direito concreto concilia e harmoniza os dois grandes sistemas jurídicos: o ***civil law*** e o ***common law*** ou ***case law***, ambos identificados no Direito concreto.

Nada disso infirma a tese de que o Direito procede dos fatos, através das normas concretas (fatos jurídicos, atos jurídicos, sentenças) e abstratas (leis) e sob o comando dos valores.

E, como novidade da tese, além da preocupação com o **sistema**, ousamos dar o **destaque aos valores**, concluindo que as normas concretas ou abstratas não obrigam **por si** nem pelos fatos **em si** que regulam, senão **pelos valores** de que são meros instrumentos. A garantia não encerra um valor em si. A Justiça é o valor maior do Direito e a sua essência.

Não são as leis nem os fatos regulados que obrigam: os valores, que naqueles se encerram, é que obrigam.

Eis aí o conceito de Direito, ao qual deve amoldar-se a sua interpretação, que deve inspirar-se na lei, nos fatos e nos valores.

O Direito é **flexibilidade e compressão**.

ALÍPIO SILVEIRA comparou o intérprete ao alfaiate, que adapta ao talhe do consumidor a roupa cortada em série.

Nós comparamos o Direito e sua interpretação ao sapato, que acompanha as variações da moda (flexibilidade), mas não deixa que o pé se deforme no contato com o chão rústico da vida em sociedade (compressão).

Assim contemplamos o horizonte do Direito e da Hermenêutica.

PARTE III

ATUALIDADE DA HERMENÊUTICA DE CARLOS MAXIMILIANO

Capítulo Único

SÍNTESE DA HERMENÊUTICA DE CARLOS MAXIMILIANO

1. INTRODUÇÃO

Advogado militante, Consultor e Procurador-Geral da República, Ministro da Justiça e finalmente Ministro do Supremo Tribunal Federal, Carlos Maximiliano Pereira dos Santos produziu, em quatro anos de atividade, de 1921 a 1924, a obra clássica *Hermenêutica e Aplicação do Direito,* depois de publicar, em 1918, os *Comentários à Constituição Brasileira*, de 1891. Estudou Direito na Faculdade de Minas Gerais, ainda em Ouro Preto.

Aproximando-se os 80 anos de sua *Hermenêutica,* é nosso propósito resumir-lhe as linhas mestras, tanto quanto possível com suas próprias palavras, a fim de demonstrar não só o valor e utilidade dessa obra magna como a atualidade de seus conceitos. Comecemos pelos métodos de interpretação.

2. MÉTODOS DE INTERPRETAÇÃO

2.1. Interpretação Gramatical

Segundo o mestre, é a menos compatível com o progresso. Em uma civilização embrionária não parece insolúvel o problema da interpretação por esse método, porque pouco variado o conjunto das relações sociais. Hoje (já quando escreveu) sucede o contrário: mais complexa a vida, cada palavra significa ideias diversas. Insuficiente e precária se revela a exegese verbal (Bierling).

> "A vitalidade espantosa do Direito romano, e, até mesmo, da Lei das XII Tábuas antes de advir o *Corpus Juris*, deve atribuir-se à *interpretatio*, que desenvolvia e ampliava o Direito escrito, embora deixando intacta a letra respectiva (Sohm)."

E conclui:

> "Nunca será demais insistir sobre a crescente desvalia do processo filológico, incomparavelmente inferior ao sistemático e ao que invoca os fatores sociais, ou o Direito Comparado. Sobre o pórtico dos tribunais conviria inscrever o aforismo de Celso: 'Saber as leis é conhecer-lhes, não as palavras, mas a força e o poder' (*Digesto*), isto é, o sentido e o alcance respectivos."

2.2. Interpretação Lógica

Procura descobrir o sentido e o alcance da lei sem o auxílio de nenhum elemento exterior. Procura a intenção ou o espírito da lei através da lógica ou raciocínio dedutivo. A letra mata, o espírito vivifica, já dizia São Paulo. A segurança jurídica depende mais dos princípios contidos nas normas do que na sua linguagem (Gmur). Deve prevalecer o pensamento sobre a letra da lei, a ideia sobre o seu invólucro verbal (Coviello, Paula Batista, Ferrara, Gianturco, Fiore). Mas o erro dos lógicos foi pretender reduzir a interpretação a silogismos com precisão matemática. Tal método não atende aos objetivos da lei, que regula a vida multiforme, vária e complexa. O intérprete há de recorrer à teleologia, aos fatores jurídicos e sociais e aos ideais do Direito. Há de atender às influências externas, a fim de adaptar o Direito, como ciência social, à vida coletiva, com as novas concepções jurídicas em função das necessidades mutáveis e da utilidade social. Sem os exageros, obviamente, dos partidários da Escola do Direito Livre ou da interpretação *contra legem*, comprometendo o valor fundamental da segurança jurídica.

2.3. O Elemento Histórico e os Trabalhos Preparatórios

O Direito não se inventa. É um produto lento da evolução, adaptado ao **meio**. O autor aparente da norma positiva apenas assimila, aproveita e consolida o que encontra no país e entre povos do mesmo grau de civilização. O Direito atual é a reprodução atualizada de preceitos anteriores (Berriat Saint-Prix, Coviello).

"O prestígio, aliás, relativo, do elemento histórico decorre de que a investigação da causa geradora e da causa final da lei conduz à descoberta do verdadeiro sentido e alcance da norma definitiva (Dualde)."

Além do elemento histórico propriamente dito, constituído pelo Direito anterior, do qual o vigente é apenas um desdobramento, existe, sob a mesma denominação geral, outro fator de exegese, que os autores designam com as expressões: materiais legislativos ou trabalhos preparatórios. Tem muito menos valor que o descrito anteriormente. Constitui rematado absurdo atribuir o valor de interpretação autêntica a esses trabalhos, conclui o mestre, com suporte em Endemann.

2.4. Interpretação Sistemática

Do conjunto das normas se conhece o espírito de cada uma. Todo o corpo possui órgãos diversos. A autonomia das funções não importa em separação. O processo sistemático encontra fundamento na lei da solidariedade entre os fenômenos coexistentes e dependentes. Não se encontra um princípio isolado em ciência alguma. O Direito constitui vasta unidade, organismo, sistema, conjunto harmônico de normas e princípios. A verdade inteira resulta do contexto (Domat).

2.5. *Occasio Legis*

Adverte o mestre sobre a conexidade deste método com o Histórico e com o Teleológico. E prossegue citando os Estatutos da Universidade de Coimbra, de 1772, *in verbis:*

> "Dar-lhes-á a conhecer (o professor aos discípulos) qual é, e em que consiste, o verdadeiro espírito das leis; e qual é o melhor modo de indagá-lo, e de compreendê-lo; mostrando consistir o dito espírito no complexo de todas as determinações individuais; de todas as circunstâncias específicas, em que o legislador concebeu a lei, e quis que ela obrigasse. Ensinará que, para se evitar o engano, que pode haver nesses casos, se não devem seguir e abraçar cegamente as razões indicadas na lei; antes pelo contrário se deve sempre trabalhar por descobrir a verdadeira razão dela... na ocasião, e conjuntura da mesma lei; e no exame de todos os fatos e sucessos históricos, que contribuíram para ela."

E prossegue:

> "Nas palavras transcritas já está caracterizada a *occasio legis:* complexo de circunstâncias específicas atinentes ao objeto da norma, que constituíram o impulso exterior à emanação do texto; causas mediatas e imediatas, razão política e jurídica, fundamento dos dispositivos, necessidades que levaram a promulgá-los; fatos contemporâneos da elaboração; momento histórico, ambiente social, condições culturais e psicológicas sob as quais a lei surgiu e que diretamente contribuíram para a promulgação; conjunto de motivos ocasionais que serviram de justificação ou pretexto para regular a hipótese; enfim, o mal que se pretendeu corrigir e o modo pelo qual se projetou remediá-lo, ou, melhor, as relações de fato que o legislador quis organizar juridicamente."

E conclui, com suporte em outros mestres eminentes:

> "Às vezes intervêm causas diversas, ou o sentido planejado se dilata durante a elaboração do texto, de sorte que, promulgado este, causa e conteúdo não se conciliam de todo (Crome). Com o tempo aumenta o contraste. As circunstâncias ambientes, os motivos conhecidos, as relações várias que deram origem às disposições novas, apenas constituem o impulso inicial; pela cooperação de outros fatores, talvez

não expressos, a norma adquire alcance maior do que o pelos seus prolatores colimado. Progride sem se alterar o texto; adapta-se, pela exegese inteligente, às necessidades econômicas e sociais da vida. Esta não pára, e a jurisprudência deve acompanhá-la, em virtude de sua missão de aplicar o Direito aos *fatos da atualidade*. Os fenômenos novos exigem novas providências. Eis por que não granjeia simpatia, nem merece acatamento quem se obstina em valorizar antiquadas medidas e constranger os contemporâneos com as fórmulas ressuscitadas do pó do sepulcro (Dernburg)."

2.6. Exegese Teleológica

Ainda segundo os Estatutos da Universidade de Coimbra, de 1772, descobrem-se o sentido e o alcance de uma regra de Direito, como examinar as *circunstâncias* e os sucessos históricos que contribuíram para a mesma, e perquirir qual seja o *fim* do negócio de que se ocupa o texto; põem-se em contribuição, portanto, os dois elementos – a *occasio legis* e a *ratio juris*. Conclui o repositório de ensinamentos jurídicos: "Este é o único e verdadeiro modo de acertar com a genuína razão da lei, de cujo descobrimento depende inteiramente a compreensão do verdadeiro espírito dela."

E prossegue:

> "Considera-se o Direito como uma ciência primariamente normativa ou *finalística* (*Wurzel*); por isso mesmo a sua interpretação há de ser, na essência, *teleológica*. O hermeneuta sempre terá em vista o fim da lei, o resultado que a mesma precisa atingir em sua atuação prática. A norma enfeixa um conjunto de providências, protetoras, julgadas necessárias para satisfazer a certas exigências econômicas e sociais; será interpretada de modo que melhor corresponda àquela finalidade e assegure plenamente a tutela de interesse para a qual foi regida (Ferrara)."

E conclui:

> "A doutrina que admite o escopo alterável com o tempo, e se preocupa, de preferência, com o objetivo *atual* das

disposições, é hoje aceita por quase todas as correntes doutrinárias: satisfaz à velha *escola histórica*, e até ao ramo *tradicionalista* adiantado; bem como à falange *histórico-evolutiva*, universalmente vitoriosa; merece também os aplausos incondicionais dos dois grupos em que se bifurca a *livre indagação científica* (Rudolf Stammler)."

2.7. Os Fatores Sociais ou Interpretação Sociológica

A propósito deste método, o nosso mestre da hermenêutica nos brinda com esta citação de RAYMOND SALEILLES, o genial prefaciador da obra máxima no gênero – *Méthode d'Interprétation et Sources...*, de François Gény:

> "As mudanças econômicas e sociais constituem o fundo e a razão de ser de toda a evolução jurídica; e o Direito é feito para traduzir em disposições positivas e imperativas toda a evolução social. Como, pois, recusar interpretá-lo no sentido das concepções sociais que tendem a generalizar-se e a impor-se?
>
> Não queremos o arbítrio do juiz. Não o admitimos por preço nenhum. Pretendemos, entretanto, quando a lei não ordene com uma certeza imperativa, que o magistrado possa marchar com o seu tempo, possa levar em conta os costumes e usos que se criam, ideias que evolvem, necessidades que reclamam uma solução de justiça."

2.8. A Livre Indagação e o Direito Livre

A propósito, discorre CARLOS MAXIMILIANO:

> "Na última década do século dezenove surgiu uma teoria de aplicação do Direito mais arrojada do que a doutrina, vitoriosa, da *escola histórico-evolutiva;* porquanto se não contentava com interpretar amplamente os textos; ia muito além, *criava Direito novo,* tanto quanto é possível ao homem a iniciativa e a colaboração no desdobramento evolutivo das ideias. A corrente ultra-adiantada tomou os nomes de Livre Indagação, Direito Justo e Escola do Direito Livre.

> O movimento inovador teve como líderes Gény na França e Ehrlich na Alemanha. Obtiveram êxito com a introdução, no art. 1º do Código Civil Suíço, da regra que facultou ao juiz, na falta de lei e de costume, decidir 'segundo a regra que ele próprio estabeleceria se fora legislador, inspirando-se na doutrina e na jurisprudência consagradas'."

Conclui Maximiliano que "a magistratura, há um século pelo menos (hoje dois séculos), preenche as deficiências dos Códigos, sobretudo depois de que se generalizou na Europa a regra do art. 4º do repertório francês, a fonte dos arts. 4º e 5º da Lei de Introdução brasileira".

E acrescenta:

> "Talvez se obtempere que o juiz atual não *cria* o Direito; inspirado pelos princípios gerais estabelecidos (Lei de Introdução), deduz a regra em forma de sentença, para o caso concreto. O mesmo sucederia sob o império da Livre Indagação..."

E mais:

> "Gény, inspirado por uma frase célebre de Ihering, adotou a divisa, que é a da Livre Indagação, moderada – *Pelo Código Civil, mas além do Código Civil;* Saleilles, com acerto indiscutível, prefere inverter a fórmula, e proclamar – *Além do Código Civil, mas pelo Código Civil, no prefácio da obra clássica de Gény.*"

Mas a Escola do Direito Livre típica ou *contra legem* só surgiu com Armínio Kantorowicz, em 1906, com a obra *A Luta pela Ciência do Direito,* em que "induz o magistrado a buscar o ideal jurídico, *o Direito justo,* onde quer que se encontre, *dentro ou fora da lei,* na ausência desta ou – *a despeito* da mesma, isto é, a decidir *proeter* e também *contra legem*: não se preocupe com os textos; despreze qualquer interpretação, construção, ficção ou analogia; inspire-se, de preferência, nos dados sociológicos e siga o determinismo dos fenômenos, atenha-se à observação da experiência, tome como guias os ditames imediatos do seu sentimento, do seu tato profissional, da sua consciência jurídica. A doutrina revolucionária olha demasiado para o foro íntimo, quando deveria, como os moderados e a escola histórico-evolutiva, tomar por ponto de partida a lei, interpretada e compreendida não somente à luz dos preceitos lógicos, mas também de acordo com as ideias, aspirações e interesses legítimos da coletividade (Gareis e Gény)".

A conclusão afinal extraída por Carlos Maximiliano é a de que, por qualquer dos métodos de interpretação e aplicação da lei, o juiz apenas julga *em espécie* e *inter partes,* através de norma jurídica individual, enquanto que somente o legislador dispõe através de norma jurídica geral e abstrata. Haveria assim um redutor de efeitos dos métodos revolucionários.

2.9. O Método Histórico-Evolutivo: o Meio-Termo

> "A velha escolástica cedeu lugar ao sistema que se poderia denominar *histórico-evolutivo.*
>
> (...)
>
> Os que disfarçam a sua conformidade com a doutrina da evolução e, sobretudo, os que aderem à mesma em tom sincero e franco, realizam cada dia obra de justiça, de ciência, de progresso; amoldam-se às necessidades da prática; ante a impossibilidade de alterar com intervalos breves os textos positivos, seguem vereda segura: plasmado o Direito em uma forma ampla, dútil, adaptam-no, pela interpretação, às exigências sociais imprevistas, às variações sucessivas do *meio* (Biagio Brugi, Kohler, Coviello, Degni, Oertmann, Rotondi). Compete à exegese construtora 'fecundar a letra da lei na sua imobilidade, de maneira que se torne esta a expressão real da vida do Direito' (Jandoli). Mergulhe, profundamente, nas ondas do objetivo, participando da realidade (Dualde). O intérprete não cria prescrições, nem posterga as existentes; deduz a nova regra, para um caso concreto, do conjunto das disposições vigentes, consentâneas com o progresso geral; e assim obedece ao conceito de Paulo – *Non ex regula jus sumatur, sed ex jure, quod est, regula fiat* (*Digesto,* de Justiniano, liv. 50, tít. 17). (...)
>
> O juiz, esse *ente inanimado,* de que falava Montesquieu, tem sido na realidade a alma do progresso jurídico, o artífice laborioso do Direito novo contra as fórmulas caducas do Direito tradicional. (...)

Em tempos de anarquia, magistrados impolutos decidem, de preferência, pela autoridade; tranquilizados os espíritos, homens de igual inteireza de caráter interpretam os mesmos textos no sentido da liberdade. As oscilações verificadas retardam, porém não impedem a evolução jurídica da coletividade. (...)

Não se viola o princípio da *divisão dos poderes;* porque o sistema preconizado apenas 'concilia as exigências da forma com as da vida social multímoda e continuamente evolvente (Jandoli)'."

E, em síntese retrospectiva, comparativa e enriquecedora, assim conclui o nosso mestre da hermenêutica sua análise do método histórico-evolutivo:

"Chamam *teleológico* ao processo que dirige a interpretação conforme o *fim* colimado pelo dispositivo, ou pelo Direito em geral; tem como corifeus dois professores belgas, Paul Vander Eycken e Edmond Picard, embora Rudolf von Ihering deva, talvez, ser considerado o mestre por excelência, verdadeiro chefe da escola. Apelidam de *sociológico* o sistema que obriga o juiz a aplicar o texto de acordo com as necessidades da sociedade contemporânea, a olhar menos para o passado do que para o futuro, a tornar-se um obreiro, inconsciente ou consciente, do progresso. Levado esse processo até às últimas consequências, vai ter ao *Direito Livre, à Libre Recherche* dos franceses e belgas; à *Freie Rechtsfindung* dos tedescos. Entretanto, o elemento moderado, conservador, se detém em um meio-termo discreto, tira todas as deduções exigidas pelo *meio* social, porém compatíveis com a letra da lei; evita exageros dos revolucionários, mas também se não conforma com a imobilidade emperrada, produto lógico da dogmática. A escola sociológica, adotada por Josef Kohler, na Alemanha, Francesco Degni e Nicolao Coviello, na Itália, e C. A. Reuterskioeld, na Suécia, pode considerar-se, quando muito, um ramo, prolongamento algo indistinto, da doutrina hodierna, que ao impulso inicial de Vico e Savigny veio progredindo e vencendo o tradicionalismo, até atingir a concepção relativamente moderada, porém já adiantadíssima, do *evolucionismo* na Sociologia, no Direito geral, e especialmente no campo da Hermenêutica (já os primitivos jurisconsultos romanos praticavam habilmente a Hermenêutica evolutiva, conforme se depreende de Ihering, *in L'Eprit du Droit Romain*)."

Já podemos concluir que o método *histórico-evolutivo* se resume ainda em duas sínteses de dois outros luminares da hermenêutica: uma de Saleilles, no prefácio da obra clássica de Gény, em 1899: *Au delà du Code Civil, mais par le Code Civil!* (*Methode d'Interprétation*...); e a outra de Francesco Ferrara: "O intérprete deve buscar a *ratio legis objetiva* (não a *ratio subjetiva* do criador da lei) e *atual* (não a *ratio* histórica do tempo de sua elaboração)" (*Interpretação e aplicação das leis,* Coimbra, 1963, p. 173).

3. FONTES FORMAIS DO DIREITO

3.1. Fontes Primárias ou Principais

3.1.1. A lei e a analogia ou processo analógico de integração do Direito

Sobre a lei como fonte principal do Direito em nosso sistema do *civil law* nada demanda maior esclarecimento. Já a analogia é complexa até na sua classificação como fonte ou como processo de ampliação ou integração da própria lei. Sobre o tema, assim discorre MAXIMILIANO:

> "A analogia consiste em aplicar a uma hipótese não prevista em lei a disposição relativa a um caso semelhante. (...)
>
> Deste modo o Direito Positivo regula, ora direta, ora indiretamente, todas as relações sociais presentes e futuras, visadas, ou não, pelos elaboradores dos Códigos. O elemento supletório de maior valor é a analogia, que desenvolve o espírito das disposições existentes e o aplica a relações semelhantes na essência. (...)
>
> Os fatos de igual natureza devem ser regulados de modo idêntico: *ubi eadem legis ratio, ibi eadem legis dis-*

positio; era o conceito básico de analogia em Roma. O uso da mesma justifica-se ainda hoje, porque atribui à hipótese nova os mesmos motivos e o mesmo fim do caso contemplado pela norma existente. (...)

O recurso à analogia tem cabimento quanto a prescrições de Direito comum; não do excepcional, nem do penal. No campo destes dois a lei só se aplica aos casos que especifica. (...)

Não se confunda, entretanto, o Direito *excepcional* com o *especial ou particular;* neste cabem a analogia e a exegese extensiva. (...)

O processo analógico, entretanto, não cria direito novo; descobre o já existente; integra a norma estabelecida, o princípio fundamental, comum ao caso previsto pelo legislador e ao outro, patenteado pela vida social. O magistrado que recorre à analogia não age livremente; desenvolve preceitos latentes, que se acham no sistema jurídico em vigor (Coviello). O Direito não é só o conteúdo imediato das disposições expressas; mas também o conteúdo virtual de normas não-expressas, porém ínsitas no sistema (Ferrara). (...)

Do exposto já ficou evidente não ser lícito equiparar a analogia à *interpretação extensiva.* Na analogia há um pensamento fundamental em dois casos concretos; na interpretação é uma ideia estendida, dilatada, desenvolvida, até compreender outro fato abrangido pela mesma implicitamente. Uma submete duas hipóteses práticas à *mesma* regra legal; a outra, a analogia, desdobra um preceito de modo que se confunda com *outro* que lhe fica próximo.

A analogia ocupa-se com uma lacuna do Direito Positivo, com hipótese não prevista em dispositivo *nenhum*, e resolve esta por meio de soluções estabelecidas para casos afins; a interpretação extensiva completa a norma existente, trata de espécie *já regulada pelo Código*, enquadrada no *sentido* de um preceito explícito, embora não se compreenda na *letra* deste. A analogia pressupõe *falta* de dispositivo expresso, a interpretação pressupõe a *existência* do mesmo; a primeira tem por escopo a pesquisa de uma ideia superior aplicável também ao caso não contemplado no texto; a segunda busca o sentido amplo de um preceito estabelecido; aquela de fato revela uma norma *nova,* esta apenas esclarece a *antiga;* numa o que se entende é o princípio; na outra, na interpretação, é a própria *regra que se dilata.* Em resumo: a interpretação revela o que a regra legal exprime; a analogia formula *preceito novo* para resolver hipótese não prevista de modo explícito, nem implícito, em norma alguma.

Analogia e exegese ampla têm um ponto comum: uma e outra servem para resolver casos não expressos pelas *palavras* da lei."

3.1.2. O costume

Na omissão da lei, o juiz ainda aplicará a lei através do processo analógico ou de integração, já analisado. Não sendo possível aplicar lei alguma, recorrerá aos costumes para decidir. É o que dispõe o artigo 4° da LICC. Segundo Maximiliano, "costume é uma norma jurídica sobre determinada relação de fato e resultante de prática diurna e uniforme, que lhe dá força de lei. Ao conjunto de tais regras não-escritas chama-se *Direito Consuetudinário.* (...)

Sempre os *costumes*, quando uniformes, constantes, diuturnos, tiveram força de lei; considera-os a ciência moderna uma fonte viva, e a mais rica e importante, de Direito Objetivo (Gény e Jandoli). Nenhum Código lhes embaraçaria o surto espontâneo, necessário, fatal. O art. 1.807 do Código brasileiro encerra disposição idêntica à do artigo da lei francesa; pois bem, a doutrina e a jurisprudência gaulesas consideram revogados pelo texto referido os *costumes anteriores* ao Código Civil; admitem que outros novos se formem e prevaleçam (Brocher e Geny); logo, não poderia o artigo 1.807 ser inspirado pelo intuito de os varrer todos da tela jurídica, sem exceções futuras. Até porque a Lei de Introdução os considerou fontes formais, na falta de lei direta ou por integração analógica. Não se admite o costume *contra legem.* A lei só se revoga ou derroga por outra lei (art. 4° da LICC antiga e art. 2° da atual)."

3.1.3. Os princípios gerais de Direito

CARLOS MAXIMILIANO assim conceitua os princípios gerais de direito, que o art. 4° da LICC considera como fonte subsidiária da lei:

"Todo conjunto harmônico de regras positivas é apenas o resumo, a síntese, o *substratum* de um complexo de altos ditames, o índice materializado de um sistema orgânico, a concretização de uma doutrina, série de postulados que enfeixam princípios superiores. Constituem estes as *diretivas* ideias do hermeneuta, os pressupostos científicos da ordem jurídica. Se é deficiente o repositório de normas, se não oferece, explícita ou implicitamente, e nem sequer por analogia, o meio de regular ou resolver um caso concreto, o estudioso, o magistrado ou funcionário administrativo como que renova, em sentido inverso, o trabalho do legislador: este procede de cima para baixo, do geral ao particular; sobe aquele gradativamente, por indução, da ideia em foco para outra mais elevada, prossegue em generalizações sucessivas, e cada vez mais amplas, até encontrar a solução colimada."

E prossegue:

"Alteia-se o aplicador do Direito desde os fatos comezinhos da vida diária até a cúspide do saber profissional; da realidade terra a terra ele ascende às razões econômico-sociais; age, enfim, como jurista sociólogo (Chironi & Abello)."

E conclui:

"A doutrina helvética afeiçoa-se integralmente à legislação brasileira. Por conseguinte, na hipótese de lacuna legislativa não preenchível por meio da *analogia*, nem por isto o juiz adquire liberdade absoluta; há um limite ao seu arbítrio; deve ele orientar-se pela jurisprudência, tomado este vocábulo em sentido lato, isto é, compreendendo os tratados de Direito, nacional e estrangeiro, e arestos de tribunais do mundo civilizado (Pacchioni)."

3.2. Fontes Secundárias ou Subsidiárias

3.2.1. Jurisprudência

Vale ressaltar, a propósito, esta passagem do mestre:

"A jurisprudência também resulta dos debates, porém entre especialistas, e no terreno das realidades. Oferece mais garantias de competência técnica e imparcialidade; os parlamentares combatem e *votam* por paixão, e não raro preferem palavras a ideias; os advogados precisam ser mais substanciais, a fim de convencerem juízes sem interesse na causa, nem inclinações afetivas contra o Direito (Holbach). Demais a jurisprudência provém de uma série de decisões supremas, *uniformes,* sobre o mesmo assunto, precedidas todas de controvérsias e arrazoados eruditos nas instâncias inferiores."

3.2.2. Doutrina ou Ciência do Direito

Sobre o tema eis uma síntese de CARLOS MAXIMILIANO:

"A Ciência do Direito não é só elemento *relativamente* criador, apto a suprir *lacunas* dos textos; mas também um fator de coordenação e de exegese; auxilia a eliminar contradições aparentes e atingir, através da letra rígida, ao ideal jurídico dos contemporâneos (Korkounov).

Para ser um bom hermeneuta, há mister conhecer bem o sistema jurídico vigente. A ciência antecede à jurisprudência; é a primeira a inspirar soluções para os casos duvidosos. Oferece ainda vantagem de ver do alto os fenômenos, e, por isso, mais concorre para os compreender e resolver de acordo com os objetivos superiores da sociedade (Holbach e Vander Eycken).

O Direito é um todo orgânico; portanto não seria lícito apreciar-lhe uma parte isolada, com indiferença pelo acordo com as demais. Não há intérprete seguro sem uma cultura completa. O exegeta de normas isoladas será um leguleio; só o sistematizador merece o nome de jurisconsulto; e, para sistematizar, é indispensável ser capaz de abranger, de um relance, o complexo inteiro, ter a largueza de vistas do conhecedor perfeito de uma ciência e de outras disciplinas, propedêuticas e complementares (Caldara)."

3.2.3. Direito Comparado

Leia, a propósito, esta síntese extraída do mestre:

"O Processo Sistemático, levado às suas últimas consequências, naturais, lógicas, induz a pôr em contribuição um elemento moderníssimo – o *Direito Comparado*. Efetivamente, deve confrontar-se o texto sujeito a exame, com os restantes, da mesma lei ou de leis *congêneres*, isto é, com as disposições relativas ao assunto, quer se encontrem no Direito nacional, quer no estrangeiro; procura-se e revela-se a posição da regra normal no sistema jurídico hodierno, considerado no seu complexo.

(...)

Outrora só invocavam, na prática forense e nas cátedras escolares, o Direito nacional e as fontes respectivas – o romano, o canônico e as instituições jurídicas dos povos do Oriente. Depois de 1890 alargaram o campo da colheita opima; alastrou rapidamente e fixou-se, mais ainda no campo da Hermenêutica do que no da organização jurídica, o elemento novo, apoiado nos repositórios de ensinamentos e normas em vigor entre os povos ocidentais, com proveito maior do que o emanado das fontes seculares, anteriormente em voga exclusiva. Em França devem esse progresso às lições de Bufnoir e ao prestígio e à atividade combativa de um propugnador genial, Raimundo Saleilles (Julien Bonnecase, Gény).

Hoje não mais se concebe a existência de um jurisconsulto, merecedor desse título, e adstrito ao estudo das leis do seu país. Os vários Códigos e os vários Direitos, especialmente no terreno civil e comercial, constituem faces, aspectos de um só Direito Privado, do moderno *Jus Comune,* universal (Cogliolo).

(...)

A triunfante Escola *Histórico-Evolutiva* interpreta o Direito pelo Direito; para ela, a exegese não resulta do espírito de disposições isoladas, e, sim, do que anima toda a legislação moderna (Jandoli).

(...)

Não se perca de vista uma verdade corrente: a simples *Legislação Comparada* não tem, para o hermeneuta, o mesmo valor que o *Direito Comparado*. Este é uma ciência completa; aquela uma síntese, nem sempre compreensível de plano; apenas propicia a ilusão, aparência de cultura, em vez de uma sólida base de conhecimentos, pois só fornece as palavras, não o espírito das normas compulsórias. No Brasil, como em toda parte, ao emendar textos constitucionais, ou elaborar leis ordinárias, claudicam os parlamentares com traduzir textos positivos sem compulsar a obra dos comentadores eruditos."

3.2.4. Equidade: suavização e humanização do Direito

Eis um processo ou método de interpretação e aplicação do direito em função das condições excepcionais da realidade. Bastam alguns tópicos selecionados do mestre para mostrar a importância do tema na complementação do estudo da teoria e da técnica da interpretação e da aplicação do direito positivo. Começa citando Aristóteles: "A mitigação da lei escrita por circunstâncias que ocorrem em relação às pessoas, às coisas, ao lugar ou aos tempos." E Groccio: "Uma virtude corretiva do silêncio da lei por causa da generalidade das suas palavras." A sua utilidade decorre dos inconvenientes que acarretaria a aplicação estrita dos textos (Berriat Saint-Prix).

E prossegue:

> "A frase – *summum jus, summa injuria* – encerra o conceito de Equidade. A admissão desta, que é o justo melhor, diverso do justo legal e corretivo do mesmo, parecia aos gregos meio hábil para abrandar e polir a ideia até então áspera do Direito; nesse sentido também ela abriu brecha no granito do antigo romanismo, humanizando-o cada vez mais (Fritz Berolzheimer e Luigi Miraglia).
>
> Fora da equidade há somente o rigor de Direito, o Direito duro, excessivo, maldoso, a fórmula estreitíssima, a mais alta cruz. A equidade é o Direito benigno, moderado, a justiça natural, a razão *humana* (isto é, inclinada à benevolência)" (Miraglia).

3.2.5. Moral: a moralização do Direito

Para fechar esta homenagem a Carlos Maximiliano, pretendemos realçar, na sua obra magistral e atual, a essência ética com que plasmou o Direito, sempre com suporte nos maiores juristas.

"A órbita do Direito e a da Moral são concêntricas; e o raio da última é o mais longo: muita coisa fulminada pela ética é tolerada pelas leis – *Non omne, quod licet, honestum est* (Paulo, *Digesto*).

Cumpre dilatar ou restringir o sentido do texto, a fim de que este não contravenha os princípios da Moral (H. Campbell Black *in Handbook on the Construction and Interpretation of the Laws*).

Se é certo que o Direito não impõe a Moral, não é menos verdadeiro que se opõe ao imoral; não estabelece a virtude como um preceito; porém reprime os atos contrários ao senso ético de um povo em determinada época; fulmina-os com a nulidade, inflige outras penas ainda mais severas. Por esse processo negativo, indireto, cimenta a solidariedade, prestigia os bons costumes e concorre para a extinção de hábitos reprováveis. Condena a má- fé, os expedientes cavilosos para iludir a lei, ou os homens (já os antigos civilistas proclamavam que a lei nunca autoriza o dolo, nem permite a cavilação (Coelho da Rocha, Trigo de Loureiro). Entretanto não abroquela uma ideia superior, virtuosa, de moralidade, e sim, o senso ético médio do povo em geral, na época em que foi feito o ato ajuizado; como bem observou Vadalá Papale, o Direito corporifica e defende não a moral abstrata dos moralistas, e, sim, a *moral da vida* (Degni e Jandoli)."

PARTE IV

EVOLUÇÕES CIVIS

Capítulo I

QUARENTA SÉCULOS DE CODIFICAÇÃO CIVIL

1. BABILÔNIA: O CÓDIGO DE HAMURABI

Em 1902 foi encontrado em Susa, no Iraque, em escavações arqueológicas, o Código de Hamurabi, a mais antiga consolidação comprovada de leis, com origem aproximada de dois mil anos antes de nossa era. Foi gravado em monumental bloco de pedra negra (diorito), com mais de dois metros de altura, em escrita cuneiforme e traduzido pela missão francesa que o descobriu. Talvez por isso esteja exposto em uma das galerias do Museu do Louvre, em Paris. Na sua parte superior está esculpida, em alto-relevo, a imagem de Hamurabi, rei do Império Babilônico, recebendo do Deus Sol (Shamash) as leis da justiça e da equidade, que teriam se destacado por cerca de mil e quinhentos anos, até que outro monumento legislativo viesse a enriquecer o patrimônio jurídico da humanidade: a Lei das XXII Tábuas.

O Código de Hamurabi refletiu, em seus 282 artigos, acompanhados de prólogo e epílogo, a cultura da grande civilização babilônica, que se formou na fértil planície da Mesopotâmia, irrigada por canais entre os rios Tigre e Eufrates. Às margens deste foi edificada a cidade de Babilônia, cujos jardins suspensos constituíram uma das sete maravilhas do mundo. Só muito depois surgiram Bagdá, Nabucodonosor e Saddam Hussein...

Além do Direito Penal, seus preceitos regulavam o direito de família, em 65 artigos, a agricultura, o comércio, a escravidão, os contratos de compra e venda, locação, empréstimo, sociedade e comissão.

2. EGITO

Outra grande civilização contemporânea da anterior e com as mesmas características, formou-se no Egito, às margens do Nilo, o qual se projetou por seus Faraós, suas múmias, túmulos, templos e pirâmides monumentais e milenares. Mas faltou o registro, ou se perdeu, nos papiros e hieróglifos, da legislação egípcia.

3. JUDAÍSMO

Em seguida, por volta de 1300 e 1400 a.C., sobreveio o Código dos Hebreus ou Lei Mosaica, a partir do Decálogo e compreendendo o Pentateuco, sobretudo o Deuteronômio, contendo os preceitos religiosos, morais, civis e até políticos da civilização judaica.

4. ÍNDIA: O CÓDIGO DE MANÚ

Vem depois, em torno de 1.000 anos a.C., o Código de Manú, indiscutível texto jurídico-religioso que reflete a civilização da Índia de então, que se formou também às margens de seus grandes rios. Suas fontes são os Vedas, livros sagrados dos brâmanes ou classe sacerdotal, predominante no regime de castas em vigor. Coincide com o período da Índia ariana. Sobrevieram o budismo, a Índia britânica, a Índia nacionalista de Gandhi e a independência em meados do século XX.

5. CHINA: CONFÚCIO

Para completar a referência ao direito mesclado de moral e religião, merecem destaque os preceitos chineses atribuídos a Confúcio

(500 a.C.), cuja característica maior é a prevalência dos deveres sobre os direitos subjetivos na conduta humana. A civilização moderna bem que poderia se inspirar nessas regras e não exacerbar na proclamação dos direitos do cidadão, com menosprezo até dos interesses superiores da coletividade. O sindicalismo radical é um exemplo, fomentando a luta de classes.

6. GRÉCIA

Na mesma época se destacou a civilização grega, que primou pela cultura filosófica e artística. A lógica e a retórica gregas influenciaram o Direito Romano e a civilização ocidental. Destacaram-se, como legisladores, Sólon em Atenas e Licurgo em Esparta, além de Dracon, pelo rigor de suas leis.

7. ROMA: A LEI DAS XII TÁBUAS

E assim chegamos aos cultores do Direito por excelência: os romanos. Com suas conquistas e intercâmbios, absorveram as experiências dos povos conquistados. A luta de classes entre patrícios e plebeus desencadeou a revolta destes e a famosa greve, refugiando-se no Monte Aventino, em Roma, e bradando por leis escritas. Estas vieram através das XII Tábuas (454 a.C.), superando o Código de Hamurabi. Tão importante foi essa Lei, como fator de segurança individual e de conquista democrática, que os estudantes a decoraram e recitaram nas escolas como poesia obrigatória *("carmen necessarium").*

8. CRISTIANISMO

Não poderia faltar a referência ao cristianismo, que dividiu o mundo em duas épocas: antes e depois de Cristo. Mais do que um código e uma legislação, constituiu uma religião e uma doutrina consagrando valores humanos e sociais. Doutrina mais do que do respeito, mas do amor ao próximo e do perdão das ofensas. Seus preceitos compõem os Evangelhos, as Encíclicas papais e demais documentos eclesiásticos, inclusive compilações jurídicas da Idade Média *("corpus juris canonici")* e o próprio Código de Direito Canônico de 1917, com destaque para o direito matrimonial.

9. ROMA: O *CORPUS JURIS CIVILIS* (O *DIGESTO* OU *PANDECTAS* E AS *INSTITUTAS*)

E assim chegamos ao *Corpus Juris Civilis* do Imperador Justiniano (século VI de nossa era). Trata-se de obra legislativa estritamente jurídica. Segundo o parecer de Guillermo Cabanellas, constitui "o esforço legislativo mais extraordinário da História, realizado entre as Idades Antiga e Média. A glória, pela iniciativa e o alento, se deve a Justiniano; e o mérito técnico a seus laboriosos e sagazes jurisconsultos e assessores" *(Dic. Enciclop. de Direito Usual,* 12ª ed., tomo II, Buenos Aires, Heliasta, p. 382).

Sua parte principal – *Digesto aut Pandectas* –, por si já revela o conteúdo: digerido, ordenado, contém tudo. Uma comissão dos 16 jurisconsultos mais notáveis da época examinou e resumiu mais de 1.600 livros de doutrina, pareceres e jurisprudência que representavam um milênio de atividade intensa e cultura jurídica dos romanos desde a Lei das XII Tábuas. Trata, sobretudo, de direitos reais, obrigações, direitos pessoais e das sucessões. Segundo o mesmo tratadista Cabanellas, "constitui o monumento jurídico maior de todos os tempos e a base das modernas legislações, sobretudo na ordem civil" (obra e vol. cit., p. 717). Além de codificar tecnicamente o Direito Civil em suas partes essenciais, Justiniano ainda se preocupou com o seu ensino didático, para o que elaborou também as "Institutas", manual clássico de Direito Civil romano.

10. ISLAMISMO: O ALCORÃO

Contemporâneo do *Corpus Juris Civilis,* o profeta Maomé teria recebido de Alah os preceitos religiosos, morais e jurídicos que compõem as fontes do Direito Muçulmano, contido no Alcorão. Destaca-se neste o direito matrimonial. Tal o prestígio do Alcorão e o fanatismo de seus seguidores que um de seus líderes ordenou o incêndio da biblioteca de Alexandria, ao fundamento de que nada havia em todos os seus livros que não se contivesse no livro sagrado. Há cerca de dez anos um escritor anglo-indiano foi condenado à morte pela autoridade iraniana, por ter considerado "satânicos" versos contidos no Alcorão. O Islã se irradiou do mundo árabe para a Ásia, África e Europa, conquistando milhões de adeptos.

11. OS SEMINÁRIOS E UNIVERSIDADES – GLOSADORES E PÓS-GLOSADORES

Talvez devido ao êxito de Maomé e à propagação do islamismo, o Direito Romano contido no *Digesto* teve dois destinos: como direito positivo, sobreviveu nos territórios conquistados, inclusive vigorou intacto até meados do século XX em algumas regiões da Espanha; mas como doutrina e princípios jurídicos ficou paralisado ou amortecido por mais de cinco séculos. Só a partir do início do segundo milênio de nossa era começou a despontar como monumento jurídico, nos Seminários, nas Universidades e através de seu estudo pelos glosadores e pós-glosadores.

A Universidade de Bolonha já não demora a completar um milênio de existência. A Sorbonne e Coimbra vieram depois dentre outras. Esta última com grande influência na cultura jurídica brasileira até a criação dos cursos jurídicos em Olinda e São Paulo, em 11 de agosto de 1827. As Pandectas romanas foram o seu grande manancial de cultura jurídico-civilística, fonte geradora dos códigos civis da era moderna.

12. PORTUGAL E BRASIL: AS ORDENAÇÕES DO REINO

Na sequência do *Digesto* romano e interessando aos brasileiros, sobrevieram as Ordenações do Reino de Portugal (Monsinas, Manuelinas e Filipinas). Estas últimas, de 1603, vigoraram no Brasil por mais de 300 anos, até a entrada em vigor do Código Civil de 1916.

13. A REVOLUÇÃO FRANCESA E A DECLARAÇÃO UNIVERSAL DOS DIREITOS DO HOMEM E DO CIDADÃO

No final do século XVIII imperavam na França o Rei, a aristocracia, o clero e os senhores feudais. A Revolução constituiu o fato histórico em defesa da liberdade, da igualdade e da fraternidade. Seu momento culminante consistiu na queda da Bastilha, em 14 de julho de 1789, data nacional da França, e na libertação dos prisioneiros do velho regime. Seguiram-se o fim da monarquia e dos privilégios feudais, a Assembleia Nacional Constituinte, a Declaração de Direitos do Homem e do Cidadão e a ascensão ao poder de Napoleão Bonaparte.

14. O CÓDIGO NAPOLEÃO

Napoleão nomeou uma comissão para elaborar o Código Civil francês. Dela participaram Tronchet, presidente do Tribunal de Cassação e o jurista Portalis, principais autores do Código. A muitas reuniões e debates da Comissão compareceu o próprio Imperador, com opiniões acatadas, inclusive na desconsideração da doação como contrato. Predominaram as doutrinas dos juristas Pothier e Domat, de formação romanista. Entrou em vigor em 1804, já se aproximando a comemoração de seu bicentenário. Passou depois a se chamar Código Napoleão.

Grandes debates se travaram em tomo do Código no decorrer de todo o século XIX. A Escola da exegese o exaltou, como fator de segurança do cidadão, de sistematização e de desenvolvimento científico do Direito, enquanto a Escola Histórica, liderada por Savigny, o condenou como obstáculo ao progresso e à atualização do Direito. Muitas obras jurídicas ou comentários surgiram sobre o Código, ora em forma de sistema ora em forma exegética ou analítica na sequência de seus 2.281 artigos. Tornou-se um novo marco no desenvolvimento do Direito Privado durante todo o século XIX.

O Código Napoleão serviu de modelo para muitos países, que o adotaram total ou parcialmente, a ponto de Jean Cruet, citado por Altavila, sentenciar:

> "Há, nos anais da humanidade, dois prodigiosos exemplos de imitação jurídica: a expansão do Direito Romano e a irradiação do Código de Napoleão."

E Napoleão mesmo veio a proclamar em Santa Helena:

> "Minha verdadeira glória não está em ter ganho quarenta batalhas; Waterloo apagará a lembrança de tantas vitórias. O que não se apagará, o que viverá eternamente é o meu Código Civil."

15. SAVIGNY E A ESCOLA HISTÓRICA DO DIREITO

Tornou-se conhecido o debate ocorrido a partir de 1814, dez anos após a vigência do Código Civil francês, envolvendo os juristas alemães Savigny e Thibaut. Este publicou um artigo sob o título: "Da necessidade de um código civil para a Alemanha." Savigny respondeu com outra publicação, que passou a se considerar o manifesto da Escola Histórica do Direito, sob o título: "Da vocação de nosso século para a codificação e a jurisprudência." Com as suas teses, Savigny conseguiu protelar até o final do século XIX a elaboração de um Código Civil para toda a Alemanha, mas não lhe foi possível evitá-lo.

16. A PANDECTÍSTICA GERMÂNICA

O próprio Savigny e outros juristas alemães, com destaque para Windscheid, passaram a trabalhar intensamente sobre o fértil potencial do *Digesto* ou *Pandectas* dos romanos, levando às últimas consequências os conceitos e o sistema do Direito Romano. Esse laborioso empreendimento passou à história da civilística como "pandectística germânica". Sobre esse alicerce se levantou. O edifício da Codificação Civil na Alemanha, em 1896, com vigência em 1900, considerado ainda hoje um monumento de técnica jurídica, suplantando o Código Napoleão.

17. O CÓDIGO CIVIL ALEMÃO *(BGB)*

Como principal inovação, destaca-se a existência da Parte Geral, regulando as pessoas, os bens e os fatos jurídicos, ou seja, os sujeitos ou titulares dos direitos subjetivos, os objetos desses direitos e os vínculos geradores dos mesmos. Na parte especial, as obrigações se antepõem aos direitos reais, seguindo-se o Direito de Família e o das Sucessões, de forma mais lógica e didática. O direito real passou a depender da tradição ou da transcrição do título ou contrato no registro público, tal como no Direito Romano. Pelo sistema francês o próprio contrato gera o direito real, com menos segurança para terceiros. Outra inovação consistiu no emprego da cláusula geral da boa-fé objetiva no comportamento das partes, funcionando como válvula ou mola flexibilizadora que concilia o Código com a evolução do Direito Civil. Não obstante tais inovações e aperfeiçoamentos técnico-jurídicos, o *BGB* permaneceu um Código do liberalismo econômico e, no parecer de juristas, "não oferecia soluções aos grandes conflitos sociais que ameaçavam as instituições do Direito Privado no final dos oitocentos. Quando surgiu, a hora e vez do liberalismo e do positivismo já estavam passando" (Franz Wieacker, citado por Fábio S. de Andrade, *Da Codificação,* Porto Alegre, Livr. do Advogado, 1997, pp. 89-90).

18. TEIXEIRA DE FREITAS: A CONSOLIDAÇÃO DAS LEIS CIVIS E O ESBOÇO DO CÓDIGO CIVIL BRASILEIRO

No Brasil, o jurista baiano formado em Olinda, Augusto Teixeira de Freitas foi contratado, em 1851, para "consolidar toda a legislação civil pátria, mostrando o último estágio, por títulos e artigos, contendo, em disposições claras e sucintas as disposições em vigor".

Apesar das dificuldades enfrentadas com a legislação confusa e volumosa, inclusive a portuguesa aqui vigente; a Consolidação ficou pronta em 1857, precedida de uma introdução magistral, contendo a síntese doutrinária dos grandes temas da civilística" ao nível da pandectística germânica.

Diante do êxito extraordinário desse trabalho preliminar, Teixeira de Freitas foi contratado, em 1859, para elaborar o projeto do Código Civil. Concluiu o que modestamente denominou de Esboço, com 4.906 artigos. Não obstante, reexaminando o projeto, chegou à conclusão de que o mesmo deveria incluir as obrigações mercantis, contidas no Código Comercial de 1850. Não teria sentido a dupla legislação sobre matéria com a mesma estrutura. Propôs a mudança, em carta de 20.9.1867 ao Ministro da Justiça, com os seguintes fundamentos:

> "(...) e hoje minhas ideias são outras, resistem invencivelmente a essa calamitosa duplicação de leis civis, não distinguem no todo das leis desta classe algum ramo que exija um Código do Comércio.
>
> (...)
>
> Não há tipo para essa arbitrária separação de leis, a que se deu o nome de Direito Comercial ou Código Comercial; pois que todos os atos da vida jurídica, excetuados os benéficos, podem ser comerciais ou não comerciais, isto é, tanto podem ter por fim o lucro pecuniário como outra satisfação da existência.
>
> (...)
>
> Tal é o plano, que nos permitirá erigir um monumento glorioso, plantar as verdadeiras bases da codificação, prestar à ciência um serviço assinalado" *(Revista de Direito Civil,* RT, vol. 1, pp. 362-367).

Com a sua tese, Teixeira de Freitas teve o apoio do comercialista italiano Vivante e a consagração do Código suíço das Obrigações e do Código Civil italiano de 1942, além do novo Código Civil brasileiro. Antecipou-se ainda ao Código Civil alemão, com a inclusão da Parte Geral. Não obstante, sua proposta de alteração não foi aceita pelo Ministro; que rescindiu o contrato em 1872.

O Esboço de Freitas foi útil na elaboração do Código Civil argentino, conforme reconheceu seu autor, Velez Sarsfield, em carta ao Ministro da Justiça, onde declarou "que se serviu sobretudo do projeto de Código Civil que está sendo feito para o Brasil pelo Sr. Freitas, do qual tomei muitíssimos artigos".

E assim a Argentina precedeu ao Brasil na aprovação de um Código Civil (1871), assim como o Chile (1857), graças à atuação de Andres Bello, jurista venezuelano que estudou e viveu na Inglaterra por vinte anos.

19. O PROJETO BEVILÁQUA E O CÓDIGO DE 1916

Depois de mais três tentativas frustradas (Projetos Nabuco de Araujo, Felício dos Santos e Coelho Rodrigues), o Brasil teve afinal o Projeto elaborado por Clóvis Beviláqua em 1899. Após muitas discussões, veio a ser aprovado, sancionado e publicado em 1° de janeiro de 1916, para vigorar a partir de 1° de janeiro de 1917. Esse Código teve as mesmas qualidades e defeitos do Código Civil alemão, conforme salientado a propósito deste. Já nasceu defasado e superado pelas novas condições econômicas, sociais e políticas provocadas pelos impactos da Revolução Industrial e da 1ª Guerra Mundial de 1914 a 1918.

20. O CONSTITUCIONALISMO E A SOCIALIZAÇÃO DO DIREITO NO SÉCULO XX: A METAMORFOSE QUALITATIVA E QUANTITATIVA DO DIREITO CIVIL

As Constituições do México (1917), da Rússia (1918) e sobretudo da Alemanha (Weimar, 1919) apontaram para os novos rumos da socialização do Direito Privado. Além disso, a Revolução Industrial, o urbanismo, o avanço científico e tecnológico, associados a outros fatores provocaram a expansão do Direito Civil, que não se conteve nos limites do Código e se projetou nas leis especiais ou microssistemas paralelos.

Chegamos a assistir à mudança na concepção e finalidade dos Códigos Civis, quanto ao seu conteúdo e à sua função. A metamorfose é qualitativa e quantitativa. Perderam o caráter totalizador e globalizante do Direito Civil. Restou a missão de sistema ou núcleo centralizador, coordenador e harmonizador desse direito. Predominam os novos princípios, as cláusulas gerais, a abertura e a flexibilização para acompanhar as mudanças sociais. A mudança qualitativa compreende o método, a técnica e os princípios. Estes consagram a socialização e a personalização do Direito Civil.

21. OS PROJETOS DE NOVOS CÓDIGOS

Novos Projetos foram elaborados vinculados a nomes de renomados civilistas. Tivemos em 1941 o Projeto de Código das Obrigações de Orosimbo Nonato, Hahnemann Guimarães e Philadelpho Azevedo; novo Projeto de Código das Obrigações de Caio Mário e de Código Civil de Orlando Gomes, encaminhados ao Congresso em 1965 e dali retirados.

Finalmente, em 1969, constituiu-se uma Comissão coordenada pelo jus- filósofo Miguel Reale, da Universidade de São Paulo, composta pelos juristas José Carlos Moreira Alves (parte Geral), Agostinho Neves de Arruda Alvim (Obrigações), Sylvio Marcondes (Atividade Negocial ou Direito de Empresa), Ebert Chamoun (Direito das Coisas), Clóvis do Couto e Silva (Direito de Família) e Torquato Castro (Direito das Sucessões), para elaborar o Anteprojeto do novo Código. Em 1972 foi concluído o Anteprojeto e publicado a fim de receber críticas e sugestões. Transformado no Projeto de Lei nº 634, de 1975, do Poder Executivo, foi enviado ao Congresso Nacional através da Mensagem nº 160/75. Decorridos 30 anos de discussões, revisões e adaptações, o novo Código, com 2.046 artigos, veio a entrar em vigor aos 11 de janeiro de *2003, ex vi* do art. 2.044 da Lei nº 10.406, de 10. 1.2002.

22. O NOVO CÓDIGO CIVIL: CONTEÚDO, FILOSOFIA E MÉTODO

Durante a gestação do Código, sobreveio nova Constituição, em 1988, cognominada "Constituição cidadã", que se adaptou inteiramente aos novos rumos socializantes iniciados desde a Constituição de 1934. Mas o caráter de cidadã se deve à nova meta personalista, ao contrário da natureza patrimonialista do Código de 1916, que valorizava o proprietário, o credor, o patrão e o locador. O destaque agora é a pessoa, a família, o consumidor, o carente, de forma a alargar a esfera de proteção do Direito Civil. Por isso o novo Código não contém todo o Direito Civil, como no sistema do século XIX. Além da expansão dos fatos sociais, com projeção nas leis especiais e nos microssistemas (mudança quantitativa), houve mudança qualitativa, principiológica ou filosófica, consistente esta na socialização e na personalização dos direitos. Para completar, houve mudança de método, de técnica, através da abertura, da flexibilização e das cláusulas gerais, a fim de assegurar a maleabilidade e a sobrevivência do Código. E assim o novo Direito Civil caminha no sentido de concretizar os ideais de liberdade e de igualdade real dos cidadãos, ou pelo menos de atenuar as desigualdades sociais.

23. SÍNTESE BIBLIOGRÁFICA

ALTA VILA, Jayme de. *Origem dos direitos dos povos.* São Paulo: Ícone, 1989.

ALVES, José Carlos Moreira. *Direito romano.* Rio de Janeiro: Forense, 1999.

AMARAL NETO, Francisco dos Santos. A evolução do direito civil brasileiro. In: *Revista de Dir. Civil,* vol. 24, RT, pp. 74-89.

ANDRADE, Fábio S. de. *Da codificação.* Porto Alegre: Livr. do Advogado, 1997.

CABANELLAS, Guillermo. *Diccionario enciclopédico de derecho usual.* Buenos Aires: Heliasta, 1979.

COSTA, Dilvanir José da. *Curso de hermenêutica jurídica.* Belo Horizonte: Del Rey, 1997.

______. *Sistema de direito civil à luz do novo* código. Rio de Janeiro: Forense, 2003.

COTRIN NETO, A. B. O direito romano em face do direito babilônio: um vínculo a desvendar. In: *Revista de Direito Civil,* nº 20, RT, pp. 26-35.

COULANGES, Fustel de. *A cidade antiga.* Lisboa: Livr. Clássica, 1957.

DAVID, René. *Os grandes sistemas do direito* conte*mporâneo.* São Paulo: Martins Fontes, 1998.

ENCICLOPÉDIA MIRADOR INTERNACIONAL. São Paulo, Britânica, 1976.

ESPÍNOLA, Eduardo. *Sistema de direito civil.* Rio de Janeiro, Editora Rio, 1977.

ESPÍNOLA FILHO, Eduardo. Codificação. In: *Repertório Enciclopédico do Direito Brasileiro,* vol. IX. Rio de Janeiro: Borsoi, pp. 83-105.

GARCIA, Manuel Alonso. *La codificacion dei derecho.* Madrid, 1957.

MEIRA, Silvio. Os códigos civis e a felicidade dos povos. In: *Revista de Informação Legislativa,* Senado Federal, nº 117, pp. 397-418.

MENGER, Anton. *El derecho civil y los pobres.* Buenos Aires: Atalaya, 1947.

ORLANDO GOMES. *Raízes históricas do código civil brasileiro.* Salvador: Livr. Progresso, s.d.

PONTES DE MIRANDA, F. C. *Fontes e evolução do direito civil brasileiro.* Rio de Janeiro: Forense, 1981.

RIPERT, Georges. O *regime democrático e* o *direito* civil *moderno.* São Paulo: Livraria Acadêmica, 1937.

SCHIPANI, Sandro. Diritto romano, codificazioni e unificazioni dei diritto. In: *Revista de Direito Civil,* n. 14, RT, pp. 15-29.

VALADÃO, Haroldo. *História do Direito, espec. do dir. brasileiro.* Rio de Janeiro: Freitas Bastos, 1980.

WOLKMER, Antonio Carlos *et alii. Fundamentos de história do direito.* Belo Horizonte: Del Rey, 2003.

CAPÍTULO II

INOVAÇÕES PRINCIPAIS DO NOVO CÓDIGO CIVIL

SUMÁRIO: Parte Geral. **1.** Livro I – Das Pessoas. **2.** Livro II – Dos Bens. **3.** Livro III – Dos Fatos Jurídicos. Parte Especial. **4.** Livro I – Direito das Obrigações. **5.** Livro II – Direito de Empresa. **6.** Livro III – Direito das Coisas. **7.** Livro IV – Direito de Família. **8.** Livro V – Direito das Sucessões. **9.** Disposições gerais e transitórias.

PARTE GERAL

1. LIVRO I – DAS PESSOAS

1.1. PESSOAS NATURAIS

1.1.1. CAPACIDADE

a) *Capacidade plena* aos 18 anos, para a prática de todos os atos da vida civil (art. 5°, *caput);* b) *emancipação* aos 16 anos, por concessão dos pais ou sentença do juiz e pelo estabelecimento civil ou comercial ou relação de emprego com economia própria; pelo casamento, emprego público efetivo ou conclusão de curso superior (parágrafo único do art. 5°); c) *incapacidade absoluta* para exercer pessoalmente os atos da vida civil: I – menores de 16 anos; II – falta de discernimento, por enfermidade ou deficiência mental; III – falta de discernimento, mesmo transitória (art. 3°); d) *incapacidade relativa:* I – maiores de 16 e menores de 18 anos; II –discernimento reduzido por deficiência mental, embriaguez habitual ou vício em tóxicos; III – excepcionais; IV – pródigos (art. 4°). O Código racionalizou e modernizou o instituto da capacidade, estabelecendo graus de discernimento e substituindo a expressão "loucos de todo gênero".

1.1.2. Direitos da personalidade

O Código inseriu disciplina autônoma desses direitos, com destaque para seus caracteres, defesa e proteção, limites à disposição do próprio corpo e submissão a tratamento médico ou intervenção cirúrgica. Direito ao nome e pseudônimo, seu uso e proteção. Os escritos, a palavra, a imagem e a intimidade das pessoas são protegidos contra atos prejudiciais ou não autorizados pelos titulares ou pela lei, com direito à indenização pelos danos decorrentes, inclusive à honra, boa fama e respeitabilidade (arts. 11 a 21). Leis especiais complementam essa proteção, a exemplo da Lei nº 9.610/98, sobre direitos autorais, que revogou expressamente os arts. 649 a 673 do Código de 1916, sobre a propriedade literária, científica e artística, que por isso deixou de ser regulada no novo Código.

1.1.3. O instituto da ausência no título das pessoas naturais

O instituto da ausência saiu do Direito de família para figurar no título das pessoas naturais, na parte geral do Código, sob o tríplice aspecto ou interesse: curadoria dos bens do ausente, sucessão provisória e sucessão definitiva (arts. 22 a 39). Aperfeiçoando o sistema, ao tratar do fim da pessoa natural, o Código distinguiu a ausência da morte presumida pelo desaparecimento da pessoa em acidentes, campanha ou outras circunstâncias evidenciadoras da morte e comprováveis mediante simples justificação e sentença, sem depender das etapas formais do processo de ausência (art. 7º).

1.2. Pessoas jurídicas

1.2.1. Responsabilidade civil do Estado por atos de seus agentes

Foi consagrada a responsabilidade objetiva, eliminando-se, no art. 43, a expressão "procedendo de modo contrário ao direito ou faltando a dever previsto por lei", contida no art. 15 do Código revogado. Mas faltou adaptar o novo Código, já que se disciplinou a matéria ali no § 6° do art. 37 da Constituição, que ampliou o elenco dos responsáveis pelos danos causados por prestadores de serviços públicos. O projeto se orientou pelo art. 107 da Emenda Constitucional n° 1, de 1969.

1.2.2. Desconsideração da personalidade jurídica

Uma das vantagens da pessoa jurídica é a autonomia existencial e patrimonial que a distingue de seus membros, como já dispunha o art. 20 do Código revogado. A separação patrimonial constitui estímulo à atividade econômica sem envolver nos riscos bens particulares dos sócios. Mas sobrevieram os desvios e os abusos que transformaram essa garantia em fonte de enriquecimento dos sócios com o anteparo da pessoa jurídica, com prejuízo de terceiros e da Fazenda Pública. O Código Tributário Nacional lançou a semente da reação, colhida no Direito comparado (art. 134, VII). Em relação aos danos ao consumidor o art. 28 do Código do Consumidor consagrou a doutrina da desconsideração da personalidade jurídica em 1990. Já agora o novo Código Civil, depois de reconhecer como regra a responsabilidade limitada ou restrita de cada sócio na sociedade mais praticada nos meios econômicos (art. 1.052), dispôs, de forma ampla, em sua parte geral, sobre o abuso da personalidade jurídica, caracterizado pelo desvio de finalidade ou pela confusão patrimonial, quando o juiz poderá intervir e estender os efeitos de obrigações sociais aos bens particulares dos administradores e sócios da pessoa jurídica (art. 50).

1.2.3. Pessoa jurídica e direitos da personalidade

O Código estendeu às pessoas jurídicas, no que couber, a proteção dos direitos da personalidade (art. 52). Cabe lembrar o dispositivo constitucional que dispõe: "São invioláveis a intimidade, a vida privada, a honra e a imagem das pessoas, assegurado o direito à indenização pelo dano material ou moral decorrente de sua violação" (art. 5º, X).

2. LIVRO II - DOS BENS

2.1. Usucapião de bens públicos

O Código de 1916 dispunha que os bens públicos "só perderão a inalienabilidade, que lhes é peculiar, nos casos e forma que a lei prescrever" (art. 67). Sendo inalienáveis, a Súmula nº 340 do STF os considerou, depois de longos debates, não sujeitos à aquisição por usucapião desde a vigência do referido Código. Outras disposições legais posteriores proclamaram essa imprescritibilidade expressa e claramente (daí surgindo a dúvida sobre a vigência desse regime antes dessas leis), até que a própria Constituição de 1988 ratificou essa condição dos bens públicos (arts. 183, § 3°, e 191, parágrafo único).

O novo Código não poderia dispor de outra forma no art. 102.

3. LIVRO III - DOS FATOS JURÍDICOS

3.1. Distinção entre ato e negócio jurídico

Partindo da distinção técnica moderna entre ato e negócio jurídico, o Código adota o *negócio jurídico* como conceito e modelo de ato jurídico peculiar ao Direito Civil, em que predomina a autonomia da vontade, com as exceções cabíveis. Já os alemães e italianos haviam feito a distinção entre ato e negócio jurídico. Numa visão ampla, o negócio seria a expressão da vontade e do interesse individual, enquanto o ato seria a manifestação do interesse e da vontade social, através da lei. O negócio jurídico é a exaltação da liberdade individual e a expressão da autonomia da vontade na vida em sociedade. O ato jurídico é a limitação da liberdade individual e a intervenção na esfera privada em nome do interesse social. Enfim, negócio jurídico é manifestação do individualismo e do liberalismo, enquanto ato jurídico é expressão do intervencionismo e da socialização do Direito. Assim, nos atos e transações da vida em sociedade, quando os cidadãos agirem com mais liberdade, com maior autonomia e poder de regulamentação dos interesses e, consequentemente, com menor disciplina ou intervenção legal, teremos a figura do negócio jurídico, em que os seus autores não só estabelecem entre si um vínculo jurídico como também regulam todos os seus efeitos.

Por isso poucos contatos hoje constituem negócios jurídicos típicos. A maior parte das transações já é previamente disciplinada pela lei, em nome do interesse e da vontade social, constituindo, portanto, atos jurídicos. Resumindo, o ato jurídico é o ato voluntário de efeitos legais, enquanto o negócio jurídico é o ato voluntário de efeitos também voluntários. Este é fruto da autonomia privada e aquele é criação da heteronomia ou dirigismo contratual. O Direito Civil ainda adota como regra de atuação a liberdade e a autonomia dos cidadãos, dentro dos limites, cada vez mais amplos, da ordem pública e do interesse social. Exemplos típicos de atos jurídicos são o casamento, a adoção, o reconhecimento de filho, no Direito de Família, cujos efeitos decorrem da lei. No Direito das Obrigações prevalecem ainda os negócios jurídicos, embora existam os negócios menos autônomos que vão se transformando em atos no sentido estrito, como o contrato de locação de imóveis e o de trabalho subordinado, que até se extrapolou do Direito Civil. O Código fez a distinção.

3.2. Regra da forma, forma mínima e negócios jurídicos formais

Os três conceitos *supra* resumem os problemas formais dos negócios jurídicos, que o Código assim disciplinou:

a) *regra da forma* – as declarações de vontade não dependerão de forma especial (consensualismo, art. 107), por exemplo, negócios verbais e por instrumento particular; gesto, mímica e silêncio qualificado;

b) forma mínima – o silêncio circunstanciado ou qualificado com uma advertência prévia; o silêncio puro não obriga (art. 111);

c) *negócios formais* – a lei pode exigir instrumento escrito ou escritura pública (arts. 107, final, 108 e 109), por exemplo, formal por instrumento particular, quando não puder ser verbal, como os títulos de crédito; escritura pública, os direitos reais sobre imóveis, em regra.

O novo Código caracterizou melhor os conceitos *supra.*

3.3. O instituto da representação

O Código deu tratamento autônomo à representação, como fenômeno jurídico genérico que entra no conceito de negócios especiais como o mandato e a gestão de negócios. A essência da representação consiste na repercussão ou produção de efeitos, no patrimônio do representado, dos atos praticados pelo representante (art. 116). A representação autêntica decorre do mandato legal ou contratual (contrato típico, arts. 653 a 692), mas pode ocorrer *representação sem mandato,* como a gestão de negócios, que o novo Código tratou como *ato unilateral* (arts. 861 a 875), assim como existe o fenômeno do *mandato sem representação,* que compreende as várias formas de *preposição* ou delegação de serviços ou atividades sem representação ou com exclusão desta (contrato de trabalho, prestação de serviço, empreitada etc.). Ao regular a representação, o Código procura moralizar o instituto, proibindo o representante de celebrar negócio consigo mesmo, inclusive por meio de substabelecimento, extrapolar os limites do mandato e agir em conflito de interesses com o representado (arts. 115 a 120).

3.4. Defeitos dos negócios jurídicos: simulação, estado de perigo e lesão

A simulação passou a gerar nulidade e não apenas anulabilidade do negócio jurídico (art. 167), seguindo assim o modelo do Código Civil português (art. 240). Foi regulada também a reserva mental ou simulação unilateral, que gera responsabilidade para o autor da reserva, que assim responde pela declaração perante o destinatário que ignora a reserva (art. 110).

Também foi regulado o "estado de perigo" como defeito do negócio, ou seja, a realização deste sob risco de grave dano pessoal ou à família e por isso de forma excessivamente onerosa. Difere da coação, que decorre de grave e injusta ameaça do próprio beneficiário ou de terceiro. No estado de perigo, o dano provém de outras circunstâncias. Finalmente, a lesão veio a ser incorporada ao novo Código, com as características de nova técnica de intervenção nos negócios jurídicos. Predomina aqui o interesse social de suprir a incapacidade ou limitação econômica, social e cultural do agente. O velho instituto da lesão enorme ressurgiu no Direito moderno com o caráter preventivo predominante de neutralizar os prejuízos decorrentes dos contratos realizados em condições de desigualdade econômica-social-cultural: a fixação de salário-mínimo e outros direitos no contrato de trabalho; a disciplina da locação de imóveis quanto a aluguel e outros encargos e de sua revisão; a limitação de juros e multas contratuais; o controle de preços de produtos e serviços essenciais como alimentos, remédios e transporte coletivo. Renasceu o instituto na doutrina e em leis especiais de proteção à economia popular. Atingiu o seu ponto mais alto no Código de Defesa do Consumidor, como atentado à justiça e ao equilíbrio das prestações nos contratos comutativos. O desequilíbrio objetivo das prestações deve associar-se a uma condição subjetiva da vítima: ter participado do contrato em situação de desnível (necessidade ou inexperiência). Nem se faz necessário o dolo de aproveitamento. O Código do Consumidor foi adiante, reconhecendo e proclamando a "vulnerabilidade do consumidor no mercado de consumo" (art. 4°, I, Lei n° 8.078/90) e condenando a lesão inicial ou na formação dos contratos de consumo. Constitui direito básico do consumidor a proteção contra cláusulas abusivas e com prestações desproporcionais (arts. 6°, IV e V, 51, IV e §§, da lei referida).

O novo Código determinou a anulação do negócio ou a redução do proveito do contrato lesivo em que uma pessoa, sob premente necessidade, ou por inexperiência, se obriga a prestação manifestamente desproporcional ao resultado visado (art. 157). Sobre lesão superveniente veja o item 4.10 *infra*.

3.5. Ato ilícito. Dano moral Abuso de direito

A polêmica sobre dano moral, sua natureza e ressarcibilidade finalmente teve o desfecho almejado. A indenização do dano moral vem a ser o reconhecimento e a valorização dos direitos da personalidade, com a sua proteção através de duas providências: a satisfação da vítima e de seus familiares e a punição dos agressores. A Constituição Federal veio ao encontro dessas metas, ao associar o dano moral à proteção dos valores da personalidade, nestes termos:

> "Art. 5°, X – São invioláveis a intimidade, a vida privada, a honra e a imagem das pessoas, assegurado o direito à indenização pelo dano material ou moral decorrente de sua violação."

Vencida essa etapa, sobreveio outra referente à discussão sobre os critérios da indenização, a fim de não se anular o direito com ínfima compensação e não supervalorizá-lo com o enriquecimento das vítimas e o empobrecimento dos autores. Com os subsídios da doutrina, a jurisprudência vem fixando esses critérios apoiados em três pilares: a) a gravidade do dano; b) a intensidade da culpa; c) e a condição social e econômica das partes envolvidas.

Ao definir o ato ilícito, o novo Código reconheceu como dano também o "exclusivamente moral" (art. 186). Veja outros comentários sobre o dano moral no título "Responsabilidade Civil – dano moral", item 4.12 *infra*.

Abuso de direito. O Código de 1916 só indiretamente condenou o exercício irregular de direito, ao declarar que não constituem atos ilícitos os praticados no exercício regular de um direito (art. 160, I). O novo Código foi direto ao preceituar:

> "Art. 187. Comete ato ilícito o titular de um direito que, ao exercê-lo, excede manifestamente os limites impos-

> tos pelo seu fim econômico ou social, pela boa-fé ou pelos bons costumes."

Além de condicionar o uso do direito subjetivo à sua finalidade econômica (utilidade) e à sua função social, ainda o ligou à boa-fé (sem malícia) e aos bons costumes (moralidade).

3.6. Prescrição e decadência

O novo Código distinguiu e deu tratamento separado aos dois institutos afins. O traço comum a ambos, a grosso modo, é a perda de direito subjetivo por inércia ou negligência do titular em propor as ações respectivas nos prazos legais. O primeiro traço diferencial está em que a prescrição pressupõe um direito subjetivo existente e violado ou transformado em pretensão, que por sua vez é provida de ação para defendê-la no prazo legal, sob pena de prescrição. Esse conceito está no art. 189. Na decadência, o direito subjetivo nasce para o titular condicionado ao exercício de uma ação, no prazo legal, sob pena de extinção do mesmo. Por ser extintivo do próprio direito, o prazo de decadência não se suspende nem se interrompe, como está no art. 207. Extinguindo o direito mesmo, o juiz deve pronunciar de ofício a decadência, por inexistência do direito postulado (art. 210). Não extinguindo o próprio direito, mas a ação para defendê-lo, a não arguição de prescrição pelo interessado importa em renúncia à mesma, não podendo o juiz reconhecê-la de ofício: deve admitir a pretensão não extinta pela prescrição renunciada. É o que decorre do art. 194.

O novo Código reduziu substancialmente os prazos de prescrição, além de separá-los dos prazos extintivos de direitos ou de decadência, os quais vêm geralmente acoplados aos direitos dependentes dos mesmos para o seu exercício. O prazo máximo de prescrição foi reduzido para dez anos (art. 205), salvo o da ação reivindicatória ou prescrição aquisitiva para usucapião extraordinário, que é de quinze anos (art. 1.238).

Os dois artigos ficaram em contradição evidente, prevalecendo o último como exceção. Os demais variam de um a cinco anos (art. 206), merecendo destaque a grande redução, para três anos apenas, do prazo para as ações de reparação civil e enriquecimento sem causa (art. 206, § 3°, IV e V).

3.7. Da prova dos fatos jurídicos

O Código trata dos aspectos materiais da prova nos arts. 212 a 232. O tema de maior relevância está no art. 232, segundo o qual "a recusa à perícia médica ordenada pelo juiz poderá suprir a prova que se pretendia obter com o exame". Vai interessar nos exames de DNA para a prova de paternidade. O texto parte do pressuposto de que a parte pode se recusar a submeter-se ao exame. Conclui que "a recusa poderá suprir a prova pretendida". Tendo dito "poderá" o Código foi cauteloso. Vai depender do juiz e das circunstâncias da causa. Existem ações investigatórias com motivações diversas: em favor do filho; em favor de parentes distantes, contra o filho; contra o pai que reconheceu; pelo pai que reconheceu por erro e outras situações. Corre ainda paralela a tese da desbiologização da paternidade. Só mesmo analisando o conjunto das provas e comparando os interesses em conflito, no interesse maior da família e de sua preservação, poderá ou não o juiz admitir a presunção.

PARTE ESPECIAL

4. LIVRO I – DIREITO DAS OBRIGAÇÕES

4.1. Anteposição das obrigações

Assim dispondo, andou bem o novo Código, afinando-se com a codificação civil moderna e com o magistério jurídico, que por seu turno se apoiam em razões lógicas e didáticas. Com efeito, na vida civil o cidadão *se obriga* antes de constituir família e *contrata* antes de se tornar titular de um direito real. A própria família se funda num esquema contratual. *Logo,* é mais fácil o acesso ao direito das coisas e à instituição familiar com pré-conhecimento da teoria e das regras básicas das obrigações, que constituem a armadura não só do Direito Civil mas de toda a ciência do Direito e até das ciências sociais, como acentuou Josserand.

Clóvis teve suas razões ao antecipar a disciplina da família, na sequência das pessoas, bem como das coisas logo após a família e como apoio econômico desta e das pessoas. O novo Código Civil do Quebec, de 1994, ainda segue a tradição de antepor a família, as coisas e até as sucessões às obrigações, inclusive pela maior complexidade destas. Optamos, contudo, pela colocação do novo Código, que segue o alemão e o português de 1966.

4.2. Cessão de crédito: localização correta

O novo Código colocou a cessão de crédito sob o título "Da transmissão das obrigações", logo após as modalidades ou espécies e antes de tratar dos efeitos e da extinção.

A obrigação nasce sob uma modalidade e circula ou se transmite antes de se extinguir por uma das causas previstas. O Código de 1916 não foi lógico, colocando a cessão de crédito como última matéria da parte geral das obrigações, após tratar da extinção e de suas consequências.

4.3. Assunção de dívida: inclusão

Ainda sob o título "Da transmissão das obrigações", o novo Código disciplina com autonomia, erigida em novo instituto, a *assunção de dívida* ou cessão de débito ao lado da cessão de crédito, ficando em perfeita simetria a transmissão das obrigações. A cessão de crédito se distingue dos institutos afins da novação subjetiva ativa e do pagamento com sub-rogação do credor.

Existem também a cessão de débito e as figuras-afins, novação subjetiva passiva e sub-rogação do devedor. O novo Código, tal como os Códigos alemão e português, disciplinou a "assunção de dívida", completando, de forma simétrica, o regime da transmissão das obrigações. O requisito essencial é a concordância do credor com a mudança do devedor, logicamente.

4.4. Adimplemento e inadimplemento

O Código de 1916 engloba em um só título, de forma tumultuada, uma série de institutos de natureza diversa, tudo sob a designação restrita "Dos efeitos das obrigações". Ali se trata: a) da sucessão na obrigação; b) da obrigação por fato de terceiro; c) do pagamento indevido; d) da extinção da obrigação em suas várias formas: I – pagamento normal; II – pagamentos especiais; III – extinção sem pagamento; e) da inexecução da obrigação e suas consequências.

O novo Código começa por separar a disciplina dos dois principais temas *supra* (letras *d* e *e)* sob os seguintes títulos: "Do adimplemento e extinção das obrigações" e "Do inadimplemento das obrigações".

Pelo menos duas vantagens resultam da nova sistematização da matéria:

I – separa e distingue dois fenômenos diversos: o adimplemento e o inadimplemento;

II – sistematiza e ordena, lógica e pedagogicamente, os temas do inadimplemento, com suas causas e efeitos, na seguinte sequência:

a) causas: mora e descumprimento (inadimplemento absoluto e relativo, total e parcial); b) efeitos: perdas e danos, juros, cláusula penal e arras ou sinal.

4.5. Do inadimplemento, suas causas e consequências: mora, perdas e danos, correção monetária cláusula penal e arras penitenciais.

No Código de 1916, os temas do inadimplemento se acham dispersos. Como visto acima, o novo Código os aproximou e disciplinou em função da inexecução da obrigação, começando pela mora, como causa do inadimplemento e tratando dos demais temas como consequências ou efeitos do descumprimento, no que foi adotado, pelo autor do projeto, professor Agostinho Alvim, o sistema de sua obra *Da inexecução das obrigações* e *suas consequências* (São Paulo, Saraiva). Podemos enumerar as seguintes vantagens da nova disciplina, em relação. Ao Código anterior:

I – *Mora* – O instituto da mora é tratado em· local impróprio no Código de 1916, logo após as condições subjetivas e objetivas do pagamento, em seguida à seção "do tempo do pagamento". Embora tendo relação com o tempo do pagamento, a mora se relaciona mais com o inadimplemento e por isso não pode ser distanciada do mesmo, pois é causa de inexecução relativa (simples retardamento) e até de inexecução absoluta, quando o simples atraso for causa de resolução. Logo, o novo Código veio corrigir o desvio de colocação, ganhando a mora maior amplitude e autonomia dentro do sistema.

II – *Perdas* e *danos. Correção monetária* – A correção monetária entra no art.404 do novo Código, como componente das perdas e danos nas obrigações de pagamento em dinheiro. É prevista ainda no "objeto do pagamento", como forma de atualização das dívidas de dinheiro (realismo monetário), seja por cláusula contratual ou por decisão judicial em caso de desproporção manifesta e imprevisível entre o valor da prestação pactuada e o do momento de seu pagamento (arts. 315 a 317). Continuam em vigor as leis especiais sobre correção, inclusive a Lei nº 6.899/81 (correção dos débitos judiciais), o Plano Real (limita a correção no interesse da estabilidade econômica) e outras compatíveis com as normas do Código, que não teve o propósito de esgotar matéria tão complexa. Mas não podia deixar de incluir, nas perdas e danos, a devolução da identidade da prestação monetária, sob pena de sancionar o enriquecimento do devedor de prestação diferida ou de trato sucessivo.

III – *Cláusula penal* – Pelas mesmas razões lógicas e pedagógicas, a cláusula penal não pode continuar sendo tratada como simples modalidade ou espécie de obrigação, encerrando o título "Das modalidades das obrigações", no Código de 1916. Sua verdadeira natureza é a de perdas e danos prefixados ou pré-liquidados, mais do que modalidade de reforço da obrigação. Interessa mais como efeito ou remédio do que como profilaxia. Daí a vantagem da sua inclusão no sistema do inadimplemento, como decorrência deste.

IV – Arras – Outra transposição feita pelo Código refere-se às arras, cuja disciplina saiu da parte geral dos contratos para figurar entre os efeitos da inexecução da obrigação.

Não procede a crítica baseada no fato casuístico de que as arras só se referem a contratos. Prevalecem as razões de sistema. O astro do sistema projetado é o inadimplemento, em cuja órbita devem gravitar os satélites relacionados com o tema central.

As arras devem figurar no título da inexecução, como consequência desta, por mais estas razões: a) têm analogia com a cláusula penal e com as perdas e danos: arras penitenciais constituem pena ou indenização – o preço do descumprimento, pactuado e adiantado; b) arras confirmatórias são também pena convencional com caráter real – antecipação de perdas e danos; c) essa analogia recomenda a disciplina conjunta, para confronto de semelhanças e distinções.

4.6. Fontes das obrigações: gestão de negócios, pagamento indevido, enriquecimento sem causa, títulos de crédito

O Código de 1916 contém as seguintes fontes: I – contratos; II – declarações unilaterais de vontade: a) títulos ao portador; b) promessas de recompensa; III – atos ilícitos.

O novo Código prevê as seguintes fontes: I – contratos; II – atos unilaterais: a) promessa de recompensa; b) gestão de negócios; c) pagamento indevido; d) enriquecimento sem causa. III – títulos de crédito: a) títulos ao portador; b) títulos à ordem; c) títulos nominativos; IV – responsabilidade civil.

I – *Gestão de negócios* – A primeira inovação, no setor das fontes, foi a inclusão da gestão de negócios como ato unilateral, retirando-lhe o caráter contratual atribuído pelo Código de 1916. O instituto constitui, na verdade, uma ingerência de alguém no negócio de outrem, conquanto sua analogia com o mandato (representação sem mandato).

II – *Pagamento indevido* – A exemplo da mora, que foi relacionada ao "tempo do pagamento" e disciplinada logo em seguida, sem vinculação sistemática com o pagamento, também o pagamento indevido foi vítima de colocação imprópria no Código de 1916, ao ser inserido na disciplina do pagamento.

Pagamento é forma normal de extinção da obrigação, enquanto o sentido lógico-jurídico do pagamento indevido é o inverso: predomina a ideia de repetição ou devolução, de nascimento e não de extinção da obrigação. Ficou bem situado como fonte unilateral ao nível de sua importância conceitual.

III – *Enriquecimento sem causa* – Ao lado do pagamento indevido e entre as fontes unilaterais, mereceu justa disciplina no novo Código o enriquecimento sem causa, princípio basilar do Direito das obrigações, que em nosso Direito Civil ainda busca suporte no *neminem laedere* e no *jus suum cuique tribuere* dos romanos. Como esforço de sistematização e de consolidação da matéria obrigacional, é válida a disciplina autônoma e positiva do instituto, em seus lineamentos básicos.

IV – *Titulas de crédito* – A disciplina, como fonte obrigacional, ainda que em linhas gerais, de todos os títulos de crédito e não só dos títulos ao portador, veio completar e enriquecer o direito das obrigações. Interessando a todos os cidadãos e não só aos comerciantes e empresários, não se justifica a ausência de normas fundamentais sobre os títulos de crédito, de tão ampla prática, tanto mais num Código que unificou as obrigações civis e comerciais.

O novo Código não os incluiu entre os atos unilaterais nem os classificou como contratos. Erigiu-os em fonte autônoma e destacada.

4.7. Dos contratos

As inovações que se destacam na parte geral dos contratos, além da mudança de princípios, consistem na inclusão de novos contratos e na supressão de outros. Entre os acréscimos estão a transação e o compromisso, que foram emancipados da categoria de simples atos extintivos das obrigações para ganharem autonomia contratual. Já o Código francês disciplinara a transação como contrato no início do século XIX, o mesmo fazendo o Código alemão, considerado modelo de técnica, e finalmente o recente Código Civil português de 1966. Pelas afinidades com a transação (ambos põem fim a obrigações duvidosas ou litigiosas – *res dubia aut litigiosa),* o compromisso merece o mesmo tratamento, tanto mais quando lei especial (nº 9.307/96) o disciplinou sob tríplice enfoque – cláusula compromissória, compromisso e arbitragem. Como contratos novos, o novo Código incluiu ainda o estimatório, a comissão, a agência e a distribuição, a corretagem e o transporte.

Foram excluídas da disciplina, nos contratos em espécie, a sociedade, que ganhou destaque e relevo no Livro II – Do direito de empresa, e a parceria, que é hoje objeto do Direito agrário. Já os contratos de edição e representação dramática passaram a ser regulados em leis especiais sobre Direito autoral, atualmente a Lei n° 9.610/98, cujo art. 115 revogou expressamente os arts. 1.346 a 1.362 do Código de 1916.

4.8. Função social do contrato, probidade e boa-fé

Os arts. 421 e 422 do novo Código consagram, respectivamente, os princípios dominantes da teoria contratual moderna. O primeiro é a regra conciliadora dos interesses público e privado na sociedade socializada dos séculos XX e XXI. A liberdade de contratar, na sociedade organizada, encontra limites na justiça e no equilíbrio das prestações recíprocas, assim como a liberdade individual deve ser instrumento racional para a prática do justo.

O segundo postulado se dirige aos próprios contratantes, no seu interesse e segurança. A boa-fé tem duas acepções: a subjetiva ou psicológica, que é o estado de espírito ou crença das pessoas, ao contratarem, de que estão agindo corretamente e sem obstáculo legal, como a boa-fé no casamento, a posse de boa-fé, o pagamento de boa-fé ao credor aparente ou putativo, circunstâncias que produzem efeitos favoráveis ao agente de boa-fé; enquanto a boa-fé objetiva opera como regra de conduta ou comportamento nos negócios jurídicos.

Os direitos devem formar-se e exercitar-se conforme as exigências da boa-fé. Esta a regra inspirada no § 242 do Código Civil alemão, que preceitua: "O devedor está obrigado a executar a prestação como a boa-fé o exige, em atenção aos usos e costumes." Nosso Código foi além, exigindo a boa-fé também na conclusão do contrato. A boa-fé constitui uma das mais destacadas cláusulas gerais ou aberturas com que o Direito moderno supera o sistema hermético dos Códigos tradicionais, com previsões casuístas. Obriga as partes a agir com lealdade na contratação e na execução das obrigações recíprocas. Não podendo cooperar, não devem dificultar a realização das mesmas. Além disso, orienta o intérprete diante das omissões da lei e das convenções, integrando-as. Probidade e boa-fé na conclusão e na execução do contrato é a nova regra dos contratos, positivada no art. 422 do novo Código. O agir com surpresa, abuso de confiança e a mudança de comportamento usual são exemplos de condutas maliciosas. A mesma regra de interpretação está contida no art. 113: "Os negócios jurídicos devem ser interpretados conforme a boa-fé e os usos do lugar de sua celebração."

4.9. Contrato preliminar

Nos arts. 1.417 e 1.418 do novo Código, sob o título "Do direito do promitente- comprador", foi regulado o "direito real de aquisição". O contrato preliminar de compra e venda de imóvel, por instrumento público ou particular, sem cláusula de arrependimento, inscrito no respectivo registro imobiliário, passa a constituir direito real de adquirir o imóvel, ou seja, passa a ter eficácia *erga omnes.* O promitente-comprador pode contar com todas as garantias, inclusive adjudicação judicial do imóvel, que não poderá ser alienado a outra pessoa antes de cancelada a inscrição da promessa. Outro fenômeno é o contrato preliminar dos arts. 462 a 466, de natureza obrigacional, mas que poderá ou não se transformar no direito real de aquisição acima referido. Para se transformar, o principal requisito é a inscrição no registro imobiliário. Estando registrado e não contendo cláusula de arrependimento, o contrato preliminar passa a reger-se pelos arts. 1.417 e 1.418 suprarreferidos. Não estando registrado, o art. 464 prevê outra solução: a ação de outorga de escritura, mediante sentença, conforme já vem ocorrendo pela forma prevista no art. 639 do CPC e jurisprudência a respeito. Por isso ficou estranha a exigência do parágrafo único do art. 463 do novo Código: "O contrato preliminar deverá ser levado ao registro competente". Se for levado, transformar-se-á em direito real de aquisição, conforme os arts. 1.417 e 1.418. E se não o for? Entendemos que então se aplica o art. 464 c/c o art. 639 do CPC. Por que então a exigência do registro da promessa? Seria o propósito de garantir melhor o promitente-comprador com direito real de aquisição; ou seria por razões fiscais; ou seria mera exigência burocrática ou decorrente de *lobby* cartorário. (Ver a promessa de compra e venda como direito real de aquisição no item 6.9 *infra*).

4.10. Resolução por onerosidade excessiva

A revisão ou mesmo a resolução do contrato por onerosidade excessiva de uma das partes, superveniente à sua formação, constitui forma objetiva ou despersonalizada de se afastarem ou atenuarem os efeitos do contrato validamente ajustado. Embora menos grave, guarda afinidade com o caso fortuito ou de força maior, que, segundo o parágrafo único do art. 1.058 do Código Civil, "verifica-se no fato necessário, cujos efeitos não era possível evitar, ou impedir." Este libera totalmente o devedor. No caso fortuito ocorre impossibilidade objetiva e absoluta de se cumprir o contrato, enquanto na imprevisão ocorre dificuldade ou onerosidade excessiva para uma parte e correlato enriquecimento ou vantagem excessiva para a outra, em consequência de acontecimento extraordinário e imprevisível superveniente à formação do contrato de execução diferida ou de trato sucessivo.

Por motivo de guerras, revoluções, crises econômicas e outros fenômenos que vieram alterar a economia e o equilíbrio das prestações, nos contratos de longa duração, já na Idade Média os juristas formularam a teoria revisionista com o nome de cláusula *rebus sic stantibus* (enquanto permanecerem as coisas ou as circunstâncias contemporâneas à formação do contrato). A sua versão moderna é a teoria da imprevisão, que alguns Códigos modernos chegaram a adotar, como o polonês de 1934 e o italiano de 1942. O nosso, individualista e liberal, optou pelo *pacta sunt servanda.* Mas a jurisprudência, com apoio e incentivo da doutrina, vem aplicando-a em hipóteses típicas, independentemente de legislação específica. O suporte jurídico tem sido o princípio geral de Direito (art. 4° da Lei de Introdução) do enriquecimento injusto em prejuízo do contratante. Os projetos de Código de Obrigações de 1941 e 1963 incluíram a resolução por onerosidade excessiva.

Somente o Código de Defesa do Consumidor (Lei nº 8.078/90) veio consagrar a teoria (arts. 6º, V, e 51, § 1º, III). O novo Código a disciplinou nos arts. 478 a 480. Trata-se de vício do contrato decorrente de conjuntura econômica provocada por crises sócio-político-econômicas e monetárias, geradoras de grave inflação ou de depressão econômica intensa. Falhando os políticos e os economistas, os juristas entram em cena e atuam em defesa do equilíbrio das prestações e da justiça nos contratos de longa duração. Esse o critério final da obrigatoriedade das convenções numa sociedade justa e solidária. Sobre lesão inicial veja o item 3.4 *supra*.

4.11. Inovações na compra e venda

Novas cláusulas especiais – Ao lado da venda a contento, foi disciplinada a "venda sujeita à prova" ou experimentação, ambas com o efeito imediato de comodato e efeito suspensivo de compra e venda, até a manifestação de agrado e aceitação (arts. 509 a 512). Foi regulada a venda de coisa móvel com reserva de domínio (arts. 521 a 528), bem como a "venda sobre documentos" ou independente da tradição da coisa, substituída pelo título representativo (arts. 529 a 532).

Cláusulas especiais suprimidas – Foi eliminado o pacto de melhor comprador, pouco usado e fonte de atritos. Deixou de existir regulamentação autônoma do "pacto comissório", que, segundo o autor do projeto, pode ser suprido pela cláusula resolutiva expressa (arts. 128 c/c 474).

4.12. Responsabilidade civil – dano moral

Antes de a Constituição Federal de 1988 consagrar a indenização por dano moral (art. 5º, X) e de o Código de Defesa do Consumidor a admitir (Lei nº 8.078/90, art. 6º, VI), já o projeto de novo Código Civil a regulava e assim o comentamos naquela época:

No setor da responsabilidade civil foi onde mais se destacaram as inovações admitidas pelo projeto. A primeira e mais importante foi a consagração do dano moral como objeto de indenização.

A doutrina conhece pelo menos três teorias sobre o dano moral: a que o admite como indenizável, a que não o admite *e* a que só admite o dano moral com reflexo patrimonial. Caio Mário sustenta que esta última integra a segunda, pois a repercussão patrimonial exclui o caráter de dano moral. Na pura e típica conceituação, o dano moral está ligado ao sentimento, às sensações de dor, tristeza, saudade, afeição e fenômenos correlatos. Pontes de Miranda dá exemplo de reparação do dano moral puro: o financiamento de viagem ao exterior, para que a vítima se recupere do sofrimento pela perda de um filho menor. No parecer de Agostinho Alvim, no Código de 1916 só há uma hipótese de dano moral puro e típico – o preço de afeição (art. 1.543), eis que nas demais aproximações – injúria, calúnia, difamação, ofensa à honra e deformidade da mulher, há sempre uma perda de conteúdo econômico. Partindo desse conceito, o maior óbice à institucionalização do seu ressarcimento tem sido a dificuldade de critério para a liquidação do dano, contando com elementos puramente subjetivos. Não obstante, renomados tratadistas são entusiasticamente favoráveis ao seu amparo legal, ainda que se adote critério tarifário ou se transfira ao juiz a liquidação, em cada caso, mas contanto que não se desamparem as vítimas nem se deixe de punir, civilmente, os autores de atentados aos valores mais íntimas da personalidade. A jurisprudência foi evoluindo no sentido de admitir essa reparação. Como exemplo desse avanço, O STF consagrou esta Súmula:

> "491 – É indenizável o acidente que cause a morte de filho menor, ainda que não exerça trabalho remunerado." Num dos acórdãos da Referência dessa Súmula, consta o seguinte trecho do voto do Ministro Aliomar Baleeiro:
>
> "Malgrado a hesitação dos Tribunais brasileiros, a responsabilidade do dano moral vem aldravando, há mais de meio século, a consciência de vários de seus maiores membros, de Pedro Lessa (RF 37/201 e 24/473) a Orosimbo Nonato (RF 127/397), de Aguiar Dias *(Responsabilidade Civil,* VII, nº 227 e segs., além de comentários na RF 107/397) ao atual Presidente do TJ da GS (RF 97/698).
>
> Na doutrina pátria, entre os nomes luminosos que proclamam a admissibilidade do ressarcimento do dano moral, figuram nada menos que Clóvis, Filadelfo Azevedo,
>
> Pontes de Miranda, Espínola e outras estrelas de primeira grandeza" (Jardel Noronha e Odaléa Martins, *Referências da Súmula do STF,* v. 26, Súm. 491, p. 123).

O novo Código admite a reparação do dano, "ainda que simplesmente moral" (art. 186). Valorizou os direitos da personalidade e alargou as fronteiras do direito das obrigações. Mais sobre dano moral no item 3.5 *supra*.

4.13. Responsabilidade objetiva

No plano da responsabilidade civil ou dos atos ilícitos, o direito das obrigações tem por meta a reparação completa e irrestrita. O dano é inevitável na vida em sociedade, seja decorrente de dolo, de culpa ou de força maior. Completa na sua extensão ou valor econômico e moral. Ampla ou irrestrita na compreensão de todos os danos ou do maior número possível, a fim de não deixar vítima sem reparação. Sob ambos os aspectos tem evoluído o Direito obrigacional nos últimos tempos. Na longa caminhada, desde o Direito romano aos nossos dias, a história da responsabilidade civil tem sido a do abrandamento e do desaparecimento do requisito *culpa* como causa de reparação. Os impactos à teoria da culpa se deram por várias técnicas: a) desaparecimento da distinção clássica entre culpa lata, leve e levíssima; b) substituição da culpa *in abstracto,* cujo padrão era o *bonus pater familias,* pela culpa *in concreto,* cujo modelo é o próprio agente, em sua vida diária e normal; c) concepção de novas formas de culpa, ampliadoras da responsabilidade: *in contraendo, in eligendo, in vigilando;* d) inversão do ônus da prova de culpa, a cargo do autor do dano (culpa presumida); e) responsabilidade sem culpa ou objetiva, através da teoria do risco criado, risco profissional e outras técnicas; f) substituição da ideia de responsabilidade pela de reparação, mediante a socialização e a securitização de todos os riscos. O novo Código teve a preocupação de ampliar o elenco dos danos reparáveis, com as seguintes inovações e atualizações:

I – reparação dos danos exclusivamente morais e dos decorrentes do exercício abusivo dos direitos subjetivos (arts. 186 e 187);

II – haverá obrigação de reparar o dano, independentemente de culpa, nos casos especificados em lei (parágrafo único do art. 927); prevalece a regra da responsabilidade subjetiva, com as exceções legais (responsabilidade civil do Estado e seus agentes, acidentes no trabalho, transporte aéreo, ferroviário etc.);

III – haverá a mesma obrigação, sem culpa, se o dano resultar de atividade perigosa – risco criado (parágrafo único do art. 927, final);

IV – o incapaz responde pelo dano que causar, não sendo seus responsáveis (pais, tutores, curadores) obrigados a fazê-lo ou não dispondo de meios suficientes para tanto, salvo se a indenização privar do necessário o incapaz (parágrafo único do art. 928);

V – a responsabilidade dos pais, tutores e curadores será independente de culpa dos mesmos, pelos atos ilícitos dos filhos menores, pupilos e curatelados que estiverem sob sua autoridade e em sua companhia (arts. 932, I e II, e 933);

VI – a responsabilidade do patrão ou comitente será independente de culpa sua, pelos atos ilícitos de seus empregados, serviçais e prepostos, no exercício do trabalho que lhes competir, ou em razão dele (arts. 932, III, e 933);

VII – o empresário individual e as empresas respondem pelos danos causados, pelos produtos postos em circulação (art. 931).

Já vimos o impacto das Constituições Federais sobre a responsabilidade civil do Estado pelos atos e omissões de seus agentes (nº 4 *supra*).

O Código de Defesa do Consumidor (Lei nº 8.078/90) considerou este vulnerável no mercado de consumo (art. 4º, I) e inverteu o ônus da prova a seu favor, na defesa de seus direitos (arts. 6º, VIII, e 51, VI).

5. LIVRO II – DIREITO DE EMPRESA

5.1. Unificação do Direito Privado

O novo Código procurou fazer, tanto quanto possível, a unificação do Direito Privado, sobretudo a unificação formal das obrigações civis e comerciais, através das seguintes medidas:

I – inclusão de novos contratos com acento mercantil (estimatório, comissão, agência e distribuição, corretagem, transporte, transação e compromisso);

II – inclusão dos títulos de crédito (ao portador, à ordem e nominativos), com remissão às leis especiais e convenções internacionais, como fonte das obrigações, ao lado dos contratos, dos atos unilaterais e dos atos ilícitos ou responsabilidade civil;

III – inclusão do empresário e das sociedades em geral (civis e mercantis), com toda a sua disciplina básica e remissão a leis especiais, como pessoas ou sujeitos de direitos e obrigações nas relações privadas;

IV – inclusão do estabelecimento como bem jurídico dinâmico ou propriedade empresária, com seu conceito, registro, identidade, contabilidade e disciplina de suas relações. Ficou assim revogada mais uma parte do velho Código Comercial de *1850* (1ª Parte – Sobre comerciantes e seus agentes, contratos e obrigações mercantis – compra e venda, troca, mandato, locação, mútuo, comissão, fiança, carta de crédito, depósito, hipoteca e penhor e sociedades comerciais cuja manutenção constituiria um *bis in idem* legislativo sobre matérias com a mesma estrutura jurídica essencial).

Foi atribuído enfoque especializado e peculiar à empresa, com as distinções específicas, a serem complementadas em leis especiais e melhor esclarecidas na doutrina, na jurisprudência e na cátedra.

Já os "títulos de crédito" haviam sido revogados antes e regulados em leis especiais, com base, inclusive, em tratados e convenções internacionais (Título XVI da 1ª Parte, desde a Lei nº 2.044/08), assim como a 3ª Parte – Das quebras – pela Lei de Falências – Lei nº 7.661/45. Resta apenas o Direito Comercial Marítimo – 2ª Parte. O Direito Aeronáutico rege-se pelo Código Brasileiro de Aeronáutica, Lei nº 7.565/86. As sociedades anônimas regem-se por seu estatuto próprio, conforme o art. 1.089 do novo Código.

Prevaleceu, finalmente, em nosso Direito Positivo Privado, a tese de Teixeira de Freitas, seguida pelo comercialista italiano Vivante, adotada pelo Código das Obrigações suíço e pelo Código Civil italiano de 1942, que atingiu, na unificação, o Direito do Trabalho, Direito Privado de ordem pública ou mesmo social que ganhou maior autonomia com a criação da Justiça do Trabalho. Segundo Afrânio de Carvalho, com apoio no professor José Ferreira de Souza, o novo Código devia ter regulado ou pelo menos definido o contrato de trabalho, como prestação de serviço subordinado e permanente, como relação privada de interesse social, assim como regulou, basicamente, o contrato de locação de imóveis, com remessa para as respectivas leis especiais (art. 2.037). A autonomia seria "fantasiosa" *(Revista de Direito Civil,* São Paulo, Revista dos Tribunais, nº 34, p. 7).

Na carta de Teixeira de Freitas ao Ministro da Justiça, em 20.9.67, a qual deu ensejo ao rompimento de seu contrato com o Governo para codificar o Direito Civil, ficou clara sua posição firme e convicta:

"[...] e hoje minhas ideias são outras, resistem invencivelmente a essa calamitosa duplicação de leis civis, não distinguem no todo das leis desta classe algum ramo, que exija um Código do Comércio.

....

Não há tipo para essa arbitrária separação de leis, a que se deu o nome de Direito Comercial ou Código Comercial; pois que todos os atos da vida jurídica, excetuados os benéficos, podem ser comerciais ou não comerciais, isto é, tanto podem ter por fim o lucro pecuniário, como outra satisfação da existência.

....

Tal é o plano, que nos permitirá erigir um monumento glorioso, plantar as verdadeiras bases da codificação, prestar à ciência um serviço assinalado" *(Revista de Direito Civil,* São Paulo, Revista dos Tribunais, v. 1, pp. 362-67).

6. LIVRO III – DIREITO DAS COISAS

6.1. Natureza da posse

A posse pode ter por fonte um direito real (propriedade, usufruto) ou obrigacional (locação, comodato). Daí a discussão sobre a sua natureza real ou obrigacional. Mesmo tendo por fonte uma obrigação, como a locação, a posse procede do direito real do proprietário de usar a coisa por intermédio de terceiro (fruir). A dúvida surgiu porque o Código de 1916 não incluiu a posse na enumeração taxativa dos direitos reais (art. 674), mas colocou a sua disciplina no Título I do Direito das Coisas. Seria um direito especial ou instrumento indispensável e manifestação dos direitos reais. Tem a mesma natureza de direito *erga omnes,* inerente aos direitos reais. O que lhe falta é o "exercício de direito" dos poderes dos direitos reais.

Por isso não foi catalogada como direito real típico no velho Código. O novo considera a posse como direito das coisas, mas não como direito real típico. Está localizada no Direito das Coisas, mas antes dos Direitos Reais. Essa a sutileza ou distinção que transparece. Isso decorre da complexidade do instituto, que se distingue da mera detenção (não posse) por critérios técnicos. Os efeitos da posse são mais amplos para gozar de proteção possessória, confinando-se com o direito real, e mais restritos para gerar usucapião, exigindo requisitos especiais.

6.2. Limitações ao direito de propriedade: função social – abuso de direito – expropriação – Direito Ambiental – outras restrições

O novo Código, assim como procedeu em relação às obrigações, adaptou o regime da propriedade às concepções socializadoras e inovadoras do Direito já incorporadas à Constituição Federal.

A propriedade privada vigora como regra, mas cada vez mais limitada pelas restrições impostas por sua função social, cujo conceito vai se ampliando.

O Direito Ambiental ganhou autonomia e se expandiu como o novo direito de vizinhança, protetor da flora, da fauna, da natureza, do ar, das águas e do patrimônio histórico e artístico. A interdição do abuso de direito no exercício da propriedade foi consagrada, assim como nos contratos.

A desapropriação por interesse social, ampliando os conceitos superados de necessidade e utilidade pública, bem como a desapropriação no âmbito de ações reivindicatórias de áreas ocupadas por coletividades (interesse social e econômico relevantes), tudo isso foi incorporado ao novo Código.

Finalmente, os recursos minerais, os potenciais de energia hidráulica e os monumentos arqueológicos, conforme a Constituição e as respectivas leis especiais, deixaram de constituir acessórios do solo para efeito de propriedade (arts. 1.228 e §§ e 1.230).

6.3. Sistema de constituição dos direitos reais

Foi mantido o sistema romano-germânico de constituição dos direitos reais pela *tradição* dos móveis e pela *transcrição* dos títulos no registro imobiliário, e não pelo simples *acordo de vontades,* como no sistema franco-italiano-português (arts. 1.226 e 1.227).

6.4. Modos de aquisição da propriedade imóvel

6.4.1. Usucapião: redução dos prazos

– Extraordinário ou independente de título e boa-fé: quinze anos de posse (art. 1.238);

– Extraordinário ou independente de título e boa-fé, mas com moradia habitual, obras e serviços de caráter produtivo: dez anos de posse (parágrafo único do mesmo artigo);

– Ordinário ou com justo título e boa-fé: dez anos de posse (art. 1.242);

– Ordinário ou com justo título e boa-fé, com aquisição onerosa transcrita, moradia ou investimentos de interesse social e econômico: cinco anos de posse (parágrafo único do artigo *supra*);

– Constitucional rural – área de até 50 hectares e demais requisitos: cinco anos de ocupação (arts. 191 da CF e 1.239 do CC);

– Constitucional urbano – área de até 250m² e demais requisitos: cinco anos de posse (arts. 183 da CF e 1.240 do CC); a recente Lei nº 10.257, de 10.7.2001 – Estatuto da Cidade, regulou esse usucapião no seu art. 9º, como parte da reforma urbana ali contida;

– Usucapião expropriatório – ocupação por mais de cinco anos, por coletividade, de área extensa, com obras e serviços de interesse social e econômico relevante: expropriação judicial mediante justa indenização (§§ 4º e 5º do art. 1.228).

6.4.2. *Usucapião coletivo*

A mesma Lei nº 10.257, de 10.7.2001 – Estatuto da Cidade ou Lei da Reforma Urbana, em seu art. 10 e §§, instituiu o usucapião coletivo, assim entendido o de área urbana com mais de 250m², ocupada por população de baixa renda, para sua moradia, por cinco anos, não sendo possível identificar as áreas ocupadas pelos respectivos possuidores individualmente. A sentença atribuirá igual fração ideal de terreno a cada possuidor, salvo acordo em contrário.

A área formará condomínio especial indivisível, salvo deliberação em contrário de 2/3 dos condôminos, e será administrado conforme deliberação da maioria.

6.4.3. *Acessão – construção – invasão de solo alheio*

O novo Código consagrou a jurisprudência que, por equidade, derrogava o princípio da acessão e considerava principal a edificação, de boa-fé, em pequena parte do solo alheio, de menor valor do que a construção.

Os critérios e soluções são os seguintes: a) construção feita parcialmente em solo próprio; b) invasão de solo alheio não superior à vigésima parte deste; c) construtor de boa-fé; d) valor da construção superior ao da parte invadida; e) indenização da área perdida, acrescida da desvalorização da remanescente (art. 1.258, *caput*).

Se o construtor agiu de má-fé, mas o valor da construção excede consideravelmente o da área invadida e não se pode demolir a parte invasora sem grave prejuízo para a construção, a indenização será o décuplo da prevista no *caput* (parágrafo único do art. 1.258). Se a invasão do solo alheio exceder a vigésima parte deste, mas se o construtor estiver de boa-fé, este adquirirá a parte invadida, pagando o valor da área adquirida, acrescido da desvalorização da área remanescente e mais o valor que a invasão acrescer à construção (art. 1.259, 1ª parte).

Se o construtor estiver de má-fé, nas mesmas circunstâncias *supra*, será obrigado a demolir o que construiu no solo alheio, pagando ainda, em dobro, os danos apurados (art. 1.259, parte final).

6.5. Condomínio edilício ou em edifícios e similares o novo Código regula, nos arts. 1.331 a 1.358, o que se contém no Título I da Lei nº 4.591/64, ficando seus 27 artigos revogados, *ex vi* do art. 2.046, que revogou toda a legislação civil abrangida pelo mesmo ou com ele incompatível

6.6. Propriedade fiduciária

Nos arts. 1.361 a 1.368, o Código regula a propriedade fiduciária resolúvel de coisa infungível, com escopo de garantia.

Essa disciplina revoga o Decreto-Lei nº *911/69, ex vi* do art. 2.046. A alienação fiduciária de coisa imóvel continua regida pela Lei nº 9.514/97, cap. II, arts. 22 e seguintes.

6.7. Propriedade literária, científica e artística

Continua regida por leis especiais, atualmente pela Lei nº 9.610/98 (regula os direitos autorais e a propriedade intelectual).

6.8. Direito de superfície

O novo direito real de superfície derroga o princípio da acessão imobiliária. A construção e a plantação em solo alheio, se contratado esse direito por escritura pública e registro imobiliário, deixam de sofrer a atração do solo para constituírem propriedades imobiliárias autônomas, pelo prazo convencionado, com possibilidade de transferência a terceiro, *inter vivos* ou *causa mortis.* O instituto visa a estimular a construção nova e a plantação em terreno alheio desocupado. Não prevê o desdobramento do conjunto já existente. Veio, inclusive, para substituir a enfiteuse (arts. 1.369 a 1.377).

Similar da superfície, já dispomos da *concessão de uso* de terrenos públicos e particulares e do espaço aéreo sobre os mesmos (Decreto-Lei nº 271/67, arts. 7º e 8º). Mais recentemente, a Lei nº 10.257, de 10.7.2001 – Estatuto da Cidade ou Lei da Reforma Urbana, nos arts. 21 a 24, instituiu a *superfície urbana,* ou o direito de utilizar o solo, o subsolo ou o espaço aéreo do terreno (distinto da propriedade do solo e em caráter real, constituído por escritura pública transcrita no registro imobiliário).

6.9. Direito real de aquisição – direito do promitente-comprador

A promessa de compra e venda de imóveis é regulada no novo Código sob dois aspectos e em lugares diversos: como direito obrigacional, sob o título "Do contrato preliminar", nos arts. 462 a 466 (ver o nº 23 *supra*); e como direito real de aquisição nos arts. 1.417 e 1.418, aqui examinados.

O art. 1.417 conceitua o direito real: a promessa de compra e venda de imóvel sem cláusula de arrependimento, por instrumento público ou particular, inscrita no registro imobiliário, constitui direito real de adquirir o imóvel respectivo.

O art. 1.418 prevê os efeitos: em caso de recusa da escritura definitiva, o promitente-comprador poderá requerer a adjudicação judicial do imóvel. Esse o efeito máximo da promessa inscrita no registro imobiliário, a qual passa a constituir direito real de aquisição. Não só autoriza a adjudicação compulsória como impede qualquer outro compromisso com o imóvel enquanto não extinta a promessa e cancelado o registro público.

Mas continuam prevalecendo os efeitos obrigatórios da promessa não inscrita no registro, com menos potencial de eficácia (entre as partes) mas passível de execução coativa através da ação de outorga de escritura, conforme o art. 464 do mesmo Código, art. 639 do CPC e jurisprudência firmada sobre o tema.

O direito real de aquisição já existia desde o Decreto-Lei nº 58/37, art. 22, e da Lei nº 6.766/79, art. 25.

6.10. Direitos reais suprimidos – enfiteuse ou aforamento

Além de não incluir a enfiteuse entre os direitos reais (art. 1.225), o art. 2.039 determinou: I – fica proibida a constituição de enfiteuses e subenfiteuses; II – as existentes continuam regidas pelo Código de 1916 e leis posteriores, mas com a proibição de cobrança de laudêmio nas transmissões de bem aforado; III – a enfiteuse de terrenos de marinha e acrescidos regula-se por lei especial.

6.11. Direitos reais suprimidos – rendas constituídas sobre imóveis

O Código de 1916 regulou o contrato de constituição de renda (arts. 1.424 a 1.431) e o direito real de renda constituída sobre imóvel (arts. 749 a 754).

Pelo contrato, constitui-se uma renda ou prestação periódica, entregando-se um imóvel a pessoa que se obriga a satisfazê-la.

O imóvel cai no domínio do obrigado à renda. O não pagamento conduz à rescisão do contrato. A renda vinculada a um imóvel constitui direito real, de acordo com os artigos referidos. Ao dono do imóvel gravado incumbe o ônus do pagamento da renda ou gravame, com direito de preferência do credor na execução que recaia sobre o imóvel.

O novo Código suprimiu o direito real sobre imóvel decorrente da constituição de renda. Não figura no art. 1.225. Mas sobreviveu o contrato de constituição de renda nos arts. 803 a 813. Os arts. 804 e 805 dispõem:

I – pode-se entregar bem imóvel à pessoa que se obriga a satisfazer as prestações a favor do credor ou de terceiros;

II – pode o credor exigir que o rendeiro lhe preste garantia real, ou fidejussória.

Logo, a diferença é que, antes, a renda vinculada a um imóvel constituía direito real automático sobre o mesmo; e pelo novo Código a garantia real imobiliária, que será hipoteca, dependerá de acordo das partes e inscrição no registro imobiliário (art. 805).

6.12. Direitos reais de garantia e privilégios creditórios

Dispõe o novo Código:

"Art. 958. Os títulos legais de preferência são os privilégios e os direitos reais.

[...]

Art. 961. O crédito real prefere ao pessoal de qualquer espécie; o crédito pessoal privilegiado, ao simples; e o privilégio especial, ao geral. [...]

Art. 1.422. O credor hipotecário e o pignoratício têm o direito de excutir a coisa hipotecada ou empenhada, e preferir, no pagamento, a outros credores, observada, quanto à hipoteca, a prioridade na inscrição.

Parágrafo único. Excetuam-se da regra estabelecida neste artigo as dívidas que, em virtude de outras leis, devam ser pagas precipuamente a quaisquer outros créditos."

Em nota ao art. 1.560 do Código de 1916, a que corresponde o art. 961 *supra*, Theotonio Negrão conclui: "E o da Fazenda Pública prefere a qualquer outro, inclusive ao crédito real (CTN, art. 186)."

Dispõe o art. 186 do CTN:

"O crédito tributário prefere a qualquer outro, seja qual for a natureza ou o tempo de constituição deste, ressalvados os créditos decorrentes da legislação do trabalho."

6.13. Arrendamento mercantil

O novo Código regulou a propriedade fiduciária resolúvel com escopo de garantia (item 6.6 *supra*), mas não cogitou do arrendamento mercantil, que tem o mesmo escopo de alienação com garantia. Constitui técnica de garantia de uma compra e venda a prestação ou financiada, sob a forma ou aparência e até com efeito de locação, que assim mantém o pleno domínio do vendedor-credor-locador sobre o objeto da compra e venda-locação-financiamento-garantia, a fim de assegurar a eficiente e rápida execução do contrato e recuperação do objeto em caso de inadimplemento. O contrato é de locação com opção de compra pelo preço residual, ao final do contrato ou conforme se estipular, tudo nos termos da lei específica (Lei nº 6.099/74).

A Lei do Inquilinato excluiu expressamente essa locação de seu regime (Lei nº 8.245/91, art. 1°, parágrafo único, *b*). Assim como procedeu relativamente à locação de prédio urbano (art. 2.037) e outros institutos, o Código deixou o *leasing* sujeito à lei especial.

7. DIREITO DE FAMÍLIA

7.1. Conteúdo do Direito de família

O Direito de família, no novo Código, tem o seguinte conteúdo, em quatro títulos:

I – Do direito pessoal;

II – Do direito patrimonial;

III – Da união estável;

IV – Da tutela e da curatela.

O direito pessoal compreende o casamento, sua validade, eficácia ou efeitos e sua dissolução; a proteção aos filhos menores e aos incapazes em caso de separação, divórcio, nulidade do casamento e novas núpcias; o parentesco; a filiação e seu reconhecimento; a adoção; e o poder familiar.

O direito patrimonial compreende os regimes de bens; o usufruto e a administração de bens de filhos menores; os alimentos; e o bem de família.

7.2. Dissolução do casamento pelo divórcio

A atualização do Código, nessa parte, decorre da Emenda Constitucional nº 9/77 e da Lei nº 6.515, de 26.12.77, reiteradas e ampliadas pela Constituição Federal de 1988, art. 226, § 6º. Pelo princípio do art. 2.046, fica revogada a Lei do Divórcio. O Código facilita ainda mais o instituto ao admitir a sua concessão sem que haja prévia partilha dos bens (art. 1.581).

7.3. A união estável como entidade familiar

Reconhecida pela Constituição Federal de 1988 (art. 226, § 3º) e regulamentada pelas Leis nº 8.971/94 e 9.278/96. O conceito do Código é "convivência pública, contínua e duradoura com o objetivo de constituição de família" (art. 1.723), em disposição aberta, sem fixação de prazo, como convém a uma instituição dependente de muitas circunstâncias fáticas. A conversão em casamento só depende de pedido de ambos os conviventes ao juiz e assento no registro civil, mediante habilitação, mas independente de celebração (art. 1.726). A "união estável" entre os impedidos de casar constitui concubinato (art. 1.727), regido pelo direito das obrigações. Não há no Código referência à entidade familiar decorrente da "comunidade formada por qualquer dos pais e seus descendentes" (art. 226, § 4°, CF), porque ninguém jamais pôs dúvida a respeito, como muito bem observou o Ministro Moreira Alves. Melhor andou o Estatuto da Criança ao designá-la "família natural" (art. 25).

7.4. Igualdade de direitos e deveres dos cônjuges na sociedade conjugal

Decorre do art. 226, § 5°; da CF de1988 e se manifesta nos arts. 1.511, 1.517, 1.566 a 1.569, 1.631 e 1.634, principalmente. Como consequência, foi substituído o pátrio poder pelo poder familiar (arts. 1.630 a 1.638).

7.5. Igualdade de direitos e qualificações de todos os filhos, inclusive os adotivos

Consagrada a partir do art. 227, § 6°, da CF e do art. 41 e §§ l° e2° do ECA (Lei n° 8.069/90). O Código a acolhe no art. 1.596. A repercussão maior dessa igualdade foi no direito sucessório.

7.6. Guarda dos filhos menores – critério

O critério para a guarda dos filhos menores passa a ser "a melhor condição do guardião, no interesse do menor" (arts. 1.583 a 1.590). O interesse do menor é decisivo. A melhor condição do guardião é cláusula aberta para decisão do juiz, mas não significa condição econômica e sim em todos os sentidos e aspectos: materiais, morais, afetivos etc.

7.7. Inseminação artificial

O Código reconhece como concebido na constância do casamento o filho havido por fecundação artificial homóloga (art. 1.597, III e IV) e por inseminação artificial heteróloga com prévia autorização do marido (art. 1.597, V).

7.8. Contestação de paternidade pelo marido em qualquer tempo

Tornou-se imprescritível essa ação, ao contrário dos prazos exíguos do Código revogado (art. 1.601). A jurisprudência já vinha flexibilizando as soluções.

7.9. Reconhecimento de paternidade facilitado e irrevogável

Tornou-se irrevogável e facilitado, por várias formas, o reconhecimento de filhos havidos fora do casamento, o que já fora precedido pela denominada Lei da Paternidade Responsável – Lei nº 8.560/92 – e pelo próprio ECA, arts. 26 e 27 (art. 1.609).

7.10. Capacidade matrimonial aos 16 anos para ambos os sexos

A capacidade matrimonial foi fixada em 16 anos para o homem e para a mulher, mas dependente de autorização dos pais ou tutor antes dos 18 anos (art. 1.517). Antes dos 16 anos só se admite o casamento mediante suprimento de idade núbil ou autorização judicial, para evitar imposição ou cumprimento de pena criminal pelo homem ou em caso de gravidez da mulher (art. 1.520).

7.11. Colaterais do 3º grau: proibição de casamento

O Código de 1916 também proibia o casamento de tio com sobrinha (art. 183, IV). O Decreto-Lei nº 3.200/41 chegou a permiti-lo mediante laudo médico liberatório, confirmado pela Lei nº 5.891/73. O novo Código proíbe esse casamento sem abrir exceção (art. 1.521, IV). Ficou revogada a permissão.

7.12. Defloramento da mulher como erro essencial

O art. 219, IV, do Código de 1916, prevê o defloramento da mulher, ignorado pelo marido, como erro essencial sobre a pessoa do cônjuge. O novo Código ignorou essa causa de nulidade do casamento (art. 1.557), permanecendo o erro essencial quanto à identidade, honra e boa fama (art. 1.557, I). Muitos já consideravam que a igualdade constitucional dos cônjuges pusera fim a essa discriminação.

7.13. Adoção

O Código regula a adoção no sentido amplo – normas gerais sobre adoção de menor em situação regular e irregular e de maiores. Prevalecem as leis especiais compatíveis e reguladoras de situações especiais (ECA). Só a pessoa maior de 18 anos pode adotar. Sendo casados ou conviventes, basta um ter 18 anos. Exige-se estabilidade da família. O adotante há de ser pelo menos 16 anos mais velho do que o adotado. A adoção do maior de 18 anos dependerá também de processo judicial e intervenção do Ministério Público (§ do art. 1.623). A adoção deve constituir efetivo benefício para o adotando (art. 1.625). A adoção desliga o adotado de seus pais e parentes consanguíneos, salvo quanto a impedimentos matrimoniais. Pode-se modificar até o prenome do adotado. O novo parentesco se estabelece entre adotante e adotado e também entre o adotante e os descendentes do adotado. Logo, o adotado não se toma irmão dos filhos biológicos do adotante[...] Só há irmão bilateral e unilateral. Não há irmão adotivo. A igualdade constitucional dos filhos não implica em igualdade dos irmãos. Essa é uma das consequências do art. 1.628, parte final. Esses os princípios gerais ou básicos da adoção, os quais derrogam disposições em contrário, prevalecendo outras regras compatíveis, *ex* vi do art. 2.046.

7.14. Alimentos na separação

O cônjuge, mesmo culpado da separação, pode pedir alimentos para sua sobrevivência, se incapaz para o trabalho e não tendo parente em condições de prestá-los. O juiz fixará o indispensável à sobrevivência (§ do art. 1.704).

7.15. Tutela, curatela e hipoteca legal

O Código pôs fim a essa garantia, *ex vi* do § do art. 1.745, c/c os arts. 1.781 e 2.041.

7.16. Uniões homossexuais

Não se admite no Brasil casamento nem união estável homossexual. Seria inconstitucional, em face do art. 226, §§ 3º e 5º. Nessa linha, o art. 1.723 do novo Código.

Até as relações contínuas ou duradouras entre o homem e a mulher impedidos de casar não constituem união estável, mas simples concubinato, regido pelo direito das obrigações (contrato de trabalho subordinado, prestação de serviço, empreitada ou sociedade civil ou comercial – art. 1.727). Com maior razão as uniões homossexuais não encontram agasalho no Direito de família, pelos mesmos fundamentos constitucionais. A própria adoção por duas pessoas há de ser por marido e mulher ou pelos conviventes em união estável (art. 1.622). Logo, as uniões homossexuais seguem as regras dos contratos obrigacionais, inclusive de sociedade com participação nos lucros eventuais, sujeita a dissolução e liquidação amigável ou litigiosa e por morte de um dos sócios ou parceiros. Quanto à herança e alimentos, só mesmo decorrentes de testamento ou de contrato, respectivamente. Nem os conviventes na união estável foram equiparados aos cônjuges pelo novo Código, para efeito sucessório, como já vinha ocorrendo por leis especiais. Só participam na sucessão "quanto aos bens adquiridos na vigência da união estável" (art. 1.790). Já Napoleão Bonaparte dissera que os concubinos driblam a lei (não se casando) e por isso esta os ignora. Daí a tradição de não incluir nos códigos sua proteção. Mas leis especiais certamente o farão.

8. DIREITO DAS SUCESSÕES

8.1. Herança necessária

O cônjuge passou a ser herdeiro necessário, ao lado dos descendentes e dos ascendentes (art. 1.845). Pertence aos herdeiros necessários metade dos bens da herança, constituindo a legitima (art. 1.846). Qualquer herdeiro necessário que sobreviva ao autor da herança, inclusive o cônjuge, poderá exercer esse direito mínimo sobre a herança, do qual só será afastado por indignidade ou por deserdação. É vedada a gravação da legítima com cláusulas de inalienabilidade, impenhorabilidade e incomunicabilidade, salvo justa causa em testamento. É vedada a conversão de bens da legítima em outros. Pode haver sub-rogação com justa causa (art. 1.848).

8.2. Ordem da vocação – A sucessão do cônjuge no Código de 1916 e no novo

Código

Para melhor compreensão da reforma, convém começar pelo regime atual.

O *regime do Código de* 1916

O cônjuge está em terceiro lugar na ordem da vocação, sendo chamado à sucessão na falta de descendentes e de ascendentes do *de cujus* (art. 1.611, *caput*). O cônjuge não é herdeiro necessário, podendo ser afastado da sucessão por disposição testamentária (art. 1.725). Necessários são os descendentes e os ascendentes. Embora o art. 1.725 disponha, de forma ampla, que "para excluir da sucessão o cônjuge ou parentes colaterais, basta que o testador disponha de seu patrimônio, sem os contemplar". Lei posterior veio a derrogá-lo, atribuindo a determinados cônjuges (casados sob regime diverso da comunhão universal de bens) direitos sucessórios especiais, com o caráter impositivo ou de ordem pública. Tais são o usufruto da quarta parte dos bens do cônjuge falecido (concorrendo o sobrevivente com filhos) e o usufruto da metade dos bens (concorrendo com ascendentes do *de cujus* – § 1° do art. 1.611, introduzido pela Lei nº 4.121/62). O cônjuge sobrevivente, casado sob o regime da comunhão universal de bens, terá direito real de habitação sobre o imóvel destinado à residência da família, sendo o único daquela natureza a inventariar (§ 2° do art. 1.611).

O principal efeito do § 1° foi instituir um legado necessário de usufruto em favor do cônjuge sobrevivo casado sob regime diverso da comunhão universal de bens, em concorrência com herdeiros necessários. Disposição testamentária não poderá afastar esse direito do cônjuge, de caráter protetor, assim como não poderá afastar a herança necessária dos descendentes e dos ascendentes. A jurisprudência, em cada caso, tem admitido a compensação ou exclusão do legado *ex lege* de usufruto, diante das vantagens auferidas sob o regime da comunhão parcial (participação nos aquestos), ou mesmo em face de doações que compensem o legado sem a ressalva de poder acumular.

O *regime do novo Código*

Pelo novo Código, o cônjuge passa a herdar em concorrência com os descendentes e com os ascendentes (art. 1.829, I e II).

O cônjuge só herda se, ao tempo da abertura da sucessão, não estava separado judicialmente, nem separado de fato há mais de dois anos, salvo se sem culpa do sobrevivente (art. 1.830).

Em concorrência com descendente, o cônjuge só herda se não era casado com comunhão universal de bens ou com separação obrigatória, ou se, no regime da comunhão parcial, o *de cujus* não deixou bens particulares (art. 1.829). Em concorrência com descendentes, caberá ao cônjuge quinhão igual ao dos que sucederem por cabeça, não sendo inferior à quarta parte se for ascendente dos herdeiros com os quais concorrer (art. 1.832).

Em concorrência com ascendente, o cônjuge herda sem restrições quanto a regime de bens (art. 1.829, II). Concorrendo com ascendente em 1° grau, o cônjuge herda um terço da herança; receberá metade da mesma, se houver um só ascendente ou se for maior *o* grau (art. 1.837). Em falta de descendente e ascendente, o cônjuge herdará tudo (art. 1.838). O cônjuge, qualquer que seja o regime de bens, sem prejuízo da herança, terá direito real de habitação sobre o imóvel residência da família, se for o único residencial existente (art. 1.831).

Os tios herdam após os sobrinhos, esclarece melhor o art. 1.843.

No quarto grau (sobrinho-neto, tio avô e primo) não há distinção: todos participam igualmente.

A fim de atenuar os efeitos da sucessão legítima e atender às exigências especiais de determinadas sucessões, existe a sucessão testamentária, tanto mais agora com a valorização do cônjuge e sua participação em concorrência com descendentes e ascendentes.

A primeira regra é o respeito, pelo testamento, à herança necessária dos descendentes, ascendentes e cônjuge (metade da herança, qualquer deles que sobreviva). Logo, o testador poderá dispor livremente da outra metade em favor de quem necessite mais ou de quem mereça mais.

8.3. União estável – A sucessão do companheiro pelo Direito Civil vigente e pelo novo Código

O regime ainda vigente

O § 3° do art. 226 da Constituição Federal reconheceu a *união estável* entre o homem e a mulher como *entidade familiar*, para efeito de proteção do Estado. A Lei n° 8.971/94 regulou o direito dos companheiros a alimentos e à sucessão. Seu art. 2° reproduz, em relação aos companheiros, o que dispõem o art. 1.611, e seu § 1°, do Código Civil, relativamente aos cônjuges. O parágrafo único do art. 7° da Lei n° 9.278/96, por sua vez, reproduziu, em favor dos companheiros, o § 2° do art. 1.611 do mesmo Código, no tocante ao direito real de habitação. Essas duas leis devem ser harmonizadas no sentido de igualar os direitos do companheiro aos do cônjuge. Nem mais nem menos.

O *regime do novo Código*

Pelo novo Código o(a) companheiro(a) só participa da sucessão do outro "quanto aos bens adquiridos na vigência da união estável" (art. 1.790, *caput).*

Observada a regra *supra*, o companheiro terá direito:

a) se concorrer com filhos comuns – cota igual à do filho;

b) se concorrer com descendente só do falecido – metade do que couber a cada um;

c) se concorrer com outros parentes do *de* cujus – direito a um terço da herança;

d) não havendo parentes sucessíveis (até o quarto grau) – terá direito à herança toda, mas entendida esta com a restrição do *caput* do art. 1.790, pelo que o remanescente será do Município;

e) não havendo cônjuge ou companheiro, nem parente sucessível, a herança se devolve ao Município. É o que dispõe o art. 1.844, lançando dúvida sobre a prevalência da ressalva do art. 1.790, *caput.*

8.4. Sucessão testamentária

I – *Capacidade testamentária ativa*

Foi racionalizada. São incapazes: a) os menores de 16 anos; b) os incapazes civilmente (arts. 3° e 4°, II e III); c) os sem pleno discernimento.

II – *Testamento público*

Basta a leitura, em voz alta, do testamento já lavrado, seguida das assinaturas.

Bastam duas testemunhas. Pode ser manuscrito ou feito mecanicamente pelo tabelião. Em se tratando de analfabeto, surdo ou cego, haverá cautelas especiais (arts. 1.864 a 1.867).

III – *Testamento cerrado*

Pode ser manuscrito ou elaborado por processo mecânico, pelo testador ou por outra pessoa, mas assinado e rubricado pelo testador. Deve ser entregue ao oficial em presença de duas testemunhas. Será lavrado o auto de aprovação pelo oficial, na presença das testemunhas, o qual será lido pelo oficial perante o testador e as testemunhas e em seguida todos o assinarão. Depois de aprovado, cerrado e cosido, o testamento será entregue ao testador.

Morto o testador, o testamento será apresentado ao juiz para abertura, publicação e registro. Ordenará o seu cumprimento, se não encontrar vício externo (arts. 1.868 a 1.875).

IV – *Testamento particular*

1ª etapa: o testamento é redigido (manuscrito ou por processo mecânico), lido, assinado e rubricado pelo testador na presença de três testemunhas que o subscrevam;

2ªetapa: morto o testador, o testamento será apresentado em juízo para confirmação das testemunhas, com citação dos herdeiros legítimos. A critério do juiz, poderá ser confirmado o testamento pelo depoimento de uma das testemunhas apenas, não sendo encontradas as demais. E em circunstâncias excepcionais, mencionadas no instrumento, poderá valer o testamento particular sem testemunha, desde que escrito do próprio punho e assinado pelo testador.

8.5. Cessão de direitos hereditários: direito de preferência

O direito à herança passou a ser considerado indivisível até a partilha, regendo-se pelas normas do condomínio (art. 1.791). Os coerdeiros têm preferência, em igualdade de condições, na cessão a estranho, com direito de adjudicação em 180 dias (arts. 1.794 e 1.795). Essa disposição consagra a jurisprudência do STJ e contraria a do STF, que permitia a cessão sem o direito de preferência, com o apoio de renomados civilistas, que só consideram a herança indivisível para determinados efeitos transitórios.

8.6. Exclusão de herdeiro

Foi ampliado o instituto para compreender também os atentados ao cônjuge, companheiro, ascendente ou descendente do *de cujus* (art. 1.814).

8.7. Fideicomisso – restrição

O Código somente admite o instituto em favor dos não concebidos ao tempo da morte do testador, sob pena de se converter em usufruto o direito do fiduciário (art. 1.952).

9. DISPOSIÇÕES GERAIS E TRANSITÓRIAS

9.1. Os prazos reduzidos neste Código – tratamento

Se já decorrido mais de metade do prazo previsto na lei anterior, ao entrar em vigor este, os prazos serão os da lei anterior (art. 2.029).

9.2. Usucapião: acréscimo de prazo

Até dois anos após a entrada em vigor deste Código, os prazos estabelecidos no parágrafo único do art. 1.238 e no parágrafo único do art. 1.242 serão acrescidos de dois anos, qualquer que seja o tempo transcorrido na vigência do regime anterior (art. 2.030). *Idem,* § 4º do art. 1.228 (art. 2.031).

9.3. Regimes de bens

Os casamentos celebrados na vigência do Código anterior regem-se pelo mesmo (art. 2.040).

9.4. Ordem da vocação

As alterações introduzidas por este Código não se aplicam às sucessões abertas antes de sua vigência (art. 2.042).

9.5. Revogações

O presente Código, ao entrar em vigor, revoga o Código Civil de 1916, a parte primeira do Código Comercial e toda a legislação civil e mercantil abrangida pelo mesmo, ou com ele incompatível, ressalvado o disposto no presente Livro (art. 2.046).

Capítulo III

ADVOGADO E AS INSTITUIÇÕES JURÍDICAS

Sumário: **1.** A missão do advogado, da Ordem e do Instituto. **2.** A formação dos bacharéis: as primeiras Universidades como criação e promoção da Igreja e centros de cultura e formação jurídica à luz do Direito Romano. **3.** O Judiciário como destinatário imediato das instituições jurídicas, com a colaboração dos advogados. **4.** O Direito como objeto das instituições jurídicas. Síntese da sua evolução: da garantia dos direitos individuais à proteção dos direitos sociais. **5.** Síntese da evolução do direito privado e do Código Civil.

1. A MISSÃO DO ADVOGADO, DA ORDEM E DO INSTITUTO DOS ADVOGADOS

O primeiro grande acontecimento jurídico da vida nacional, depois da Constituição Imperial de 1824, foi a criação dos cursos jurídicos em São Paulo e em Olinda, em 11 de agosto de 1827, data que se transformou no "dia do advogado". Em seguida, tivemos a criação do Instituto dos Advogados Brasileiros, por aviso de 7 de agosto de 1843, de sua majestade o Imperador, aprovando os Estatutos, com a seguinte finalidade: "O fim do Instituto é organizar a Ordem dos Advogados, em proveito geral da ciência e da jurisprudência." Seu primeiro presidente foi Francisco Gê Acayaba de Montezuma, donde a fama do Instituto como "Casa de Montezuma". Além da "organização da Ordem dos Advogados", o Instituto teve por objetivo permanente o cultivo, em alto nível, da ciência do Direito. O fim que seria primeiro só veio a ocorrer com o Decreto nº 19.408, de 18 de novembro de 1930, firmado pelo Chefe do Governo Provisório Getúlio Vargas, o qual criou a Ordem dos Advogados do Brasil. A Constituição Federal considera o advogado indispensável à administração da Justiça, sendo inviolável por seus atos e manifestações no exercício da profissão, nos limites da lei (art. 133). Pelo Estatuto vigente (Lei nº 8.906/94), a

Ordem tem por fim "promover, com exclusividade, a representação, a defesa, a seleção e a disciplina dos advogados em toda a República" (art. 44, II) além das relevantes missões de defender a Constituição e as leis, o Estado democrático de direito, os direitos humanos, a justiça social, a rápida administração da Justiça e o aperfeiçoamento da cultura e das instituições jurídicas (art. 44, I). Como o objetivo imediato do Instituto foi a organização da Ordem, esta, além das finalidades institucionais, não poderia deixar de encampar o objeto final e permanente do Instituto: "pugnar pelo aperfeiçoamento da cultura e das instituições jurídicas." Esta a tarefa cultural gigantesca e inesgotável que restou para ambas as entidades.

Compete às faculdades de Direito a formação de bacharéis e professores de Direito (estes na pós-graduação). Cabe à Ordem dos Advogados a seleção e a admissão de bacharéis em seus quadros, como advogados, pelo exame de Ordem, e seu aperfeiçoamento profissional nas Escolas de Advocacia, o mesmo ocorrendo com as Escolas Judiciais de aperfeiçoamento de magistrados e membros do Ministério Público. Aos Institutos dos Advogados compete a admissão, em seus quadros, mediante defesa de teses perante Comissões de Seleção, de juristas ou portadores de cultura e talento especiais, provindos de bacharéis, advogados, magistrados, membros do Ministério Público, procuradores ou defensores públicos. Esses quadros da elite jurídica devem se preocupar com os grandes temas ligados ao Direito como ciência e técnica de convivência social, a exemplo da segurança pública e seus desdobramentos (prevenção e repressão aos crimes, sistema penitenciário, maioridade penal, reforma do Judiciário). Seu objetivo maior é a pós-graduação, congregando juristas de talento e cultura, como aqueles capazes de provocar em Napoleão Bonaparte, diante da proposta de criação da Ordem dos Advogados na França, esta reação: "Enquanto eu tiver uma espada à cinta, não firmarei tal decreto. Lancemos os advogados ao Sena" (conforme passagem referida por Rui Barbosa, em seu magistral discurso de posse no Instituto em 8 de maio de 1911, em que traçou o perfil do advogado, como defensor da lei, da liberdade e da dignidade humana, através da arte de pensar, de escrever e de falar com as armas da independência e da dialética.

O Instituto dos Advogados de Minas Gerais completou 92 anos, criado que foi em 7 de março de 1915. Teve como berço a Faculdade Livre de Direito de Minas Gerais, instalada em 10 de dezembro de 1892 por Afonso Augusto Moreira Pena, seu primeiro Diretor,

Presidente do Estado e da República. Dele saiu o "manifesto dos mineiros" contra a ditadura, provocando a reação de Vargas (tal como Napoleão) que marcou o acontecimento: "Isso é obra de leguleios em férias". Tal como o Instituto nacional, o mineiro teve em seus quadros os mais eminentes e renomados juristas de Minas, a exemplo de seu 1º Presidente e patrono, Francisco Mendes Pimentel, que assim encerrou o seu discurso de posse, citando Zanardelli, chefe da Ordem dos Advogados italianos:

> Sem armas, esta profissão doma a força; sem força, arrosta a violência; sem violência, reduz o fausto e a prepotência à modéstia e ao temor. A pobreza a procura como seu asilo, a riqueza como o seu apoio, a honra como a sua luz, a reputação como a sua égide, a própria vida como meio de conservação. A justiça a venera como um dos instrumentos dos seus oráculos; a eloquência tem-na como filha predileta; a virtude é especialmente o seu motivo e a sua recompensa; a ciência lhe serve de regra e de guia, e a fama amplifica o esplendor dos seus sucessos e da sua glória. Ela comove os indiferentes, conforta os fracos, detém os poderosos; e, se todos a admiram, os juízes a estimam, a protegem e a amam. Enfim, atrair sem constrangimento, conquistar sem império, sucumbir sem opróbrio e triunfar sem vaidade e sem orgulho – aí tendes as suas características; prosperar sem espoliações, acreditar-se sem cabala, elevar-se sem favor, manter-se sem baixeza, envelhecer sem corrupção – eis as suas vantagens; ter alegrias puras, glória sem mácula, reputação sem reticência, mérito sem inveja – nisto a sua felicidade, em tudo isto a sua perfeição.

2. A FORMAÇÃO DOS BACHARÉIS: AS PRIMEIRAS UNIVERSIDADES COMO CRIAÇÃO E PROMOÇÃO DA IGREJA E CENTROS DE CULTURA E FORMAÇÃO JURÍDICA À LUZ DO DIREITO ROMANO

Para abordar este tema, vou me valer dos subsídios do professor Sílvio Meira, catedrático de Direito Romano da Universidade do Pará, em conferência proferida na Universidade Nacional do Chile, na comemoração dos 900 anos da Universidade de Bolonha, na Itália. O conferencista traçou um paralelo entre Irnério, o jurista alemão criador da primeira Universidade de que se tem notícia, ainda no século XI, e Andrés Bello, o jurista autor do projeto do Código Civil chileno e fundador da Universidade do Chile. Fê-lo nestes termos:

> Ambos educadores da juventude de seu tempo, ambos investigadores infatigáveis e infatigados dos segredos da ciência jurídica, ambos propagadores de ideias novas, como sementes; lançadas ao vento, ambos fundadores de Universidade, centros de polarização de atividades educacionais.

Já aqui nos vem a imagem de Dom Antônio dos Santos Cabral, o criador da Faculdade Mineira de Direito – a "escolinha do Bispo," como foi carinhosamente chamada, a semente fértil que, com a adubação fecunda de seus ilustres e dedicados sucessores na Arquidiocese, transformou-se na frondosa árvore que é hoje a Pontifícia Universidade Católica de Minas Gerais. E prossegue o conferencista brasileiro, romanista e historiador do Direito:

> Processou-se uma passagem do sistema de escolas episcopais, conventuais, municipais e privadas para um tipo corporativo de educação, do qual surgiram as *universitates magistrorum et scholarum.* Em Paris e Oxford essa evolução se fez sob a proteção da Igreja, e em Bolonha a transformação se operou de maneira diferente. Enquanto em Paris e Oxford se realizavam os *Studia Generalia* sob a égide da Igreja, em Bolonha nasceu um novo sistema igualitário e democrático, laico, sem ser ateu ou agnóstico. Mas um tipo de ensino puramente técnico do Direito, capaz de atrair e deslumbrar os próprios sacerdotes que o frequentavam.
>
> Por muito tempo se julgou que a escola de Bolonha tivera origem puramente eclesiástica, como seria presumível, dada a enorme influência da Igreja na época. Não se pode afastar, todavia, a influência da Igreja, tanto assim que a graduação ou diplomação dos estudantes se fazia em um *templo* da cidade. As lições de direito civil eram da competência do colégio de doutores, com caráter laico, mas o poder espiritual se fazia presente na diplomação.

Sobre as Universidades como centros acumuladores e propagadores de cultura, prossegue Sílvio Meira:

> Andrés Bello põe em realce o valor das letras e da ciência para o espírito humano, para a felicidade humana, para o gozo da liberdade. Assim como Irnério fora o *lucerna juris* de seu tempo, Andrés Bello foi o fanal de seu mundo chileno.

Destaca ainda o papel a ser desempenhado pelas escolas e corporações educacionais:

> Nesta propagação do saber, as academias, as universidades formam outros tantos depósitos, para os quais tendem constantemente a acumular-se todas as aquisições científicas; e destes centros é que se propagam mais facilmente pelas diferentes classes sociais. Como tal a Universidade será um corpo eminentemente expansivo e propagador.

Sobre Andrés Bello e o ensino do Direito (depois de vinte anos de estudos na Inglaterra e volta ao Chile com sua bagagem jurídica), Sílvio Meira nos dá este testemunho, extraído de suas obras: "À faculdade de leis e ciências políticas se abre o campo mais vasto, o mais susceptível de aplicações úteis." E, sobre o Direito Romano, escreveu:

> Herdeiros da legislação do povo rei, temos que purgá-la das manchas que contraiu sob o influxo maléfico do despotismo, temos que expelir as incoerências que deslustram uma obra para a qual contribuíram tantos séculos, tantos interesses alternativamente dominantes e tantas inspirações contraditórias. Temos que acomodá-la, que restituí-la às instituições republicanas. A Universidade, atrevo-me a dizê-lo, não acolherá a preocupação que condena, como inútil ou pernicioso, o estudo das leis romanas; creio, pelo contrário, que lhe dará um novo estímulo e o assentará sobre bases mais amplas. A Universidade verá, provavelmente, nesse estudo, o melhor aprendizado da lógica jurídica e forense.

E, invocando L'Herminier:

> [...] o Direito Romano não reconhece igual; podem-se disputar alguns de seus princípios, porém seu método, sua lógica, seu sistema científico fizeram-no e o mantêm superior a *to*das as outras legislações; seus textos são a obra-mestra do estilo jurídico; seu método é o da geometria, aplicado, em todo seu rigor, ao pensamento moral.

E concluímos com Sílvio Meira:

> As Institutas de Gaio, encontradas somente em 1816, no manuscrito de Verona, constitui outro passo à frente no entendimento da jurisprudência romana. Puchta se inclui nessa corrente de pesquisadores, até que a ciência alemã deságua na vasta enseada da Pandectística, no século XIX. Windscheid e von Ihering foram grandes sistematizadores da Pandectística alemã, que culminou com o Código Civil de 1896. Todos foram herdeiros espirituais de Bolonha.

Assim como o foram, acrescentamos nós, Teixeira de Freitas, Clóvis Beviláqua, Orosimbo Nonato, Caio Mário, Orlando Gomes, Moreira Alves e tantos outros, inclusive aquele romanista das Minas Gerais, que *veio* a ser o nosso saudoso amigo, mestre e paraninfo há 50 anos, prof. Antônio Augusto de Mello Cançado, que também opinou, como romanista emérito, nestes termos: "A atualidade maior do *Corpus Juris Civilis,* de Justiniano Magno, está na preocupação de tudo realizar em prol da Justiça! Há o belo propósito de elevar o tônus moral e intelectual da pessoa humana, para quem todo o Direito, afinal, foi feito como está escrito nas Institutas e no Digesto *(Omne jus hominum causa)".* Nosso preito de gratidão e saudade ao grande mestre e humanista. Também homenageamos os colegas ausentes, na pessoa de José Arthur de Carvalho Pereira, que conquistou a Presidência do Judiciário mineiro com a sua cultura, com o seu talento e a sua magnanimidade.

3. O JUDICIÁRIO COMO DESTINATÁRIO IMEDIATO DAS INSTITUIÇÕES JURÍDICAS, COM A COLABORAÇÃO DOS ADVOGADOS

Conquanto sejam o homem e o povo, como fontes de dignidade e soberania, os destinatários finais das Instituições jurídicas, não se pode deixar de reconhecer o Judiciário como destinatário imediato. O Legislativo e o Executivo, sendo fontes do direito positivo, subordinam-se, em última análise, ao Judiciário, ao qual compete, como um todo e em termos amplos: a) a guarda da Constituição; b) o controle da constitucionalidade das leis e dos atos normativos; c) o julgamento das causas submetidas à sua apreciação, observadas as respectivas competências.

A Constituição e as leis vigentes são aquelas que o Judiciário interpreta, reconhece e proclama como tais. Nessa magna função se inclui o advogado que, além de constituir pré-requisito dos juízes, é indispensável à administração da Justiça por definição constitucional. A jurisprudência encerra, em seu conteúdo, expressiva contribuição da doutrina e do trabalho dos advogados, os primeiros a interpretar as leis e atuar preventivamente na sua aplicação, bem como a fundamentar e propor as demandas, tantas vezes fazendo mudar os rumos dos julgamentos com sua cultura, sua dialética e seu talento. Honremos os juízes e suas funções essenciais.

4. O DIREITO COMO OBJETO DAS INSTITUIÇÕES JURÍDICAS – SÍNTESE DA SUA EVOLUÇÃO: DA GARANTIA DOS DIREITOS INDIVIDUAIS À PROTEÇÃO DOS DIREITOS SOCIAIS

As primeiras Declarações de direitos e as primeiras Constituições só se preocuparam com os direitos e garantias *individuais,* sobretudo a liberdade e a propriedade. Tancredo Neves sintetizou esse ideal dos Inconfidentes: "O primeiro compromisso de Minas é com a liberdade." A Carta Magna, outorgada aos ingleses pelo rei João sem Terra, em 1215, já assegurava: "Ninguém poderá ser detido, preso nem despojado de seus bens, costumes e liberdades, senão em virtude do julgamento de seus pares, segundo as leis do país" (art. 48). A Declaração de Virgínia, de 1776, na grande nação norte-americana, já avançou no conceito, proclamando: "Todos os homens possuem *direitos próprios,* dos quais não podem ser privados nem despojados ao ingressar na sociedade: o gozo da vida e da liberdade, com os meios de adquirir e possuir a propriedade e de perseguir e obter a felicidade e segurança. Todo poder emana do povo, do qual os magistrados são comissários e servidores". Condenou a má administração pública e os privilégios. Defendeu a separação de poderes, a temporariedade dos mandatos e eleições livres pela comunidade. A Declaração dos Direitos do Homem e do Cidadão, de 1789, produto imediato da Revolução francesa do mesmo ano – fatos históricos de grande repercussão em todo o mundo – veio proclamar que os homens nascem e permanecem livres e iguais em direitos e que o Estado tem por objetivo assegurar a liberdade, a segurança, a propriedade e a resistência à opressão, como direitos naturais do homem. Até aqui não haviam sido reconhecidos os direitos sociais. A Questão Social, que gerou esses direitos, teve como causas principais a invenção da máquina a vapor e elétrica, a revolução industrial, o urbanismo e a exploração das classes trabalhadoras, exacerbadas pelas consequências da Guerra de 1914-1918. Dois fatos se destacaram na defesa dos direitos sociais: a adesão da Igreja, através da *encíclica Rerum Novarum,* do Papa Leão XIII, em 1891, e o Tratado de Versailles, em 1919, que criou a Organização Internacional do Trabalho (OIT) e reconheceu: "O bem-estar físico, moral e intelectual dos trabalhadores assalariados é de essencial importância do ponto de vista internacional". Um professor da Faculdade de Ciências Médicas de Buenos Aires escreveu:

> Mais sofre o homem por causas econômicas do que pelos micróbios; a fome, a miséria e o desespero matam e anulam mais crianças e adultos do que todas as causas físicas, químicas e biológicas que têm sido até agora a preferência da higiene. O ar, a luz, o solo e os micróbios passam a segundo plano em sua luta pela destruição dos fatores humanos, frente às necessidades incruentas que um sistema social impõe ao maior número. Garantir o infortúnio é um sistema de vacinação econômica de alcances médicos não inferiores à vacinação antivariólica.

Somente no início do século XX, após a primeira Guerra e sob as influências dos fatos citados, foram inseridos nas Constituições os direitos sociais, de forma clara e plena. A iniciativa coube ao México, em 1917, seguido pela Alemanha, na Constituição de Weimar (1919), com maior repercussão e um "vasto e pormenorizado programa político-social." Nessa linha, tivemos a Constituição brasileira de 1934, determinando a proteção social do trabalhador urbano e rural, através de lei, com observância dos preceitos básicos que especificou, desde as garantias mínimas trabalhistas e assistenciais à instituição da previdência social e à criação da Justiça do Trabalho, com capítulos especiais sobre a família, a educação e a cultura.

Mas o grande avanço está hoje na Constituição cidadã de 1988, com capítulo sobre os *direitos sociais* (arts. 6° ao 11°), e com título próprio sobre a Ordem Social, regulando a seguridade, a saúde, a previdência e a assistência social, a educação, a cultura e o desporto, a ciência e a tecnologia, a comunicação social, o meio ambiente, a família, a criança, o adolescente, o idoso, o consumidor e os índios. O art. 6° considera ainda como direitos sociais o trabalho, a moradia, o lazer, a segurança, a proteção à maternidade e à infância e a assistência aos desamparados.

Pode-se concluir que a essência da dignidade humana e a paz social se extraem da harmonia e do equilíbrio efetivo entre os direitos individuais básicos (art. 5°) e os direitos sociais referidos, assegurados pela Constituição.

O Estado Social moderno depende não só do desenvolvimento econômico, como fonte de recursos, mas também do combate sem trégua aos fatores que desviam esses recursos. Exige-se a justa distribuição das vantagens e encargos da organização política e administrativa do Estado, em função dos méritos e carências dos cidadãos. Convém a flexibilização dos conceitos de ato jurídico perfeito, direito adquirido e coisa julgada, em atenção aos princípios do enriquecimento sem causa e da equidade. A corrupção e a violência estão a exigir reformas administrativa e penal, a fim de permitir a atuação do novo direito social, a exemplo do Simpósio que acabou de se realizar neste auditório. Com medidas eficientes e estratégicas, poderemos vir a ser uma república do povo e para o povo brasileiro. O Brasil não tem vulcões, nem terremotos, nem tufões, furacões e outras catástrofes naturais. Haveremos de sobreviver à violência, à corrupção e à impunidade.

5. SÍNTESE DA EVOLUÇÃO DO DIREITO PRIVADO E DO CÓDIGO CIVIL

O novo Código Civil brasileiro consagrou a socialização do Direito Privado, a maior personalização ou despatrimonialização dos direitos subjetivos e novas técnicas ou métodos de codificação e interpretação. A socialização procedeu das revoluções industrial, tecnológica e socialista, bem como da consagração dos direitos sociais nas Constituições do século XX, em consequência das teses publicistas de René Savatier, Leon Duguit e outros renomados juristas. A personalização veio com a Constituição cidadã de 1988 e com as leis especiais e estatutos que destacaram os direitos da personalidade, da família, do consumidor e de outros vulneráveis, em oposição aos códigos patrimonialistas do século XIX. A nova técnica de codificação decorreu não só da mudança qualitativa, como da quantitativa do Código, que não comportou mais a plenitude do Direito Privado. Passou a ser a síntese ou sistema medular desse direito. Predomina hoje a nova concepção de Código Civil como núcleo, essência ou centro de gravidade, contendo as diretrizes, a estrutura, o esqueleto ou suporte básico e o próprio espírito do Direito Privado. Em sua nova missão e evolução, adotou a técnica de disciplina por meio de cláusulas gerais ou princípios jurídicos, a exemplo da função social da propriedade, do contrato, da família e da própria pessoa, da boa-fé objetiva de comportamento, do contrato como instrumento de equilíbrio das prestações recíprocas e realização da justiça, vedado o enriquecimento em prejuízo da outra parte, o abuso de direito, a lesão e a onerosidade excessiva; o conceito plural de família, a igualdade dos cônjuges, dos companheiros e dos filhos de qualquer condição, o interesse maior destes na guarda, na tutela e na adoção; a indenização do dano moral puro; valores do sentimento, da afetividade e da dignidade; a igualdade real como meta. A filiação passou por três fases ou etapas: a filiação legítima ou presumida do Código anterior, a filiação biológica ou meramente científica e probatória moderna e a filiação socioafetiva atual e futura, cultural ou finalística. Esta última é que abriga a verdade real ou psicossocial afetiva. Filiação sem cultura, sem convivência e assistência, sem afeto e amor é como casamento formal, legal ou registral sem união estável. A socioafetividade é tão substancial à filiação que a adoção ou filiação civil ou construída tem nela seu fundamento, suporte e objetivo máximo.

Finalmente, o novo Código abriu espaço ao intérprete, que deve se identificar com os novos rumos da hermenêutica. A interpretação lógica cedeu espaço aos métodos científicos e evolutivos, inclusive o dialético, que parte da dúvida metódica de Descartes, da síntese ou fusão dos contrários de Hegel e da exacerbação da controvérsia de Carnelluti na busca da verdade. Com efeito, segundo François Perroux *(A coexistência pacífica),* as instituições e as leis vigentes não passam de tréguas, armistícios, transações ou acordos transitórios nas lutas sociais, entre adversários que se renovam para novos confrontos na conquista de espaços e direitos, como já pontificara Ihering em sua monumental *A luta pelo direito.*

ANEXO

JURISPRUDÊNCIA SOBRE HERMENÊUTICA

SUMÁRIO DA JURISPRUDÊNCIA SOBRE HERMENÊUTICA

HERMENÊUTICA – REGRAS GERAIS

1. Interpretação sistemática. A unidade orgânica e os princípios informativos das normas.
2. Interpretação teleológica ou finalística, construtiva e valorativa. Os fins sociais da lei e as exigências do bem comum (art. 5º, LICC).
3. Interpretação evolutiva. As transformações sociais.
4. Interpretação estrita, restritiva e não extensiva. Exceções, punições, privilégios, limitações de direitos, prescrições de ordem pública e atos benéficos.
5. Contradições e antinomias aparentes da lei: serão hipóteses diferentes ou serão regra e exceção.
6. Onde a lei não distingue não cabe ao intérprete distinguir.
7. Os objetivos e os limites da interpretação.
8. Interpretação razoável não constitui violação de literal disposição de lei.
9. Interpretação dos atos segundo a boa-fé de comportamento.

PROCESSO CIVIL

10. O processo, como instrumento de realização da justiça, pode superar o formalismo.
11. Prova. Gravação de conversa telefônica e interceptação ou escuta de conversa alheia: distinção e efeitos. Escuta telefônica por ordem judicial. Relatividade do preceito constitucional. Substrato ético na busca de valores maiores.
12. Bem de família: ampliação do conceito. Teclado musical e linha telefônica. Interpretação teleológica, construtiva e valorativa. Impenhorabilidade.
13. Bem de família. O fiador que paga se sub-roga no direito do credor à penhorabilidade. Analogia de situações (*ubi eadem ratio...*).
14. Reexame (Súmula nº 7 do STJ) e revalorização da prova. *Error juris* e *error facti*.

15. Competência não se presume: é indisponível e típica.

16. Ação monitória contra a Fazenda. Possibilidade. Não cabe ao intérprete distinguir.

17. Cobrança de serviços. Prova testemunhal exclusiva. Interpretação evolutiva do CPC.

18. Ação rescisória de sentença. Interpretação razoável não viola a lei e permite a sua evolução e sobrevivência.

19. Juizado Especial Cível. Opção do autor. A lei permite o que não proíbe expressamente.

20. Ação de depósito. Alienação fiduciária em garantia. Prisão civil por dívida. Possibilidade. Cumprimento do pactuado e defesa do crédito e do mercado de capitais. Votos divergentes.

21. Competência. Arrendamento mercantil. Cláusula de eleição de foro. Domicílio do réu ou local do pagamento das prestações. Proteção ao consumidor. Contrato de adesão.

CONTRATOS

22. O equilíbrio contratual e a proteção ao consumidor. Contratos de adesão. Cláusulas abusivas, obscuras, ambíguas e contraditórias.

23. Alienação fiduciária. Ação de depósito. Prisão civil por dívida. Possibilidade. Cumprimento do pactuado e defesa do crédito e do mercado de capitais.

24. Fiança. Natureza benéfica do contrato. Interpretação restrita.

25. Fiança. Carta posterior ao contrato, divergente ou com ressalva. Novação. Interpretação restrita.

26. Fiança locatícia na interpretação do STJ e do TACSP.

27. Fiança locatícia. Nosso parecer contrário à tese *supra* do colendo STJ.

28. Arrendamento mercantil. Competência. Cláusula de eleição de foro. Domicílio do réu ou local do pagamento das prestações. Proteção ao consumidor.

29. Contrato de mútuo hipotecário (SFH). Transferência do contrato a terceiro, com sub-rogação de direitos e obrigações. Consentimento tácito do credor. Boa-fé do cessionário. Eficácia.

RESPONSABILIDADE CIVIL

30. A responsabilidade objetiva constitui exceção em nosso direito e deve ser interpretada restritivamente. A culpa da vítima exclui a responsabilidade.

31. Dano moral. Protesto de duplicata já paga. Existência de outros protestos. Condenação em valor simbólico

32. Dano moral a pessoa jurídica. Possibilidade. Desnecessária a demonstração de prejuízo patrimonial.

33. Dano moral. Arbitramento da indenização pelo juiz. Critério. Controle pelo STJ.

34. Morte de filho menor. Indenização. Termos inicial e final. *Quantum*. Orientação do STJ.

35. Responsabilidade civil por acidente do trabalho. A quitação de encargos trabalhistas perante a Justiça do Trabalho não prejudica o acidentado. Interpretação restritiva.

36. Acidente aéreo. Indenização tarifada como regra e responsabilidade civil comum em caso de dolo, dolo eventual ou culpa grave. A Convenção de Varsóvia e o Código Brasileiro de Aeronáutica.

37. Transporte por simples cortesia. A responsabilidade exige o dolo ou a culpa grave como requisito. O estado de necessidade exclui a responsabilidade.

38. Acidente de trânsito. Homicídio culposo. Menor sem habilitação para dirigir. Responsabilidade do pai por ação ou omissão. Co-autoria.

DIREITO DE FAMÍLIA

39. Negatória de paternidade. Presunção legal e verdade real. As novas teses jurídicas e seu acolhimento pela jurisprudência.

40. Negatória de paternidade. Prova científica. A verdade real diante das ficções legais. Precedentes do STJ.

41. Negatória de paternidade. Prova científica posterior à coisa julgada. O respeito maior à *res judicata* (STJ).

42. Companheira e concubina: distinção. Capacidade da primeira para receber legado. Interpretação construtiva, teleológica e evolutiva já antes da Constituição vigente.

43. Poder familiar: destituição. O superior interesse da criança e do adolescente. Interpretação teleológica e valorativa consagrada pelo novo Código Civil.

44. Investigação de paternidade. Lei nº 8.560/92. Registros anteriores. Legitimação do Ministério Público. Exegese construtiva e teleológica.

45. União estável. Dissolução. Direito à meação dos bens adquiridos onerosamente durante a sociedade de fato, exceto os adquiridos por doação, herança ou sub-rogação dos existentes antes da união.

46. Impugnação da paternidade pelo filho reconhecido. Prazo de quatro anos a contar da maioridade, sob pena de decadência, no regime anterior.

DIREITO ECONÔMICO E MONETÁRIO

47. Correção monetária. Plano Verão. Exegese conforme os princípios gerais de direito (art. 4º, LICC). Enriquecimento sem causa.

48. Correção monetária. Mútuo rural. Incidência. Evolução dos fatos econômicos. A correção como imperativo econômico, jurídico e ético indispensável à justa composição dos danos e ao fiel adimplemento das obrigações. Construção doutrinária e pretoriana. Súmula 16 do STJ.

49. Correção monetária. Plano Collor. Marco temporal de sua incidência. Princípio da legalidade estrita.

OBRIGAÇÃO E DIREITO REAL

50. Direito real de garantia e privilégio creditório: distinção e efeitos na falência e no concurso de credores.

HERMENÊUTICA – REGRAS GERAIS

1. Interpretação sistemática. A unidade orgânica e os princípios informativos das normas

STJ

"Processo civil. Execução para entrega de coisa. Mercadoria fungível. Sacas de soja. Título extrajudicial. Arts. 585, II e 621, CPC.

HERMENÊUTICA. INTERPRETAÇÃO SISTEMÁTICA.

I – Admissível que a execução para entrega de coisa fungível, submetida à disciplina prevista nos arts. 621 *usque* 628 do Estatuto Processual, seja fundada em título executivo extrajudicial (art. 585, II, do mesmo diploma).

II – Sem embargo das respeitáveis posições em contrário, tenho que a interpretação sistemática conferida pelo aresto recorrido ao art. 621, em face da regra do art. 585, II, é a que melhor reflete os princípios norteadores da hermenêutica, além de apresentar-se mais razoável, guardando coerência com a atual tendência evolutiva do direito processual, sob cuja inspiração foram elaborados os projetos de reforma do Estatuto instrumental encaminhados ao Congresso Nacional, alguns deles hoje já integrados a nossa ordem legal.

III – Segundo assinalado por Carlos Maximiliano em sua admirável *Hermenêutica e Aplicação do Direito*, citando o *Digesto* de Celso, "não se encontra um princípio isolado em ciência alguma; acha-se cada um em conexão íntima com os outros. O direito objetivo não é um conglomerado caótico de preceitos; constitui vasta unidade, organismo regular, sistema, conjunto harmônico de normas coordenadas, em interdependência metódica, embora fixada cada uma no seu lugar próprio" (REsp. nº 52.052 – RS, *in DJU* de 19.12.1994).

"A interpretação de uma norma, muito embora parta inicialmente do critério literal, reclama outros métodos de exegese, entre os quais o lógico-sistemático, haja vista que as normas jurídicas não existem isoladamente, mas em conexão com as demais que formam o ordenamento jurídico e, sobretudo, com os princípios que o informam" (REsp. nº 2.003 – RJ, *in DJU* de 09.10.1990).

"A lei, que deve ser entendida em termos hábeis e inteligentes, deve igualmente merecer do julgador interpretação sistemática e fundada na lógica do razoável, pena de prestigiar-se, em alguns casos, o absurdo jurídico" (REsp. nº 13.416 – RJ, *in DJU* de 13.04.1992).

"A interpretação das leis é obra de raciocínio mas também de sabedoria e bom senso, não podendo o julgador ater-se exclusivamente aos vocábulos mas, sim, aplicar os princípios que informam as normas positivas" (REsp. nº 3.836 – MG, *in DJU* de 18.03.1991).

2. Interpretação teleológica ou finalística, construtiva e valorativa. Os fins sociais da lei e as exigências do bem comum (art. 5º da LICC)

STJ

"Processual civil. Lei 8.009/90. Bem de Família. Hermenêutica. *Freezer*, Máquina de lavar e secar roupas e microondas. Impenhorabilidade. Teclado musical. Escopos político e social do processo. Hermenêutica. Precedentes. Recurso provido.

> I – Não obstante noticiem os autos não ser ele utilizado como atividade profissional, mas apenas como instrumento de aprendizagem de uma das filhas do executado, parece-me mais razoável que, em uma sociedade marcadamente violenta como a atual, seja valorizada a conduta dos que se dedicam aos instrumentos musicais, sobretudo quando sem o objetivo de lucro, por tudo que a música representa, notadamente em um lar e na formação dos filhos, a dispensar maiores considerações. Ademais, não seria um mero teclado musical que iria contribuir para o equilíbrio das finanças de um banco. O processo, como cediço, não tem escopo apenas jurídico, mas também político (no seu sentido mais alto) e social.
>
> II – A Lei nº 8.009/90, ao dispor que são impenhoráveis os equipamentos que guarnecem a residência, inclusive móveis, não abarca tão-somente os indispensáveis à moradia, mas também aqueles que usualmente a integram e que não se qualificam como objetos de luxo ou adorno.
>
> III – Ao juiz, em sua função de intérprete e aplicador da lei, em atenção aos fins sociais a que ela se dirige e às exigências do bem comum, como admiravelmente adverte o art. 5º, LICC, incumbe dar exegese construtiva e valorativa, que se afeiçoe aos seus fins teleológicos, sabido que ela deve refletir não só os valores que a inspiraram mas também as transformações culturais e sócio-políticas da sociedade a que se destina" (REsp. nº 218.882 – SP, *in DJU* de 25.10.1999).

"O *due process of law* reclama observância do sistema legal, não podendo o Judiciário tomar liberdades inadmissíveis com este, sem embargo da imprescindibilidade do julgador dar às normas exegese teleológica e construtiva, fundada na lógica do razoável" (AgRg/EREsp. nº 1.747-PR, *in DJU* de 09.10.1990).

"Direito de família e processual civil. Lei 8.560/1992. Investigação de paternidade. Registros anteriores à edição da Lei. Legitimidade ativa do MP. Precedente. Hermenêutica. Recurso provido.

I – O MP detém legitimidade para propor ação de investigação de paternidade, nos termos do art. 2º da Lei 8.560/1992, ainda que o registro de nascimento tenha sido lavrado anteriormente à edição da Lei.

II – Nesses casos, a propositura da ação independe do prévio procedimento de averiguação oficiosa instituído pelo art. 2º da referida Lei.

III – Na interpretação da Lei 8.560/1992, de duvidosa qualidade, impende dar exegese construtiva e teleológica, sob o amparo do art. 5º da Lei de Introdução" (REsp. nº 73805 – MG, *in DJU* de 12.05.1997).

"Administrativo. Estrangeiro. Lei 7.685, de 02.12.88. Registro provisório.

1. O estrangeiro com domicílio no Brasil antes da vigência da Lei 7.685, de 02.12.1988, porém, de forma irregular, tem direito a registro provisório. Sem influência o fato de o mesmo ter saído e voltado como turista.

2. Interpretação da norma com inspiração voltada para a sua finalidade" (REsp. nº 278233 – PR, *in DJU* de 11.06.2001).

"Contrato administrativo. Multa. Mora na prestação dos serviços. Redução. Inocorrência de invasão de competência administrativa pelo Judiciário. Interpretação finalística da lei. Aplicação supletiva da legislação civil. Princípio da razoabilidade.

1. Na hermenêutica jurídica, o aplicador do direito deve se ater ao seu aspecto finalístico para saber o verdadeiro sentido e alcance da norma.

2. Os Atos Administrativos devem atender à sua finalidade, o que importa no dever de o Poder Judiciário estar sempre atento aos excessos da Administração, o que não implica invasão de sua esfera de competência.

3. O art. 86 da Lei 8.666/93 impõe multa administrativa pela mora no adimplemento do serviço contratado por meio de certame licitatório, o que não autoriza sua fixação em percentual exorbitante que importe locupletamento ilícito dos órgãos públicos.

4. Possibilidade de aplicação supletiva das normas de direito privado aos contratos administrativos (art. 54 da Lei de Licitações).

5. Princípio da razoabilidade" (REsp. nº 330677 – RS, *in DJU* de 04.02.2002).

"Direito econômico. Alongamento de dívida originária de crédito rural. Instituição financeira. Obrigatoriedade. Hermenêutica.

– É obrigatória para a instituição financeira o alongamento da dívida originária de crédito rural, presentes os requisitos legais.

– Na interpretação de uma norma deve-se observar a realidade social que a circunda e as razões que levaram à sua elaboração" (REsp. nº 311384 – GO, *in DJU* de 25.06.2001).

3. Interpretação evolutiva. As transformações sociais

STJ

"A jurisprudência, mesmo quando embasada em reiterados julgados, refletida em antigos pronunciamentos, deve evoluir para adaptar-se à multifária riqueza da vida, em seus variados aspectos e circunstâncias, sob pena de agasalhar a injustiça e ferir elementares princípios de direito" (REsp. nº 4296 – RS, *in DJU* de 23.09.1991).

"Processual civil. Execução fiscal. Adiantamento de despesas para o Oficial de Justiça ou para o Perito. Art. 27, CPC.

> 1. Se a interpretação por critérios tradicionais conduzir à injustiça, incoerência ou contradição, recomenda-se buscar o sentido equitativo, lógico e acorde com o sentimento geral.
>
> 2. Custas e emolumentos, quanto à natureza jurídica, não se confundem com despesas para o custeio de atos decorrentes de caminhamento processual.
>
> 3. O Oficial de Justiça ou Perito não estão obrigados a arcar, em favor da Fazenda Pública, com as despesas necessárias para a execução de atos judiciais"(REsp. nº 154682 – SP, *in DJU* de 02.03.1998).

"O imóvel é um bem suscetível de transação comercial, pelo que se insere no conceito de mercadoria.

> – Não se sustém, *data venia*, nos dias que correm, a interpretação literal do disposto no artigo 191 do Código Comercial e do artigo 19, § 1º do Regulamento 737. Em épocas de antanho, os imóveis não constituíam objeto de ato de comércio. Atualmente, tal não se dá, por força das Leis 4.068/62 e 4.591/64.
>
> – Preliminar rejeitada.
>
> – Embargos de Divergência recebidos. Decisão por maioria de votos" (EREsp. nº 166366 – PE, *in DJU* de 12.08.2002).

TJRS e STJ

"Interpretação evolutiva do art. 401 do CPC tem admitido que o objeto de contrato de prestação de serviço informal, ou seja, o serviço efetivamente prestado, bem como as obrigações e efeitos decorrentes, podem ser comprovados através de prova exclusivamente testemunhal. Precedentes do STJ. Não há inépcia na inicial quando os fatos descritos em dita peça vestibular permitam o contraditório e o exercício de defesa, mesmo não comportando todas as circunstâncias factuais, as quais poderão ser desenvolvidas na instrução. Agravo de instrumento desprovido" (Agravo de instrumento nº 70006023535, 18ª CC, TJRS, julgado em 08.05.2003).

4. Interpretação estrita, restritiva e não-extensiva. Exceções, punições, privilégios, limitações de direitos, prescrições de ordem pública e atos benéficos

STJ

Processual civil. Vista dos autos. Segredo de Justiça. Estagiário não inscrito na OAB. Impossibilidade. Exegese do art. 154 do CPC c/c os arts. 1º e 3º, § 2º, da Lei nº 8.906/94.

"Frente à redação dos dispositivos legais referidos, inexiste qualquer dúvida acerca da impossibilidade de se conceder vista dos autos, protegidos pelo segredo de justiça, a estagiário não inscrito na OAB, porque tal se revela em atividade inerente ao exercício da advocacia, não podendo ser provocada por quem não satisfaz a condição prevista no art. 3º, § 2º, do Estatuto do Advogado. Demais disso, a ciência hermenêutica não socorre o recorrente, quanto à alegativa de que a expressão "procuradores"do art. 155 do Código de Processo Civil deva ser interpretada amplamente, de forma a abranger todo e qualquer estagiário substabelecido no processo. As prescrições de ordem pública, quando ordenadoras ou vedantes, visam a proteger o interesse da coletividade, motivo por que se sujeitam à interpretação estrita, impossibilitada, assim, a extensiva e o aplicar da analogia" (ROMS nº 14697-SP, *in DJU* de 16.12.2002).

TASP

"Lei excepcional. Limitação de direitos. Interpretação restritiva.

Não se pode dar a uma lei excepcional maior extensão do que já possui: se restritiva de direitos, restritivamente deve ser interpretada" (Ap. s/ Rev. nº 328978, j. 09.03.1993, *in JTA* (*Lex*) 143/387).

TJRS

"Ementa: Apelação. Intempestividade.

> 1. Como a tempestividade é pressuposto recursal objetivo, que foi flagrantemente desatendido, não é possível conhecer do recurso de apelação, eis que interposto após ultrapassado o prazo estabelecido na lei. A intempestividade constitui, pois, óbice legal intransponível ao exame da pretensão recursal.
>
> 2. O prazo dobrado é destinado à Defensoria Pública e não a todos os serviços de assistência judiciária. A contagem do prazo privilegiado constitui exceção dentro do ordenamento jurídico, consistindo regra elementar de hermenêutica que as exceções não comportam interpretação extensiva. Recurso não conhecido, por maioria" (Apelação cível nº 70005332549, 7ª CC, TJRS, j. em 18.12.2002).

"Ementa: seguro de vida em grupo. Prescrição. Terceiro beneficiário. Art. 178, § 6º, II, do Código Civil. Consoante já assentou o Superior Tribunal de Justiça, não se tratando de ação movida pelo segurado contra a seguradora, mas sim de feito ajuizado pela beneficiária do segurado, não incide o prazo prescricional de um ano previsto no inciso II, do § 6º, do art. 178 do CC/1916. Isto porque não há disposição expressa a respeito do encobrimento da eficácia na relação entre o segurador e o beneficiário do seguro. E conforme orienta princípio basilar da boa hermenêutica, as regras jurídicas que limitam direitos não comportam interpretação ampliativa. Apelação provida. Sentença desconstituída" (Apelação cível nº 70004654885, 2ª CEC, TJRS, julgado em 15.05.2003).

5. Contradições e antinomias aparentes da lei: serão hipóteses diferentes ou serão regra e exceção?

TJRS

"Ementa: Apelação cível. Reexame necessário. Ação ordinária. Servidor municipal. Professor. Diretor de Escola. Função gratificada. Incorporação. Lei. Antinomia aparente. A antinomia entre dispositivos de lei é aparente e ocorre por insuficiência do intérprete. No sistema do Direito não há antinomias, pois as aparentes contradições legais são solvidas por técnicas ofertadas pela ciência jurídica e pela hermenêutica. Se a lei em um dispositivo estabelece que a gratificação em nenhuma hipótese e para nenhum fim incorpora-se ao vencimento e, noutro dispositivo, estabelece que a gratificação se incorpora ao vencimento com o exercício ininterrrupto por cinco anos ou por dez anos intercalados, então impõe-se entender que a incorporação jamais ocorre, exceto na precisa hipótese do exercício contínuo por cinco anos ou por dez anos intercalados. Provado o exercício contínuo da função por cinco anos, a incorporação é de rigor. Apelo improvido. Sentença confirmada em reexame" (Apelação e reexame necessário nº 70002091734, 1ª CEC, TJRS, julgada em 24.04.2002).

6. Onde a lei não distingue não cabe ao intérprete distinguir

STJ

"Processual civil. Ajuizamento de ação monitória contra a Fazenda Pública. Possibilidade. Art. 1.102 A, B e C e parágrafos do CPC.

> 1. A norma que introduziu a ação monitória no Código Processual Civil (art. 1.102 a, "b" e "c", e parágrafos) revelou-se absolutamente omissa quanto à possibilidade de ser utilizada frente à Fazenda Pública, ou por ela. Pelo fato do regime brasileiro de execução contra o Estado possuir características especiais, conferindo-lhe privilégios materiais e processuais que são indiscutíveis, evidencia-se, inobstante tais peculiaridades, que os preceitos legais instituidores do procedimento monitório não comportam uma leitura isolada, necessitando que sejam cotejados com os demais comandos do nosso ordenamento jurídico, a fim de que se torne viável a aplicação do mesmo em face dos entes públicos.

2. Não havendo óbice legal expresso contra a sua utilização perante a Fazenda, não cabe ao intérprete fazê-lo, face ao entendimento de que é regra de hermenêutica jurídica, consagrada na doutrina e na jurisprudência, a assertiva de que ao intérprete não cabe distinguir quando a norma não o fez, sendo inconcebível interpretação restritiva na hipótese" (REsp. nº 281483-RJ, *in DJU* de 07.10.2002).

7. Os objetivos e os limites da interpretação

STJ

"Direito Processual Civil. Preclusão. Coisa julgada formal. Lei nº 8.009/1990. Decisão anterior irrecorrida. Impossibilidade de reexaminar-se a espécie. Hermenêutica. Recurso desacolhido.

I – Existindo decisão denegatória anterior irrecorrida, não se cuidando dos requisitos de admissibilidade de tutela jurisdicional (condições da ação e pressupostos processuais), nem de instrução probatória, não é dado ao judiciário, sob pena de vulneração do instituto da preclusão, proferir nova decisão sobre a mesma matéria.

II – Embora deva o juiz dar à lei interpretação construtiva, valorativa, teleológica, exegese inteligente, útil e conveniente, não lhe é lícito tomar liberdades inadmissíveis com a lei" (REsp. nº 93296-PR, *in DJU* de 24.02.1997).

8. Interpretação razoável não constitui violação de literal disposição de lei

TASP

"Rescisória de acórdão. Fundamento. Literal disposição de lei. Interpretação razoável da Câmara julgadora. Violação. Inocorrência. Descabimento.

Se a interpretação eleita pelo acórdão, dentre outras cabíveis, não destoa da literalidade do texto legal, nem conduz ao absurdo ou à teratologia, o julgado não pode ser considerado violador de dispositivo de lei e, por consequência, passível de rescisão nos termos do artigo 485, inciso V, do Código de Processo Civil" (R. Ac. 684.047-00/7, 6º Gr., julgada em 11.03.2002).

"A rescisória sob o fundamento de violação de literal dispositivo de lei somente é cabível se a interpretação dada pelo *decisum* rescindendo for de tal modo aberrante e teratológica que viole dispositivo legal em sua literalidade. Não sendo recurso, a rescisória não se presta ao reexame de fatos e provas, mormente quando não questionadas no momento oportuno" (R. Ac. nº 775.628-00/1, 2º Gr., julgada em 11.02.2003).

9. Interpretação dos atos segundo a boa-fé de comportamento

STF e TAMG

"Dá como violado o art. 120 do CC e sustenta que o aresto impugnado dissente daquele proferido por esta Corte no RE 11.421, de 05.12.1949, que guarda a ementa seguinte:

O princípio da inviolabilidade dos contratos cede às imposições da boa-fé, que domina a interpretação das convenções. A atitude do locador de requerer o despejo por falta de pagamento em dia, quando vinha concordando em recebê-lo com atraso, e sem que antes cientifique o inquilino de sua disposição de não mais tolerar qualquer atraso, constitui abuso de direito.

O recurso foi admitido pelo dissídio.

Certo a tolerância constante, reiterada quebra do rigor do contrato, dispondo de forma diferente no que tange a era do pagamento. Esta é a orientação dominante desta Corte. Tenho mesmo sido relator de mais de um caso no qual fiz aplicação do princípio, assente na doutrina" (STF, 2ª T., RE nº 66.493, conhecido e provido por acórdão de 13.03.1969, *in RTJ* 50/461 – No mesmo sentido: TAMG, Ap. nº 6.641, *ADCOAS*, 1975, Súmula 35.689).

PROCESSO CIVIL

10. O PROCESSO, COMO INSTRUMENTO DE REALIZAÇÃO DA JUSTIÇA, PODE SUPERAR O FORMALISMO

STJ

"Processo civil. Redator para o acórdão (CPC, art. 556). Ausência de prejuízo. Nulidade não reconhecida. Caráter instrumental do processo. Hermenêutica. Recurso não conhecido.

> I – Caracterizando-se o processo civil contemporâneo pela sua instrumentalidade, não se deve declarar nulidade do ato quando alcançado o seu objetivo sem prejuízo para as partes.
>
> II – Segundo proclamou o recente 'IX Congresso Mundial de Direito Processual', é em dispositivo do nosso Código de Processo Civil que se encontra a mais bela regra do atual Direito Processual, a saber, a insculpida no art. 244, onde se proclama que, 'quando a lei prescrever determinada forma, sem cominação de nulidade, o juiz considerará válido o ato se, realizado de outro modo, lhe alcançar a finalidade'" (REsp. nº 7.184 – SP, *in DJU* de 11.11.1991).

"Processo civil. Execução. Penhora. Auto. Assinatura do depositário. Inexistência. Nulidade declarada de ofício. Irregularidade suprível. Formalismo. Recurso provido. I – A concepção moderna do processo, como instrumento de realização da Justiça, repudia o excesso de formalismo, que culmina por inviabilizá-la" (REsp. nº 15.713 – MG, *DJU* 24.02.1992).

"A mitigação do rigor formal em prol da finalidade é critério que se impõe por imperativo da missão constitucional desta Corte e observância aos métodos de exegese que devem nortear a conduta do hermeneuta" (ED/REsp. nº 9.035 – MG, *in DJU* de 01.02.1993).

"O processo contemporâneo, calcado na instrumentalidade e na efetividade, instrumento de realização do justo, não deve abrigar pretensões de manifesto formalismo" (REsp. nº 178.342 – RS, *in DJU* de 03.11.1998).

"A melhor interpretação da lei é a que se preocupa com a solução justa, não podendo o seu aplicador esquecer que o rigorismo na exegese dos textos legais pode levar a injustiças" (REsp. nº 299 – RJ, *in DJU* de 02.10.1989).

"Instrumento da jurisdição, o processo não estaria servindo aos seus altos objetivos se, por motivos de ordem meramente formal, não revestidos de justificativa razoável, ensejasse delonga grave e inconveniente ao seu escopo principal, que é a realização da justiça" (REsp. nº 6.427 – MG, *in DJU* de 05.08.1991).

"Em se tratando de prazos, o intérprete, sempre que possível, deve orientar-se pela exegese mais liberal, atento às tendências do processo civil contemporâneo – cálculo nos princípios da efetividade e da instrumentalidade – e à advertência da doutrina de que sutilezas da lei nunca devem servir para impedir o exercício de um direito" (REsp. nº 11.834 – PB, *in DJU* de 30.03.1992).

11. Prova. Gravação de conversa telefônica e interceptação ou escuta de conversa alheia: distinção e efeitos. Escuta telefônica por ordem judicial. Relatividade do preceito constitucional. Substrato ético na busca de valores maiores

STJ

"Ementa: Processo Civil. Prova. Gravação de conversa telefônica feita pela autora da ação de investigação de paternidade com testemunha do processo. Requerimento de juntada da fita, após a audiência da testemunha, que deferido pelo juiz. Tal não representa procedimento em ofensa ao disposto no art. 332 do CPC, pois aqui o meio de produção da prova não é ilegal, nem moralmente ilegítimo. Ilegal é a interceptação, ou a escuta de conversa telefônica alheia. Objetivo do processo, em termos de apuração da verdade material ('a verdade dos fatos em que se funda a ação ou a defesa'). Recurso especial não conhecido. Votos vencidos" (REsp. nº 9.012 – RJ, *in DJU* de 14.04.1997).

"Ementa: Constitucional e Processo Penal. *Habeas corpus.* Escuta telefônica com ordem judicial. Réu condenado por formação de quadrilha armada, que se acha cumprindo pena em penitenciária, não tem como invocar direitos fundamentais próprios do homem livre para trancar ação penal (corrupção ativa) ou destruir gravação feita pela polícia. O inciso LVI do art. 5º da Constituição, que fala que 'são inadmissíveis... as provas obtidas por meio ilícito', não tem conotação absoluta. Há sempre um substrato ético a orientar o exegeta na busca de valores maiores na construção da sociedade. A própria Constituição federal brasileira, que é dirigente e programática, oferece ao juiz, através da 'atualização constitucional' (*ve*rfassungsaktualisierung), base para o entendimento de que a cláusula constitucional invocada é relativa. A jurisprudência norte-americana, mencionada em precedente do Supremo Tribunal Federal, não é tranquila. Sempre é invocável o princípio da 'razoabilidade'(*reason ableness).* O 'princípio da exclusão das provas ilicitamente obtidas' (*exclusionary rule)* também lá pede temperamentos. Ordem denegada" (*Habeas Corpus* nº 3.982 – RJ, *in DJU* de 26.02.1996).

12. Bem de família: ampliação do conceito. Teclado musical e linha telefônica. Interpretação teleológica, construtiva e valorativa. Impenhorabilidade

STJ

"Processual civil. Lei nº 8.009/90. Bem de família. Hermenêutica. *Freezer*, máquina de lavar e secar roupas e microondas. Impenhorabilidade. Teclado musical. Escopos político e social do processo. Hermenêutica. Precedentes. Recurso provido.

> I – Não obstante noticiem os autos não ser ele utilizado como atividade profissional, mas apenas como instrumento de aprendizagem de uma das filhas do executado, parece-me mais razoável que, em uma sociedade marcadamente violenta como a atual, seja valorizada a conduta dos que se dedicam aos instrumentos musicais, sobretudo quando sem o objetivo de lucro, por tudo que a música representa, notadamente em um lar e na formação dos filhos, a dispensar maiores considerações. Ademais, não seria um mero teclado musical que iria contribuir para o equilíbrio das finanças de um banco. O processo, como cediço, não tem escopo apenas jurídico, mas também político (no seu sentido mais alto) e social.
>
> II – A Lei nº 8.009/90, ao dispor que são impenhoráveis os equipamentos que guarnecem a residência, inclusive móveis, não abarca tão-somente os indispensáveis à moradia, mas também aqueles que usualmente a integram e que não se qualificam como objetos de luxo ou adorno.
>
> III – Ao juiz, em sua função de intérprete e aplicador da lei, em atenção aos fins sociais a que ela se dirige e às exigências do bem comum, como admiravelmente adverte o art. 5º, LICC, incumbe dar exegese construtiva e valorativa, que se afeiçoe aos seus fins teleológicos, sabido que ela deve refletir não só os valores que a inspiraram mas também as transformações culturais e sócio-políticas da sociedade a que se destina" (REsp. nº 218882-SP, *in DJU* de 25.10.1999).
>
> "Bem de família. Linha telefônica. Impenhorabilidade.

A linha telefônica, no mundo atual, deixou de ser expressão de *status* social e econômico. Integrou-se ao cotidiano. As várias camadas sociais dela se utilizam. Não é bem supérfluo. Ainda que não seja instrumento de trabalho. Incorporou-se, como o rádio e a televisão, ao dia-a-dia, ao corriqueiro de qualquer pessoa. É meio de comunicação social. Cumpre reconhecer a impenhorabilidade" (REsp. nº 43.034-SP, *in DJU* de 15.09.1997).

13. Bem de família. O fiador que paga se sub-roga no direito do credor à penhorabilidade. Analogia de situações (*ubi eadem ratio...*)

TASP

"O fiador que paga a dívida locatícia do afiançado se sub-roga nos direitos do credor principal, mercê do que, na ação regressiva contra o afiançado, este não poderá invocar a impenhorabilidade do bem de família prevista na Lei nº 8009/90, uma vez que se trata de obrigação decorrente da fiança. Interpretação que ensejasse ao afiançado livrar-se do pagamento regressivo ao seu fiador, sob o escudo da impenhorabilidade do bem de família, afrontaria o conceito de justiça e vulneraria o princípio da razoabilidade" (AI nº 701.575-00/1, 5ª C., TASP, j. em 27.06.2001).[1]

14. Reexame (Súmula nº 7 do STJ) e revalorização da prova. *Error juris* e *error facti*

"A revaloração da prova, especificamente admitida e delineada no acórdão recorrido, não implica reexame vedado na instância incomum. O equivoco, evidenciado no julgado, sobre critério de apreciação do material cognitivo, ferindo regras jurídicas ou, então, de experiência é ***error juris*** e não ***error facti***" (REsp. nº 184.156 – SP, *in DJU* de 09.11.1998).

15. Competência não se presume: é indisponível e típica

"Competência não se presume (Maximiliano, *Hermenêutica*, 265), é indisponível e típica (Canotilho, *in* Resp. nº 28.848, *DJU* 02.08.1993).

À míngua de competência explícita e expressa do STJ, a Corte Especial, por maioria de votos, julgou improcedente a reclamação" (RCL nº 591 – SP, *in DJU* de 15.05.2000).

16. Ação monitória contra a Fazenda. Possibilidade. Não cabe ao intérprete distinguir...

Veja a Súmula nº 6, *supra*.

17. Cobrança de serviços. Prova testemunhal exclusiva. Interpretação evolutiva do CPC

STJ e TJRS

"Interpretação evolutiva do art. 401 do CPC tem admitido que o objeto de contrato de prestação de serviço informal, ou seja, o serviço efetivamente prestado, bem como as obrigações e efeitos decorrentes, podem ser comprovados através de prova exclusivamente testemunhal. Precedentes do STJ. Não há inépcia da inicial quando os fatos descritos em dita peça vestibular permitam o contraditório e o exercício de defesa, mesmo não comportando todas as circunstâncias factuais, as quais poderão ser desenvolvidas na instrução. Agravo de instrumento desprovido" (AI nº 70006023535, 18ª CC, TJRS, j. em 08.05.2003).

1 Nota do autor: por amor ao debate, pode-se opor a este acórdão a súmula de nº 4, *supra*, sobre interpretação não-extensiva e analógica das exceções...

18. Ação rescisória. Interpretação razoável não viola a lei e permite a sua evolução e sobrevivência

TASP

"Se a interpretação eleita pelo acórdão, dentre outras cabíveis, não destoa da literalidade do texto legal, nem conduz ao absurdo ou à teratologia, o julgado não pode ser considerado violador de dispositivo de lei e, por consequência, passível de rescisão nos termos do artigo 485, inciso V, do Código de Processo Civil" (R. Ac. nº 684047-00/7, TASP, j. 11.03.2002).

"A rescisória sob o fundamento de violação de literal dispositivo de lei somente é cabível se a interpretação dada pelo *decisum* rescindendo for de tal modo aberrante e teratológica que viole dispositivo legal em sua literalidade. Não sendo recurso, a rescisória não se presta ao reexame de fatos e provas, mormente quando não questionadas no momento oportuno" (R. Ac. nº 775.628-00/1. TASP, j. 11.02.2003).

19. Juizado Especial Cível. Opção do autor. A lei permite o que não proíbe expressamente

TAMG

"Ementa: Conflito de Competência. Juizado Especial Cível. Justiça Comum. Procedimento. Opção do Autor. Lei nº 9.099/95.

O acesso ao juizado especial cível é opção do autor, no uso da faculdade que lhe assegurou a Lei nº 9.099/95. A competência do Juizado Especial Cível é relativa, podendo o autor optar por ele ou pela justiça comum. O fato de não ter a Lei nº 9.099/95 previsto expressamente tal opção não é motivo para negá-la, pois a competência é cumulativa e é princípio de hermenêutica que a lei permite o que não proíbe expressamente. O simples fato de ser requerida prova pericial não significa que o processo é de maior complexidade, para fugir à competência dos Juizados Especiais" (TAMG, Conflito de Competência nº 0286538-1, j. em 15.12.1999).

20. Ação de depósito. Alienação fiduciária em garantia. Prisão civil por dívida. Possibilidade. Cumprimento do pactuado e defesa do crédito e do mercado de capitais. Votos divergentes

STJ

"Ementa: Civil e Processual Civil. Alienação fiduciária. Depositário infiel. Prisão civil. Possibilidade. Precedentes.

> – É possível a prisão civil do depositário infiel na alienação fiduciária, de acordo com o entendimento jurisprudencial fixado pela egrégia Corte Especial deste Tribunal, no julgamento do RMS nº 3.623-SP (*DJU* de 19.10.1996).
>
> – Ressalva do entendimento pessoal do Relator.
>
> – Recurso especial não conhecido" (REsp. nº 94.791 – MG, Quarta Turma, *in DJU* de 09.11.1998).

TAMG

"Ementa: Embargos Infringentes. Alienação fiduciária. Dec.-Lei nº 911/69. Ação de busca e apreensão convertida em depósito. Depositário infiel. Prisão civil. Possibilidade.

> – É possível e admissível, dentro do nosso ordenamento jurídico, a conversão da ação de busca e apreensão em ação de depósito, se o bem alienado fiduciariamente não é encontrado ou não se achar na posse do devedor. Na linha de entendimento do Supremo Tribunal Federal, intérprete e guardião da Constituição, sem embargo de posicionamentos em contrário, a prisão do depositário infiel na ação de depósito não afronta os textos legais vigentes no país" (Embargos Infringentes nº 274.176-0/01, 1ª Câm. Civ. j. em 14.09.1999).

21. Competência. Arrendamento mercantil. Cláusula de eleição de foro. Domicílio do réu ou local do pagamento das prestações. Proteção ao consumidor. Contrato de adesão

STJ

"Ementa: Competência. Arrendamento mercantil. Contrato de adesão. Cláusula de eleição de foro. Limitações à sua aplicação.

Em se tratando de contratos de adesão, relativos a negócios pactuados nos mais diversos pontos do território nacional por grande empresa que se dedica ao arrendamento mercantil (*leasing*), sobre a cláusula impressa e praticamente imposta ao pretendente ao arrendamento, devem prevalecer as regras de competência alusivas ao local do negócio e do pagamento das prestações" (REsp. nº 27.122-1 – MG, *in DJU* de 14.12.1992).

"Ementa: Competência. Código de Defesa do Consumidor. Cláusula de eleição de foro. Contrato de adesão.

Cláusula de eleição de foro, em contrato de adesão, de que resulta dificuldade para a defesa do réu. Tratando-se de ação derivada de relação de consumo, em que deve ser facilitada a defesa do direito do consumidor (art. 6º, VIII, CDC), impende considerar como absoluta a competência do foro do domicílio do réu, não se exigindo, pois, exceção de competência. Conflito conhecido" (Conflito de Competência nº 17.735 – CE, *in DJU* de 16.11.1998).

CONTRATOS

22. O equilíbrio contratual e a proteção ao consumidor. Contratos de adesão. Cláusulas abusivas, obscuras, ambíguas e contraditórias

STJ

"Mesmo celebrado o contrato antes da vigência do Código de Defesa do Consumidor, o que impunha considerar eficaz previsão contratual de perda das quantias pagas pelo promissário adquirente, pode o juiz, autorizado pelo disposto no art. 924, CC, reduzi-la a patamar justo, com o objetivo de evitar enriquecimento sem causa que de sua imposição integral adviria à promitente-vendedora" (REsp. nº 202.158 – RJ, *in DJU* de 05.06.2000).

TASP

"Não se está a ferir os artigos 1432, 1434, 1435 e 1460 do Código Civil, porque, com o advento do Código de Defesa do Consumidor, Lei nº 8078/90, quando houver dúvida na interpretação de cláusula contratual, mormente em se tratando de adesão, far-se-á da maneira mais favorável ao consumidor, isto quando não for considerada nula, estabelecendo obrigações iníquas, abusivas, que o coloquem em desvantagem exagerada, incompatível com a boa fé ou equidade (artigo 51, IV)" (Ap. c/ Rev. nº 755.375-00/2, 1ª Câm., j. em 15.10.2002).

TAMG

"No contrato de adesão, tendo em vista a preponderância da vontade da parte que formula as cláusulas respectivas, a interpretação deve ser desfavorável a esta. Sendo o contrato de seguro de vida e acidentes laborais em grupo do tipo de adesão, somente estão excluídos os riscos que a seguradora expressamente inseriu no documento entregue ao segurado" (TAMG, Apelação nº 0285.212-8).

"Conforme esmerada doutrina, as cláusulas contratuais ambíguas ou contraditórias correm à conta do contratante que as redigiu, visto que, podendo ser claro, não o foi" (TAMG, Apelação nº 0348.738-9, j. em 19.12.2001).

"A concepção social do contrato, aliada às prerrogativas constitucionais do direito à vida, à dignidade da pessoa humana e à cidadania – princípios fundamentais do Estado Democrático de Direito – recomendam (melhor, exigem) que a hermenêutica contratual amenize o rigor do *pacta sunt servanda*, relativizando o conteúdo da avença, de modo a extirpar-lhe as cláusulas abusivas que afrontem o seu próprio objeto e finalidade, restringindo (ou limitando), em descompasso com o CDC, os direitos do consumidor, como, por exemplo, o de submeter seu filho recém-nascido a intervenção cirúrgica urgentíssima, máxime ante a transparência e o equilíbrio que devem norteá-la (a avença), bem como em prestígio à boa-fé e à expectativa (justa) do consumidor" (TAMG, Apelação 0339.302-0, j. em 04.06.2002).

TJRS

"Ementa: Contrato de prestação de serviços e exploração comercial. Interpretação. Havendo litígio sobre o conteúdo do contrato, devem ser aplicadas as regras de hermenêutica empregando-se, passo a passo, interpretação subjetiva e objetiva, a fim de apurar a intenção comum das partes, o espírito do contrato, estabelecendo-se de forma sistemática o alcance de suas cláusulas, segundo a boa-fé, com atenção à sua conservação e produção de efeitos. Se dessa operação restar claro o descumprimento contratual por uma das partes, é de ser restabelecido o equilíbrio ilicitamente rompido, com a condenação em lucros cessantes" (TJRS, 6ª Câm. Civ., Ap. nº 70003612496, j. em 22.05.2002).

23. Alienação fiduciária. Ação de depósito. Prisão civil por Possibilidade. Cumprimento do pactuado e defesa do crédito e do mercado de capitais

Veja o nº 20, *supra*.

24. Fiança. Natureza benéfica do contrato. Interpretação restrita

TASP

"Dúvida sobre a real intenção das partes que não pode ser resolvida com base nos elementos trazidos aos autos, cabendo a interpretação restritiva, dada a natureza benéfica do contrato de fiança" (Ap. c/ Rev. nº 622.809-00/3, 9ª Câm., j. em 06.02.2002).

25. Fiança. Carta posterior ao contrato, divergente ou com ressalva. Novação. Interpretação restrita

STJ

"Recurso especial. Locação. Ação de rescisão de locação cumulada com cobrança dos aluguéis e acessórios proposta contra o inquilino e o fiador. Legitimação passiva do fiador. Admissibilidade. Conjugação do art. 62, I, da Lei nº 8.245/91 com os arts. 46 e 292 do CPC. Fiança. Interpretação extensiva. Descabimento.

O fiador não deve ser responsabilizado por obrigações resultantes de acertamento entre o afiançado e o locador sem sua anuência" (REsp. nº 184.490-SP, *in DJU* de 18.12.1998).

TASP

"Na hipótese da carta de fiança possuir ressalvas não existentes na garantia original ou de ser menos abrangente que aquela, incumbe ao locador o exame minudente do teor e condições da nova garantia, inclusive para impugná-la em contestação da ação renovatória de locação, quer como questão prejudicial (condições da procedibilidade da ação), quer como mérito. Silente sobre este aspecto relevante, válida a fiança tal como prestada, não admitindo o instituto interpretação extensiva, a teor do artigo 819 do vigente Código Civil, que reiterou a regra do Estatuto de 1916" (Ap c/ Rev. nº 649.708-00/3, 11ª Câm., j. em 07.04.2003).

26. Fiança locatícia na interpretação do STJ e do TASP

STJ

"Processual civil. Embargos de declaração nos embargos de declaração. Inexistência de qualquer vício legal. Interpretação não extensiva à fiança locatícia. Aplicação. Artigos 1.483 do Código Civil, 39 e 40, V, da Lei nº 8.245/91. Reexame da matéria regularmente julgada. Inadequação da via judicial utilizada. Rejeitados.

I – Não é omisso o acórdão que, examinando a irresignação recursal, oferta a prestação jurisdicional de modo fundamentado e expresso, enfocando as questões suficientes ao deslinde da causa, ainda que adotando exegese diversa da apresentada pela parte.

II – Sendo a fiança locatícia prestada por prazo limitado, descabe se estendê-la, fictamente, para além deste lapso temporal. É certo que procurar dar extensividade ilimitada à garantia fidejussória, que é limitada, configura, inarredavelmente, dupla ofensa ao artigo 1.483 do Código Civil, que exige a forma escrita ao instituto da fiança, além de vedar a sua interpretação extensiva.

III – O artigo 39 da Lei nº 8.245/91 não determinou a extensividade da fiança em prejuízo da voluntária e desinteressada manifestação de vontade do fiador. É tanto assim que, na hipótese de a fiança haver sido prestada por prazo certo – como na hipótese –, e a locação se prorrogar indeterminadamente, dito diploma, em seu inciso V, art. 40, ofertou ao locador a possibilidade de exigir novo fiador, ou mesmo a substituição da modalidade de garantia.

IV – Ausentes a omissão, obscuridade ou contradição, descabe a utilização dos embargos de declaração com o objetivo de provocar novo julgamento das questões já regularmente apreciadas.

V – Embargos de declaração rejeitados" (EEAREsp. nº 275383 – MG, Rel. Min. Gilson Dipp, *in DJU* de 25.06.2001).

TASP

"Fiança. Responsabilidade do fiador. Locação. Prazo determinado. Contrato prorrogado. Não-reconhecimento.

Interpretação restritiva da fiança e da Súmula 214 do STJ. Jurisprudência torrencial daquela Corte no sentido de que a obrigação decorrente da fiança locatícia deve se restringir ao prazo originalmente contratado, descabendo se exigir do garantidor o adimplemento de débitos que pertinem ao período de prorrogação da locação, à qual não anuiu, consoante a regra do artigo 1.483 do Estatuto Civil. A impossibilidade de conferir interpretação extensiva à fiança locativa torna, na hipótese, irrelevante, para o efeito de se aferir o lapso temporal da obrigação afiançada, cláusula contratual que preveja a obrigação do fiador até a entrega das chaves. Dado que a obrigação afiançatória extingue-se ao termo do contrato originário, evidencia-se, na hipótese, a ilegitimidade passiva dos recorrentes para a ação de cobrança dos valores em referência, impondo-se sejam excluídos da relação processual" (Ap. c/ Rev. nº 637.655-00/0, 12ª Câm., Rel. Juiz Romeu Ricupero, j. em 23.05.2002, *in JTA* (*Lex*) 196/345).

27. Fiança locatícia. Nosso parecer contrário à tese *supra* do colendo STJ

"Que a fiança não admita interpretação extensiva está expresso tanto no art. 1.483 do Código de 1916 como no art. 819 do atual. Mas daí concluir que o fiador não responde 'mesmo que exista cláusula de duração de sua responsabilidade até a efetiva entrega das chaves' é decidir não só contra o ato jurídico perfeito como contrariar a própria Lei do Inquilinato, cujo art. 39 dispõe: 'Salvo disposição contratual em contrário, qualquer das garantias da locação se estende até a efetiva devolução do imóvel'. A mesma Lei (art. 82) acrescentou o inciso VII ao art. 3º da Lei nº 8.009/90, tornando penhorável o bem de família 'por obrigação decorrente de fiança concedida em contrato de locação'. Tudo isso para salvaguardar os direitos do locador e facilitar as locações.

O fiador não é locatário e não carece de proteção além da interpretação não-extensiva da fiança. Se concorda em se obrigar até a devolução do imóvel, desonerá-lo seria restringir e até excluir a fiança, contrariando a cláusula contratual e a própria Lei do Inquilinato. Diferente seria se, vencido o contrato ou no decorrer do mesmo, o locador e o locatário firmassem outro sem a participação do fiador. Constituiria novação, que nenhum locador bem assessorado faria. Aí, sim, incidiria a regra da interpretação não-extensiva da fiança. Mas a simples prorrogação tácita da locação não exclui a fiança, pois foi esse precisamente o objetivo da cláusula. Nem mesmo o reajuste ou correção periódica do valor do aluguel, inerente às locações, seria capaz de exonerar o fiador.

A própria Súmula 214 do STJ, acima invocada e transcrita, só vedou o **aditamento** ou alteração do contrato. A simples prorrogação tácita, tão comum às locações, não constitui aditamento. Logo, o que está ocorrendo é aplicação extensiva da Súmula...

O efeito prático das decisões do STJ é considerar extintas todas as fianças locatícias no final dos respectivos contratos escritos, e provocar a insegurança de todos os locadores, cujo recurso será promover uma avalanche de ações para exigir novos fiadores, sob pena de despejo (art. 40, V, LI), levando a intranquilidade a milhões de locatários e sobrecarregando ainda mais o Judiciário. Tudo por não se atender ao comando do art. 39 da Lei especial, mantido pelo artigo 2.036 do novo Código Civil. Contra tais decisões cabe ação rescisória por violação de literal disposição de lei (art. 485 do CPC). Cabe também recurso extraordinário para o STF, por ofensa ao ato jurídico perfeito contido na cláusula de duração da fiança (CF, art. 5º, XXXVII). E não se alegue, como o fez renomado Ministro, que a Suprema Corte não deve perder tempo com locação de barraco. O que está em discussão é a tese constitucional de grande repercussão. O colendo STJ deve rastrear os casos e rever sua posição, para somente amparar as novações típicas e não as simples prorrogações locatícias.

Outro aspecto da questão, para completar a análise, é a possibilidade de o fiador exonerar-se da fiança contratada sem limitação de tempo. O artigo 1.500 do Código Civil anterior permitia a exoneração com efeito a partir da sentença respectiva, na ação própria, enquanto que o artigo 835 do novo Código o permite com eficácia após 60 dias da simples notificação ao locador (credor). Enquanto não exonerado por uma dessas formas, o fiador continuará a responder pelos encargos da fiança. Logo, ainda que se entenda que a fiança 'até a efetiva devolução do imóvel' (art. 39 da L.I.) passe a se considerar 'sem limitação de tempo', após o vencimento do contrato, o fiador somente se consideraria exonerado **após a formalidade da exoneração,** nos precisos termos da lei expressa, dando ao locador oportunidade de se precaver no prazo de 60 dias. E não de surpresa, por efeito automático do vencimento do contrato de locação, como vem sendo decidido..."

28. Arrendamento mercantil. Competência. Cláusula de eleição de foro. Domicílio do réu ou local do pagamento das prestações. Proteção ao consumidor

Veja o nº 21, *supra*.

29. Contrato de mútuo hipotecário (SFH). Transferência do contrato a terceiro, com sub-rogação de direitos e obrigações

Consentimento tácito do credor. Boa-fé do cessionário. Eficácia.

"Ementa: Sistema Financeiro da Habitação (SFH). Contrato de mútuo. Transferência do imóvel para terceiro com sub-rogação de direitos e obrigações. Código Civil, art. 930. Lei nºs 6.015/73, 4.595/64 e 8.004/90. Decretos-Leis nºs 2.291/86, 2.404/88, Decretos nºs 85.776/81, 83.323/79 e 97.222/88.

> 1. Inequívoco o conhecimento pela instituição financeira (credora hipotecária), da transferência do imóvel para terceiros, este sub-roga-se nas obrigações e direitos estabelecidos no contrato firmado pelo originário mutuário, continuando a mesma garantia hipotecária. Justaponha-se que, no caso, previamente sabendo de transferência, a entidade financeira, por meses seguidos, continuou recebendo as parcelas mensais e amortização do empréstimo, sem oposição, equivalendo implícita concordância com a modificação ocorrida.
>
> 2. Precedentes jurisprudenciais" (REsp. nº 66.886 – SP, *in DJU* de 06.10.1997).

RESPONSABILIDADE CIVIL

30. A responsabilidade objetiva constitui exceção em nosso direito e deve ser interpretada restritivamente. A culpa da vítima exclui a responsabilidade

TAMG

"Ementa: Indenização. Responsabilidade objetiva. Inaplicabilidade. Culpa exclusiva da vítima.

A responsabilidade civil objetiva é, em nosso ordenamento jurídico, exceção, não podendo ser ampliada a quaisquer atividades, quando não exista lei disciplinando sua aplicação, pois, de acordo com as regras de hermenêutica, a exceção deve ser interpretada restritivamente. Verificado, pela prova dos autos, que a culpa pelo infortúnio foi exclusivamente da vítima, afasta-se o dever de indenizar, ante a exclusão de responsabilidade civil" (TAMG, Apelação nº 0296620-7, j. em 09.02.2000).

31. Dano moral. Protesto de duplicada já paga. Existência de outros protestos. Condenação em valor simbólico

STJ

"Comercial e Processual Civil. Dano moral. Duplicata paga no vencimento. Protesto. Existência de protestos anteriores. Condenação em valor simbólico. Recurso provido.

I – Na linha dos precedentes desta Corte, o banco que leva a protesto duplicata paga no vencimento responde pelos danos morais decorrentes.

II – A existência de outros protestos em nome do postulante dos danos morais, no momento do protesto da duplicata, não exclui, no caso, a indenização, porém a reduz a um valor simbólico" (REsp. nº 234.592 – MG, *in DJU* de 21.02.2000. A propósito, *JSTJ* e *TRF-Lex* 129/177 e *Adcoas* 1/2002, p. 22).

32. Dano moral a pessoa jurídica. Possibilidade. Desnecessária a demonstração de prejuízo patrimonial

STJ

"O acórdão recorrido está em consonância com o entendimento jurisprudencial desta Corte, no sentido de ser possível a condenação de pessoa jurídica ao pagamento de indenização por dano moral, sendo suficiente a comprovação do fato, independentemente da demonstração de efetivo prejuízo patrimonial. Vejamos:

Agravo de instrumento. Agravo regimental. Dano moral. Extrapatrimonial. Carência de demonstração de prejuízo patrimonial. Dissenso interpretativo não-configurado. Súmulas 7 e 83 deste STJ.

I – Da leitura dos excertos trazidos à colação, depreende-se que sem o reexame dos fatos e das provas carreadas aos autos não se pode ponderar o exame da causa de outra forma senão aquela vislumbrada pelo acórdão recorrido, sem que se afronte a Súm. 7 desta Corte.

II – A jurisprudência que impera neste STJ confirma a assertiva de que o dano moral é extrapatrimonial, carecendo pois de repercussão na esfera patrimonial, pois afeta direitos de personalidade. Súm. 83/STJ.

III – Agravo regimental improvido" (AgRg no Ag. nº 147816-RS, 3ª T., Rel. o Min. Waldemar Zveiter, *DJ* de 08.06.1998).

"Civil. Responsabilidade civil. Danos morais. Pessoa jurídica. Possibilidade. Honra objetiva. Doutrina. Precedentes do tribunal. Recurso provido para afastar a carência da ação por impossibilidade jurídica.

– A evolução do pensamento jurídico, no qual convergiram jurisprudência e doutrina, veio a afirmar, inclusive nesta Corte, onde o entendimento tem sido unânime, que a pessoa jurídica pode ser vítima também de danos morais, considerados esses como violadores da honra objetiva" (REsp. nº 134.993 – MA, 4ª T., Rel. Min. Sálvio de Figueiredo, *DJ* de 16.03.1998).

– Civil. Ação de indenização. Responsabilidade civil. Pessoa jurídica. Dano moral.

I – A honra objetiva da pessoa jurídica pode ser ofendida pelo protesto Indevido de título cambial.

> II – Cabível a ação de indenização, por pessoa jurídica, visto que a proteção dos atributos morais da personalidade não está reservada somente às pessoas físicas (REsp. nº 60.033-2 – MG – *DJ* de 27.11.1995).
>
> III – Recurso conhecido a que se nega provimento" (REsp. nº 58.660 – MG, 3ª T., Rel. o Min. Waldemar Zveiter, *DJ* de 22.09.1997).

"Indenização de direito comum. Dano moral. Prova. Juros moratórios. Súmula 54 da Corte.

> I – Não há falar em prova do dano moral, mas, sim, na prova do fato que gerou a dor, o sofrimento, sentimentos íntimos que o ensejam. Provado assim o fato, impõe-se a condenação, sob pena de violação ao art. 334 do Código de Processo Civil.
>
> II – Na forma da Súmula 54 da Corte, os juros moratórios nestes casos contam-se da data do evento.
>
> III – Recurso especial conhecido e provido, em parte" (REsp. nº 86.271 – SP, 3ª T., Rel. o Min. Carlos Alberto Menezes Direito, *DJ* de 09.12.1997).
>
> (Agravo de Instrumento nº 199.361 – SP, *in DJU* de 23.10.1998.)

33. Dano moral. Arbitramento da indenização pelo juiz. Critério. Controle pelo STJ

STJ

"Ementa: Responsabilidade civil. Imprensa (publicação de notícia ofensiva). Ofensa à honra. Dano moral. Valor da indenização. Controle pelo STJ.

> 1. Quem pratica pela imprensa abuso no exercício responde pelo prejuízo que causa. Violado o direito, ou causado prejuízo, impõe-se sejam reparados os danos. Caso de reparação de dano moral, inexistindo, nesse ponto, ofensa a texto de lei federal.
>
> 2. Em não sendo mais aplicável a indenização a que se refere a Lei nº 5.520/67, deve o juiz no entanto quantificá-la moderadamente. O critério da pena de multa máxima prevista no Código Penal (em dobro, segundo o disposto no Código Civil, art. 1.547, parágrafo único) nem sempre é recomendável.
>
> 3. O valor da indenização por dano moral não pode escapar ao controle do Superior Tribunal de Justiça.
>
> 4. Recurso especial conhecido pelo dissídio e provido em parte, para reduzir o valor da condenação" (REsp. nº 53.321 – RJ, *in DJU* de 24.11.1997).

34. Morte de filho menor. Indenização. Termos inicial e final

Quantum. Orientação do STJ.

"Ementa: Responsabilidade civil. Morte de filho de menor idade. Indenização. Termo inicial do pensionamento, seu percentual sobre o salário mínimo e idade provável da vítima.

A partir da decisão proferida nos EREsp. nº 28.861-1 – PR, a orientação da egrégia Segunda Seção desta Corte tende a firmar-se no sentido de tomar, como esperança de vida, a idade de 65 anos.

Pensionamento devido desde a data do falecimento da vítima, no percentual de dois terços do salário mínimo" (REsp. nº 55.029-7 – MG, *in DJU* de 26.02.1996).

35. Responsabilidade civil por acidente do trabalho. A quitação de encargos trabalhistas perante a Justiça do Trabalho não prejudica o acidentado. Interpretação restritiva

TASP

"Responsabilidade civil. Acidente do trabalho. Indenização. Direito comum. Acordo em ação na Justiça do Trabalho. Renúncia de direito. Quitação geral do direito trabalhista. Irrelevância. Interpretação restritiva. Cabimento.

A quitação de verbas trabalhistas, formulada em acordo das partes, alcança apenas as verbas nele explicitadas, não tendo o condão de abranger a responsabilidade civil decorrente de ato ilícito" (AI nº 768.833-00/0, 10ª Câm., j. em 05.02.2003).

"A transação ocorrida da rescisão do contrato de trabalho, referente a verbas trabalhistas e indenizações de outra natureza, deve ser interpretada restritivamente, não comportando extensão além dos limites existentes no momento de sua celebração" (AI nº 738.400-00/2, 11ª Câm., j. em 17.06.2002).

36. Acidente aéreo. Indenização tarifada como regra e responsabilidade civil comum em caso de dolo típico, dolo eventual ou culpa grave. A Convenção de Varsóvia e o Código Brasileiro de Aeronáutica

STJ

"Ementa: Responsabilidade civil. Acidente aéreo. Código Brasileiro do Ar (Decreto-Lei nº 32, de 18.11.1966, art. 106). Dolo eventual. Exceção à responsabilidade atenuada.

> I – O art. 106 do DL 32, de 1966, contempla como exceção ao regime da indenização tarifada o dolo genérico, incluindo, pois, o dolo eventual. Caracterizada a exceção, aplicável, quanto à indenização, o direito comum.
>
> II – Embargos de divergência conhecidos, mas rejeitados" (Embargos de Diverg. em REsp. nº 6.052 – SP, *in DJU* de 10.06.1996).[2]

---

2 O art. 25 da Convenção de Varsóvia exige dolo ou culpa grave como requisito da indenização plena. O art. 248 do Código Brasileiro de Aeronáutica – Lei 7.565/86 – exige também dolo ou culpa grave, mas seu parágrafo primeiro conceituou a culpa grave como sendo dolo eventual ("quando o transportador ou seus prepostos quiseram o resultado ou assumiram o risco de produzi-lo"). Desfigurou a culpa grave. Mas a jurisprudência vem corrigindo a distorção conceitual.

37. Transporte por simples cortesia. A responsabilidade exige o dolo ou a culpa grave como requisito. O estado de necessidade exclui a responsabilidade

STJ

"Ementa: Responsabilidade civil. Transporte.

Havendo a sentença penal reconhecido ter sido o ato praticado em estado de necessidade, não se pode, no cível, deixar de reconhecer esse fato. CPP, art. 65.

Transporte desinteressado, de simples cortesia. Só existirá responsabilidade do transportador se o evento lesivo resultar de dolo ou culpa grave. Súmula 145.

Praticado o ato em estado de necessidade, não há como reconhecer, no cível, dolo ou culpa grave do agente" (REsp. nº 27.063 – SC, *in DJU* de 31.03.1997).

38. Acidente de trânsito. Homicídio culposo. Menor sem habilitação

para dirigir. Responsabilidade penal do pai por ação ou omissão. Co-autoria

STJ

"Ementa: Penal. Delito de trânsito. Homicídio culposo. Pai do menor inabilitado.

Culpa concorrente. Não há dizer-se fundada em simples presunção a culpa do pai que permite ao menor a direção de seu automóvel, inobstante o conhecimento das reiteradas infrações do trânsito praticadas por tal condutor que afinal veio a atropelar pedestres, com resultados fatais.

O Tribunal de Justiça de Santa Catarina negou provimento ao apelo da defesa, em decisão assim ementada:

"Homicídio culposo. Delito de circulação. Co-autoria. Caracterizada a culpa do menor não-habilitado em acidente de trânsito, é inquestionável a responsabilidade penal do pai que ou lhe entrega o veículo ou não diligencia para evitar que ele reiteradamente o use" (REsp. nº 69.975 – SC, *in DJU* de 24.03.1997).

DIREITO DE FAMÍLIA

39. Negatória de paternidade. Presunção legal e verdade real. As novas teses jurídicas e seu acolhimento pela jurisprudência

STJ

"Direito civil. Ação negatória de paternidade. Presunção legal (CC, art. 340)

Prova. Possibilidade. Direito de família. Evolução. Hermenêutica. Recurso conhecido e provido.

I – Na fase atual da evolução do Direito de família, é injustificável o fetichismo de normas ultrapassadas em detrimento da verdade real, sobretudo quando em prejuízo de legítimos interesses de menor.

II – Deve-se ensejar a produção de provas sempre que ela se apresentar imprescindível à boa realização da Justiça.

III – O Superior Tribunal de Justiça, pela relevância da sua missão constitucional, não pode deter-se em sutilezas de ordem formal que impeçam a apreciação das grandes teses jurídicas que estão a reclamar pronunciamento e orientação pretoriana" (REsp. nº 4.987 – RJ, *in DJU* de 28.10.1991).

40. Negatória de paternidade. Prova científica. A verdade real diante das ficções legais. Precedentes do STJ

TJMG

"Ação negatória de paternidade. Hodiernamente, com os avanços vivenciados por nossa sociedade, mormente o científico, e trazendo aos autos o autor, prova que beira a certeza absoluta, não se impõe o apego ao formalismo injustificado, obsoleto e anacrônico. Inspirado no espírito de nossa Carta Magna, especificamente no que tange ao Direito de Família, cumpre ao julgador valorar e aplicar a norma o mais proximamente possível da realidade social, para que a realidade ficta dos autos não fique assim tão distante, mas antes se afeiçoe à verdade real existente fora deles, sendo este o método mais atual da hermenêutica. Nesse sentido se assentam os mais recentes julgados do colendo Superior Tribunal de Justiça acerca da matéria. Recurso provido" (TJMG, Processo nº 202.978-3, j. em 11.06.2002).

41. Negatória de paternidade. Prova científica posterior à coisa julgada. O respeito maior à *res judicata*

STJ

"Ementa: Ação negatória de paternidade. Exame pelo DNA posterior ao processo de investigação de paternidade. Coisa julgada.

1. Seria terrificante para o exercício da jurisdição que fosse abandonada a regra absoluta da coisa julgada que confere ao processo judicial força para garantir a convivência social, dirimindo os conflitos existentes. Se, fora dos casos nos quais a própria lei retira a força da coisa julgada, pudesse o magistrado abrir as comportas dos feitos já julgados para rever as decisões não haveria como vencer o caos social que se instalaria. A regra do art. 468 do Código de Processo Civil é libertadora. Ela assegura que o exercício da jurisdição completa-se com o último julgado, que se torna inatingível, insuscetível de modificação. E a sabedoria do Código é revelada pelas possibilidades recursais e, até mesmo, pela abertura da via rescisória naqueles casos precisos que estão elencados no art. 485.

2. Assim, a existência de um exame pelo DNA posterior ao feito já julgado, com decisão transitada em julgado, reconhecendo a paternidade, não tem o condão de reabrir a questão com uma declaratória para negar a

paternidade, sendo certo que o julgado está coberto pela certeza jurídica conferida pela coisa julgada.

3. Recurso especial conhecido e provido" (REsp. nº 107.248-GO, *in DJU* de 29.06.1998).

42. Companheira e concubina: distinção. Capacidade da primeira para receber legado. Interpretação construtiva, teleológica e evolutiva já antes da Constituição vigente

STJ

"Refletindo as transformações vividas pela sociedade dos nossos dias, impõe-se construção jurisprudencial a distinguir a companheira da simples concubina, ampliando, inclusive com suporte na nova ordem constitucional, a proteção à primeira, afastando a sua incapacidade para receber legado em disposição de última vontade, em exegese restritiva do art. 1.719, III, do Código Civil. Impende dar à lei, especialmente em alguns campos do direito, interpretação construtiva, teleológica e atualizada" (REsp. nº 196 – RS, *in DJU* de 18.09.1989).

43. Poder familiar: destituição. O superior interesse da criança e do adolescente. Interpretação teleológica e valorativa consagrada pelo novo Código Civil

STJ

"I – As hipóteses de destituição do pátrio poder estão previstas nos arts. 395 do CC e 22 do Estatuto da Criança e do Adolescente, exaustivas, a não permitirem interpretação extensiva. E outras palavras, a destituição desse poder-dever é medida excepcional, sendo permitida apenas nos casos expressamente previstos em lei.

II – Nos termos do artigo 23 do referido Estatuto, 'a falta ou a carência de recursos materiais não constitui motivo suficiente para a perda ou a suspensão do pátrio poder'. E a destituição, como efeito da condenação criminal, nos termos do art. 92-II do Código Penal, só é automática quando se tratar de crime doloso, sujeito à pena de reclusão, cometido contra o filho.

III – Por outro lado, na linha de precedente desta Corte, 'a legislação que dispõe sobre a proteção à criança e ao adolescente proclama enfaticamente a especial atenção que se deve dar aos seus direitos e interesses e à hermenêutica valorativa e teleológica na sua exegese'.

IV – Assim, 'apesar de a condenação criminal, por si só, não constituir fundamento para a destituição do pátrio poder, nem a falta de recursos materiais constituir motivo suficiente para essa consequência grave, o certo é que o conjunto dessas circunstâncias, somadas ao vínculo de afetividade formado com a família substituta, impossibilita que se modifique o *status familiae,* no superior interesse da criança.'

V – As instâncias ordinárias, ao concluírem que seria o caso de destituição do pátrio poder, basearam-se exclusivamente nas circunstâncias fáticas da causa, razão pela qual o recurso especial não comporta análise, a teor do enunciado nº 7 da súmula /STJ" (REsp. nº 124621-SP, *in DJU* de 28.06.1999).

44. Investigação de paternidade. Lei nº 8.560/92. Registros anteriores. Legitimação do Ministério Público. Exegese construtiva e teleológica

STJ

"I – O MP detém legitimidade para propor ação de investigação de paternidade, nos termos do art. 2º da Lei nº 8.560/92, ainda que o registro de nascimento tenha sido lavrado anteriormente à edição da Lei.

II – Nesses casos, a propositura da ação independe do prévio procedimento de averiguação oficiosa instituído pelo art. 2º da referida Lei.

III – Na interpretação da Lei nº 8.560/92, de duvidosa qualidade, impende dar exegese construtiva e teleológica, sob o amparo do art. 5º da Lei de Introdução" (REsp. nº 73805-MG, *in DJU* de 12.05.1997).

45. União estável. Dissolução. Direito à meação dos bens adquiridos onerosamente durante a sociedade de fato, exceto os adquiridos por doação, herança ou sub-rogação dos existentes antes da união

STJ

"EMENTA: Concubinato. Pedido de sua dissolução. Direito de partilhar bens (meação). Comunhão limitada ou parcial. Em tal regime, comunicam-se os bens adquiridos na constância do matrimônio. Mas são excluídos da comunhão 'os bens que cada cônjuge possuir ao casar, e os que lhe sobrevierem, na constância do matrimônio, por doação ou por sucessão'. Não é legítimo nem legal tenha o concubinato tratamento diverso. É de lhe ser dado tratamento igual ao do casamento, uma vez aplicado o regime da comunhão limitada ou parcial, donde devem ser excluídos da comunhão, portanto, não sujeitos à meação, os bens que como tais foram herdados. Código Civil, art. 269, I. Recurso especial conhecido e provido em parte" (REsp. nº 58.357-RS, *in DJU* de 29.04.1996).

46. Impugnação da paternidade pelo filho reconhecido. Prazo de quatro anos a contar da maioridade, sob pena de decadência, no regime anterior

STJ

"Ementa: Filiação. Legitimação. Ação de investigação de paternidade. Decadência da ação de impugnação.

No regime anterior à Constituição de 1988 e à Lei nº 8.069/90, o filho que não impugnasse, no prazo de quatro anos, o reconhecimento da paternidade, legitimado que fora quando do casamento de sua mãe, não poderia promover ação de investigação de paternidade contra outrem. Precedentes do STJ.

Recurso conhecido, pela divergência, mas improvido. Voto vencido" (REsp. nº 83.685 – MG, *in DJU* de 22.04.1997).

DIREITO ECONÔMICO E MONETÁRIO

47. Correção monetária. Plano Verão. Exegese conforme os princípios gerais de direito (art. 4º, LICC). Enriquecimento sem causa

STJ

"Direito econômico. Correção monetária. Janeiro/1989. Plano Verão. Liquidação. IPC. Real índice inflacionário. Critério de cálculo. Art. 9º, I e II, da Lei nº 7.730/89. Atuação do Judiciário no plano econômico. Considerações em torno do índice de fevereiro. Recurso parcialmente provido.

> I – Ao Judiciário, uma vez acionado e tomando em consideração os fatos econômicos, incumbe aplicar as normas de regência, dando a essas, inclusive, exegese e sentido ajustados aos princípios gerais de direito, como o que veda o enriquecimento sem causa.
>
> II – O divulgado IPC de janeiro /89 (70,28%), considerados a forma atípica e anômala com que obtido e o flagrante descompasso com os demais índices, não refletiu a real oscilação inflacionária verificada no período, melhor se prestando a retratar tal variação o percentual de 42,72%, a incidir nas atualizações monetárias em sede de procedimento liquidatário.
>
> III – Ao Superior Tribunal de Justiça, por missão constitucional, cabe assegurar a autoridade da lei federal e sua exata interpretação" (REsp. nº 43.055 – SP, Corte Especial, *in DJU* de 20.02.1995).

48. Correção monetária. Mútuo rural. Incidência. Evolução dos fatos econômicos. A correção como imperativo econômico, jurídico e ético indispensável à justa composição dos danos e ao fiel adimplemento das obrigações. Construção doutrinária e pretoriana

STJ

"Correção monetária. Mútuo rural. Incidência. Evolução dos fatos econômicos e construção pretoriana. Regra moral. Invocação de ofensa à Lei nº 4.829/65, ao Dec.-Lei nº 167/67 e ao art. 145, II, CCB. Dissídio notório. Recurso desprovido.

> I – Mesmo que se admita que a intenção inicial do legislador tenha sido a de excluir a correção monetária dos mútuos rurais, a evolução dos fatos econômicos tornou insustentável a sua não-incidência, sob pena de prestigiar-se o enriquecimento sem causa, recordada ainda a lição de que a regra moral está acima das leis positivas.
>
> II – Construção pretoriana e doutrinária, antecipando-se ao legislador, adotando a correção como imperativo econômico, jurídico e ético indispensável à justa composição dos danos e ao fiel adimplemento das obrigações, dispensou a prévia autorização legal para a sua aplicação.

III – Conhece-se do recurso especial sob a alínea *c* do art. 105-III da Constituição, mesmo quando a parte não faz a demonstração analítica das circunstâncias que identifiquem ou assemelhem os casos confrontados, se notório o dissídio na matéria, dado o escopo do recurso em assegurar a unidade do direito federal" (REsp. nº 2.122 – MS, *in DJU* de 11.06.1990).[3]

49. Correção monetária. Plano Collor. Marco temporal de sua incidência. Princípio da legalidade estrita

Desconsideração de questões constitucionais e fáticas no julgamento do recurso especial, reservadas à competência do STF e dos tribunais ordinários. Só a lei pode instituir a correção monetária, em face do nominalismo monetário. O Estado só responde por atos legislativos quando inconstitucionais (STJ, Recurso Especial nº 168.598 – PR, *in DJU* de 19.10.1998).

OBRIGAÇÃO E DIREITO REAL

50. Direito real de garantia e privilégio creditório: distinção e efeitos na falência e no concurso de credores

STJ

"Ementa: Falência. Fazenda Pública. Interesse.

Não há empeço legal a que a Fazenda Pública requeira a falência de seu devedor. A Lei de Quebras somente exclui o credor com garantia real, nos termos do art. 9º, III, *b*. Direito real de garantia e privilégio creditório não se confundem. Recurso conhecido e provido.

O SR. MINISTRO COSTA LEITE (Relator):

No estado atual do direito positivo brasileiro, qualquer confusão é inadmissível. O Código Civil compreendeu o penhor, a anticrese e a hipoteca sob a expressão 'direitos reais de garantia', subespécie de 'direitos reais sobre coisas alheias', no gênero 'direitos reais' (Livro II, Título III). Tratou, ao contrário, dos privilégios no título IX do seu Livro III, *Do Direito das Obrigações*, consagrado ao concurso de credores. Como espécie do gênero direito real, a garantia real apresenta a dupla característica da imediatez ou poder direto sobre o bem que lhe constitui o objeto, e da sequela. O privilégio, ao revés, não é propriamente um direito, mas uma qualidade que adjetiva o direito pessoal de crédito, e consistente na preferência de pagamento em confronto com outros créditos. A existência do privilégio não altera a natureza pessoal do crédito, e por conseguinte só se manifesta relativamente a outros créditos. Não comporta

---

3 O julgado *supra* cristalizou-se na Súmula nº 16 do STJ, com o seguinte enunciado: "A legislação ordinária sobre crédito rural não veda a incidência da correção monetária."

uma incidência direta e absoluta sobre os bens do devedor, mesmo tratando-se de privilégio especial, o que significa que não dá sequela.

A preferência estabelecida no art. 60, parágrafo único, do Decreto-Lei nº 960, de 1938, e no art. 186 do CTN constitui um privilégio e não uma garantia real. Não está, portanto, abrangida pela norma do art. 9º, III, *b*, da atual Lei de Falências que, excluindo direitos, não se compadece com uma interpretação extensiva.

Entendendo irrepreensíveis tais fundamentos, conheço do recurso e lhe dou provimento. É como voto, Senhor Presidente" (REsp. nº 10.660-0 – MG, *in DJU* de 10.06.1996).

TJSP

Execução Fiscal. Penhora em imóvel dado em hipoteca cedular. Preferência do crédito tributário.

"Ementa oficial: Execução fiscal. Penhora. CTN, arts. 184 e 186. LF nº 6.830/80, art. 30. DL 413/69, art. 57. Penhora efetivada em imóvel dado em hipoteca cedular. Alegação de impenhorabilidade, nos termos do art. 57 do DL 413/69. Jurisprudência que se pacificou no sentido de prevalecerem as disposições do CTN sobre a legislação posterior, estabelecendo a hipoteca cedular simples preferência que não impede a penhora e praceamento do imóvel. Agravo improvido.

....

diz o credor hipotecário agravante que o imóvel penhorado foi-lhe dado em hipoteca cedular, registrada na matrícula antes do fato gerador do crédito fiscal; seu direito decorre de ato jurídico perfeito (CF, art 5º, XXXVI).

....

A questão já não causa controvérsia, pois pacificada tanto no Supremo Tribunal Federal como no Superior Tribunal de Justiça: a garantia posta no DL 413/69 prevalece contra os demais credores, mas não contra o Fisco ante os ditames do CTN, que lhe é superior (REsp. nº 90155-SP, 1ª T., *RT* 736/198; REsp. nº 3.227 – ES) ....

....

Os credores hipotecários, pignoratícios e anticréticos não podem opor ao Fisco a garantia real de que são titulares (STF, RE nº 103.169, 1ª T., *RTJ* 112/469; STJ, REsp. nº 39.800-2 – SP, *DJU* de 26.09.1994, EEsp. nº 13.703, *DJU* de 04.10.1994, REsp. nº 55.169 – RJ, *DJU* de 09.10.1995)" (TJSP, Sétima Câmara de Direito Público, acórdão unânime de 24.02.2003 no Agravo de Instrumento nº 309.484-5/9-00, *in Diário das Leis Imobiliário*, SP, nº 30 de 2003, pp. 20/21).

APÊNDICE

MARCOS DO PENSAMENTO FILOSÓFICO, JURÍDICO, SOCIOLÓGICO E ECONÔMICO

DILVANIR JOSÉ DA COSTA
Professor e doutor em Direito Civil (UFMG)
Membro da Academia Mineira de Letras Jurídicas

I. MARCOS DO PENSAMENTO FILOSÓFICO

INTRODUÇÃO

Will Durant (1885-1981), historiador e filósofo norte-americano, autor da História da Civilização e da História da Filosofia, é considerado um historiador do pensamento humano. Ele nos dá uma síntese da história da humanidade sob um enfoque atraente e valioso: a vida e a obra dos dez maiores pensadores ou personalidades que mais contribuíram e se destacaram, com suas ideias e trabalhos científicos, para o progresso dos povos. Começa por acentuar que a história do mundo é a história dos grandes homens. E que os grandes feitos não saem dos campos de batalha e sim dos cérebros e dos corações. Sobre o poder do pensamento, observa que todas as realizações humanas nele encontram sua fonte e sua meta. O surto do pensamento constitui a grande virada do drama da evolução. As invenções brotam das ideias e determinam a história. Nenhuma pressão de circunstância econômica teria sido bastante para promover avanços da humanidade, se as faíscas do pensamento não houvessem interferido.

Afirma ainda que as dificuldades surgem a propósito dos critérios de seleção dos personagens máximos no rol dos gênios humanos. Qual deverá ser o teste de grandeza? Como definir o pensador, dentre os cientistas, filósofos e sábios? A lista não comporta os revolucionários da fé, da ação política e apaixonada, mas só os que, pelo pensamento e pela ciência, vislumbraram a verdade e influenciaram o mundo. Devemos reverenciar quem conquista nosso espírito pela força da verdade e não quem nos escraviza pela violência ou nos engana com a fraude.

Feita a advertência, Will Durant passa a apontar, em ordem cronológica, os dez monstros sagrados que mais influenciaram a ciência e a filosofia nos últimos 2.500 anos. E a fundamentar a sua escolha, o que resumiremos ao nível deste artigo. Temos reservas e ressalvas ao trabalho, não obstante o nosso entusiasmo com a síntese histórico-filosófica e científica da seleção, que resume a própria história da humanidade.

1. CONFÚCIO

O primeiro apontado é o sábio chinês CONFÚCIO (552-479 a.C.), filósofo moral, pelo fato de seu apelo à vida nobre ter tido base em motivos seculares e não em razões sobrenaturais. Ao discípulo que lhe teria indagado se devia pagar o mal com o bem, teria respondido: "Com que então recompensarás a bondade? Pagarás o bem com o bem e o mal com a justiça." Outro mérito de Confúcio foi ter realçado os deveres e obrigações no comportamento das pessoas, mais que os direitos, hoje tão enaltecidos pela justiça dita social.

2. PLATÃO

Depois da China o destaque é para a Grécia do "Século de Péricles." PLATÃO (429-347 a.C.) é o segundo da lista. Foi discípulo de Sócrates, mestre de Aristóteles e fundador da Academia, a primeira e mais duradoura universidade do mundo. Autor de *A República, das Leis* e dos *Diálogos* imperecíveis, obras de filosofia, metafísica, teologia, ética, política, psicologia, educação e arte. Sua influência foi de Alexandria a Cambridge, na teologia cristã, na cultura medieval e na Renascença. Neste momento, em cem países, milhares de estudantes, absorvidos na leitura da *República* e dos *Diálogos*, sentem-se moldados em sabedoria pelo ardor e sutileza do Mestre.

3. ARISTÓTELES

ARISTÓTELES é o terceiro (384-322 a.C.). Autor da *Metafísica,* do *Organon* e de outras obras sobre física, metafísica, retórica, poética, moral e política. É considerado o gênio mais vasto da antiguidade. Em Alexandria e na Roma Imperial sua obra deu início ao avanço da ciência. No século XIII seus escritos filosóficos, trazidos pelos mouros à Europa, fertilizaram a filosofia escolástica. Na volta ao redor do mundo que estamos a dar, esclarece Durant, não encontraremos outro cérebro de maior influência no espírito da humanidade que o de Aristóteles. Foi discípulo de Platão por vinte anos e mestre de Alexandre Magno por recomendação de seu pai Filipe da Macedônia. Fundou a escola filosófica conhecida como *peripatética*(em que se ensina passeando). "O seu sistema mostra-nos toda a natureza como um imenso esforço da matéria bruta para se elevar até ao ato puro, isto é, ao pensamento e à inteligência. É o gênio mais vasto da Antiguidade, abrangendo todas as ciências do seu tempo e muitas que não existiam. Na Idade Média, Aristóteles era o oráculo dos filósofos e dos teólogos escolásticos."

Mas por que excluir Sócrates da lista, indaga Will Durant. E responde: " Sócrates é metade mito. Deve sua fama à divulgação de Platão nos *Diálogos*. Tomemos, pois, Platão como significando ao mesmo tempo a si próprio e a Sócrates."

4. TOMÁS DE AQUINO

TOMÁS DE AQUINO (1225-1274). Dos filósofos gregos, Will Durant dá um salto de 1.500 anos até os grandes pensadores romanos para escolher Tomás de Aquino, filósofo e teólogo católico, autor da *Suma Teológica,* que, segundo seus biógrafos, é a expressão mais perfeita da ortodoxia católica. O tomismo se inspira na filosofia de Aristóteles. "Os imperadores passaram e os papas permaneceram; as legiões já não se moviam, mas os monges e missionários da fé nascente calmamente criavam a ordem nova em que de novo o pensamento iria funcionar. Boaventura e Anselmo consolidaram em majestosa teologia o que havia de racional na fé medieval. Quando o trabalho preparatório se completou, um segundo Aristóteles surgiu... e todas as filosofias tomaram-lhe a "Suma" como premissa. Ainda hoje em cem universidades e mil colégios o pensamento de Aquino é reverenciado como superior à ciência, e sua filosofia constitui o sistema oficial da mais poderosa igreja da cristandade." Com outros filósofos importantes incluídos na lista, "o rol dos dez seria então um álbum dos favoritos, não a galeria dos espíritos de maior influência da humanidade."

5. COPÉRNICO

NICOLAU COPÉRNICO (1473-1543). Até então acreditava-se no sistema geocêntrico do astrônomo grego Cláudio Ptolomeu (Séc. II), que considerava a Terra como corpo fixo no centro do universo. Copérnico, astrônomo polaco, revolucionou o sistema, demonstrando o duplo movimento dos planetas sobre si mesmos e ao redor do Sol, contrariando as Escrituras, conforme expôs no livro "Revolução dos Corpos Celestes". Por ter defendido o mesmo sistema heliocêntrico, em livro de 1632 ("*E pur si muove*", noventa anos depois de Copérnico), que veio a lume no ano de sua morte (porisso não sofreu sanções), o astrônomo italiano Galileu Galilei (1564-1642) teve de retratar-se perante o tribunal da Inquisição, para não morrer na fogueira como herege, tal como já ocorrera com o filósofo Giordano Bruno (1550-1600). "Eles deram início à modernidade. Com eles a Razão fez a Revolução francesa contra a Fé imemoriavelmente firme em seu trono. O céu místico torna-se o céu físico da astronomia."

6. BACON

FRANCIS BACON (1561-1626). Filósofo inglês. Sua escolha se deve à precedência na revolução operada na metodologia da pesquisa científica. "O homem que deu o toque de reunir e mobilizou todas as inteligências. O cérebro que levantou o mapa dos terrenos desconhecidos da investigação; que atribuiu a cem ciências a sua tarefa e lhes predisse incríveis triunfos; que inspirou a Sociedade Real da Inglaterra e a grande Enciclopédia da França; que pôs de lado a adoração e urgiu o controle da natureza; que derrubou a lógica de Aristóteles para entronizar a estrita observação; que delineou o espírito e o propósito da mente moderna; que tornou a investigação independente do princípio da autoridade e do método escolástico e dedutivo; que estabeleceu uma classificação metódica das ciências e, no *Novum Organum*, uma teoria da indução."

7. NEWTON

ISAAC NEWTON (1642-1727). Matemático, físico, astrônomo e filósofo inglês. Tornou-se imortal pela descoberta das leis da gravitação universal. Sua obra *Princípios Matemáticos de Filosofia Natural* estabeleceu a hoje indisputada hegemonia da ciência no pensamento moderno. Suas leis do movimento e da mecânica tornaram-se a base de todos os progressos posteriores. A descoberta da gravitação iluminou o mundo da astronomia. Foi a propósito de Newton que Durant acentuou: " nosso programa nos leva a julgar estes heróis da inteligência dum ponto de vista objetivo, com base na influência que exerceram no mundo."

Somente Albert Einstein (1879-1955), físico alemão do século XX, com a genialidade de suas teorias (relatividade, conversão da energia em massa e vice-versa) conseguiu superar Newton na física, sob certos aspectos, tanto que conquistou o prêmio Nobel de física em 1921. Por isso seria incluído no rol dos sábios e revolucionários modernos da física.

8. VOLTAIRE

VOLTAIRE (1694-1778). Escritor francês. Will Durant custou a justificar a inclusão deste preparador da Revolução francesa na sua lista. Destacou seus méritos de inteligência, competência e talento na divulgação e defesa da causa da liberdade afinal conquistada pela Revolução. Também como divulgador da ciência moderna, na liderança da revista "Enciclopédia", em 33 volumes, que tornou conhecidos os progressos da ciência e do pensamento em todos os domínios, antes da Revolução. Seus autores ficaram conhecidos como enciclopedistas. Will Durant compara: "Assim como a decadência fisiológica não conduz a nenhuma reação antes que a mensagem da dor seja levada à consciência, assim também a corrupção política da França dos Bourbons teria prosseguido em seu curso se um cento de penas viris não levasse aquele estado de coisas à consciência popular. E nessa imensa empresa Voltaire foi o general supremo; todos os mais lhe reconheceram a liderança – e com orgulho. O próprio Frederico II, o Grande, da Prússia, o saudava como "o mais belo gênio produzido pelo mundo."

9. KANT

EMANUEL KANT (1724-1804), filósofo alemão, racionalista. Will Durant nem mesmo fundamenta sua escolha. Foi lacônico. Outros filósofos e juristas poderiam ter ocupado o espaço, tal a repercussão de suas teses. Savigny com a revolução da Escola Histórica na fundamentação do Direito. Hans Kelsen com a teoria pura na mesma fundamentação e sua extraordinária repercussão e fertilidade na conceituação do fenômeno jurídico. Dir-se-ia que foram mais juristas do que filósofos. Mas teríamos ainda Hegel, filósofo idealista como Kant, o qual se projetou tanto com o princípio da contradição ou da união dos contrários na composição da verdade. Ou mesmo Marx com o socialismo revolucionário, que desaguou no socialismo moderno.

Prevaleceu Kant, que teria, segundo ele próprio, provocado uma revolução copernicana na filosofia, colocando a razão no centro do processo de conhecimento. Mas reconheceu a incapacidade do intelecto ou da razão pura (independente da experiência) para atingir a essência das coisas. Por isso confessou afinal, depois de exaltar a razão e lhe impor os limites, que *"duas coisas me deixam a alma cheia de admiração e estupor: o céu estrelado sobre minha cabeça e a lei moral dentro de mim."* (Declaração gravada em placa no seu sepulcro). Essa lei do dever ou imperativo categórico fez com que acreditasse no legislador e no autor do universo transcendente. E assim conciliou a ciência com a fé, a razão com a esperança.

10. DARWIN

CHARLES DARWIN (1809-1882), naturalista inglês, autor de *Origem das espécies pela seleção natural (1859*). Assim nasceu o darwinismo ou transformismo, contra o criacionismo ou dogma bíblico da origem do homem.

"Copérnico reduzira a terra a grão de poeira entre as nuvens; Darwin reduziu o homem a um animal em luta para uma transiente dominação do Globo." (Durant).

Maior destaque talvez merecesse o filósofo inglês Herbert Spencer (1820-1903), o qual, em 1862 (3 anos depois da obra de Darwin),iniciou a publicação dos dez volumes em que "sistematizou e deu forma ao evolucionismo biológico de Darwin, que não passou de uma hipótese" (Luño Pena).

Segundo o filósofo italiano Giorgio del Vecchio: "Toda a teoria darwiniana se apóia nestes dois princípios: luta pela vida e consequente seleção natural. Segundo Herbert Spencer, que construiu um sistema completo de Filosofia sobre a hipótese da evolução, a vida do Universo é um grande ritmo, um movimento contínuo de formação e de dissolução. O sentido desse movimento é o que constitui a evolução: e esta consiste precisamente em um trânsito do homogêneo ao heterogêneo, do indiferenciado ao diferenciado, do incoerente ao coerente."

Decorridos 200 anos de Darwin e 150 anos de sua obra, ainda pairam dúvidas sobre o dogma da criação e a hipótese da evolução. O transformismo não saiu do domínio da hipótese para a tese cientificamente demonstrada. Mas valeu a iniciativa revolucionária de Darwin para o debate interminável.

11. CONCLUSÃO

Ai estão os que contribuíram com a inteligência para a ciência, para as invenções e descobertas em favor do progresso da humanidade.

Alexandre Magno, César, Napoleão e Hitler não os integram, porque usaram o argumento da força e não a força do argumento.

Certamente que muitos outros cientistas de expressão contribuíram para o aperfeiçoamento, desdobramento e enriquecimento das obras desses líderes de projeção mundial. A lista seria muito longa.

Também no domínio das artes muitos se destacam com suas obras imortais (poetas, escritores, pintores, escultores, cantores e compositores). Na engenharia, na arquitetura, na medicina, no direito e em tantas outras atividades técnico-científicas. As pirâmides do Egito são exemplos de obras que se destacam na história da civilização, seja pela estrutura física ou aparência seja pela sua destinação ou finalidade transcendental. Poderíamos compor muitas listas de autores anônimos em múltiplos setores da sociedade.

O próprio critério de excluir da lista os fundadores de três religiões monoteístas maiores, que vêm influenciando a humanidade ao longo dos últimos milênios, não se justifica. Seria ignorar as suas respectivas origens, fundamentos, crenças, leis e sua marcante presença e atuação constante na vida pessoal, social e até política dos homens.

Nada marcou tanto a vida dos povos, ao longo dos séculos, do que essas três religiões. Seus fundadores não podem ser excluídos da lista dos que fizeram a história da civilização. Refiro-me a MOISÉS, MAOMÉ e JESUS CRISTO.

A vida de Moisés está ligada ao *Decálogo*, ao *Deuteronômio* e ao *Antigo Testamento,* livro sagrado dos judeus e cristãos. A *Bíblia* contém a história do mundo e do homem e as regras de comportamento. Moisés teria sido o mensageiro dessas regras.

Maomé e seus continuadores fundaram o islamismo ou religião muçulmana dos povos árabes, cuja síntese e princípios se encontram no *Alcorão*, código de leis, doutrina e princípios atribuído a Maomé, o qual encerraria o conteúdo de todas as bibliotecas, segundo seus adeptos. Sua paixão e ação religiosa foram tão intensos que conquistaram partidários em todos os continentes. Chegou a inspirar o crítico Voltaire a escrever uma tragédia sob o título *"Maomé ou o fanatismo,"* condenando o fanatismo religioso. Suas mesquitas ou templos religiosos, obras de arte monumentais, dão o testemunho milenar de sua fé e de seus valores morais.

Finalmente Jesus Cristo foi o criador e defensor da religião do amor e do perdão.

Suas catedrais, igrejas, seminários e obras sociais dão o testemunho de sua obra civilizatória, libertadora e humanitária, com suporte no *Novo Testamento.*

II. MARCOS DO PENSAMENTO JURÍDICO

INTRODUÇÃO

Assim como Will Durant apontou os dez maiores pensadores, filósofos ou cientistas que contribuíram para o estudo da origem, evolução e destino do homem e do mundo, Clóvis Beviláqua selecionou, com seus critérios e sua cultura jus-filosófica, os seis maiores "juristas filósofos" ou os marcos do pensamento jurídico.

Vimos como foi difícil para Will Durant selecionar os dez maiores pensadores, tal a variedade de critérios que se pode adotar na escolha. Ele partiu do pressuposto de que " os mais poderosos fatores da história são as ideias – invenções, religiões, filosofias e formas de governo." Referiu-se à influência das ideias de Nietzsche sobre Hitler e de Marx sobre a vida da Rússia. E concluiu: " as grandes coisas de nosso século não sairão dos campos de batalha e sim dos nossos cérebros e corações." E apontou Confúcio, Platão, Aristóteles, Tomás de Aquino, Copérnico, Bacon, Newton, Voltaire, Kant e Darwin como os dez maiores pensadores da história humana.

Mais difícil se afigurou a Clóvis Beviláqua apontar e qualificar os juristas filósofos que mais se destacaram na história da filosofia e do direito.

Quando apresentou o livro com esse título, em fevereiro de 1897, não conseguiu selecionar mais do que meia dúzia de juristas filósofos: Cícero em Roma, Montesquieu na França, Ihering e Hermann Post na Alemanha, Tobias Barreto e Sylvio Romero no Brasil.

Já no prefácio Clóvis se preocupou em adiantar o conceito de juristas filósofos: homens do direito que, do terreno médio da ciência prática, do conhecimento das leis e dos princípios que fazem mover-se a mecânica do direito, se elevaram às generalizações superiores que unificam os grupos particulares de fenômenos da mesma ordem e os prendem ao conjunto cósmico." Disse ter destacado alguns nomes representativos de uma forma nova do pensamento jurídico ou criadores de uma fase nova da ciência do direito. "Escolhi alguns juristas filósofos cujos nomes se me afiguram em condições vantajosas para indicarem o curso de uma corrente de ideias , como postes luminíferos ao longo de uma estrada em noites trevosas, ou à semelhança de bóias que anunciam os baixios escondidos sob o infindável manto azul das águas. Não se tratava de esgotar a lista e sim de estudar alguns que nos indicassem um dos caminhos seguidos pela doutrina jurídica : o caminho por onde se canalizam as minhas mais fortes simpatias."

Ainda no prefácio Clóvis traça o perfil das personagens escolhidas. Cícero representa a junção da jurisprudência romana com a filosofia grega, do elemento dogmático com o especulativo do saber jurídico. Em Montesquieu, que os franceses consideram filósofo e os alemães jurisconsulto, Clóvis identificou a aplicação de um novo método ao estudo do direito. Significou o início da jurisprudência moderna, assim como Bacon e Descartes simbolizaram a transformação da filosofia nos tempos modernos. Ihering e Post retratam as duas principais feições científicas da jurisprudência contemporânea. Tobias Barreto e Sylvio Romero refletem essas feições entre nós, cada qual com o colorido de sua cultura filosófica. Teve em mira mostrar ideias por traz de nomes sugestivos.

Na introdução de sua obra clássica, Clóvis remonta às origens do fenômeno jurídico, ainda nebuloso e envolvido com as regras e crenças religiosas, até mesmo como forma ou técnica de melhor se impor à consciência dos homens. Isto explica os mitos sugestivos e as entidades sobrenaturais que inspiraram os primeiros legisladores dos povos (o Deus Sol do Código de Hamurabi, o Jeová do Decálogo de Moisés, o Alah do Alcorão de Maomé). Bem por isso foram sacerdotes os primeiros depositários, conhecedores, intérpretes e aplicadores do direito. A classe sacerdotal forneceu os juízes e os consultores jurídicos no Egito, na Grécia, em Roma, na Índia, na Gália e por toda parte. Da nebulosa religiosa primitiva desprenderam-se as disciplinas mentais, inclusive a doutrina jurídica. Somente ao longo do tempo e sob influências diversas as normas jurídicas foram se expandindo e ganhando autonomia e consistência na laicidade moderna. Tentaremos resumir o pensamento de Clóvis sobre a evolução da doutrina jurídico-filosófica nas culturas helênica, romana e moderna.

Na Grécia, os oráculos proferiam decisões divinas pela boca dos sacerdotes, inspirados por Themis, a deusa da Justiça. Mas o solo grego, tão fecundo para as concepções filosóficas e as criações estéticas, foi medíocre na produção da cultura jurídica. Notáveis advogados e oradores existiram, como Demóstenes. Nenhum deles fez do direito um verdadeiro culto, nenhum foi jurista na significação intensa do vocábulo. Se a doutrina jurídica pôde elevar-se na Grécia a conceitos dignos de perpetuação, deve-o às laboriosas especulações filosóficas. Sócrates lançou as primeiras sementes do direito natural e do *jus gentium* dos romanos. Acentuou o caráter de permanência, generalização e universalidade de certos princípios jurídicos, que seriam os mesmos em todos os países, embora não se achassem escritos nos códigos. Platão identifica o bem com o justo. Aristóteles avança: a justiça é o bem, mas o bem social. A lei é uma forma contingente e variável de traduzir a justiça. Distingue o direito positivo do natural, sob a forma da equidade.

Os estóicos depuram ideias que hão de iluminar a jurisprudência romana, insuflando-lhe os princípios filosóficos.

Enquanto na Grécia a filosofia conduziu ao estudo das questões fundamentais da doutrina jurídica, em Roma os sacerdotes, a quem incumbia o conhecimento e a guarda da lei, se transformaram na poderosa congregação leiga dos jurisconsultos. O direito gravado na Lei das XII Tábuas (450 a.C.) e as formas processuais eram mantidos por um colégio de sacerdotes. A classe dos jurisconsultos começou a formar-se fora da atmosfera dos templos. A jurisprudência arrastou-se longamente no aprendizado da arte de interpretar e de aplicar a lei. Com o estímulo da filosofia grega e as energias mentais do povo romano, criou-se esse monumento imperecível de saber, de lógica e de argúcia que admiramos no Digesto ou Pandectas, a parte mais destacada do *Corpus Juris Civilis* (ano 533 de nossa Era), obra imortal do Imperador Justiniano e de seus jurisconsultos assessores em Constantinopla. Foi a jurisprudência, no dizer de Ihering, a filosofia nacional dos romanos. Quem quiser saber como os romanos compreenderam o homem e a sociedade, não deve perguntá-lo a Lucrécio, a Sêneca ou a Marco Aurélio (seus filósofos), mas a Paulus, Ulpianus, Gaius, Modestino e Cícero (seus jurisconsultos). Os juristas romanos não foram filósofos, assim como os filósofos gregos não foram jurisconsultos. Por isso a Grécia não teve jurista filósofo. E Marco Túlio Cícero foi o que se destacou em Roma, o único a merecer de Clóvis esse título.

CÍCERO

Marco Túlio Cícero (106-43 a.C.) foi o maior orador romano, assim como Demóstenes o foi da Grécia. A filosofia nunca se aclimatou em Roma para produzir um gênio criador e original. O filósofo, em Marco Túlio, ficou em segundo plano. Foi um diletante, versado nas letras gregas. Consideremos as contribuições que trouxe à ciência do direito. *De Republica, De legibus, De officiis* são as obras principais que nos deixou e podem nos oferecer sua teoria sobre o direito. Foi um vulgarizador eloquente e entusiasta da filosofia grega. Viveu quando começava a se operar a fusão da civilização grega com a latina. Daquela vinham a filosofia e as artes, desta o direito e a força. Por esse tempo a jurisprudência deixou de ser o simples conhecimento exato do direito vigente e a interpretação formal das leis decenvirais, para tornar-se a elaboração científica e prática do direito. Esta transmutação e este surgir da ciência jurídica teve seu começo com o pontífice máximo Mucio Scevola, mestre de Cícero, o que proporcionou a este o ensejo de ser o primeiro romano a lançar as bases de uma teoria filosófica do direito e da política. Quem quiser conhecer como um romano instruído em filosofia aplicava os princípios gerais dessa disciplina à ciência do direito, em que era profissional, deve dirigir-se a Marco Tullio Cícero, de preferência a qualquer outro, indaga e responde Clóvis.

Na *Republica*, trata das formas de governo – realeza, aristocracia e democracia. Somente um meio seguro existe para evitar a degeneração dessas formas puras de governo em anarquia ou tirania: é congraçar em forma composta ou mista os elementos divergentes das formas puras, naquilo que contiverem de vantajoso, eliminando-se os inconvenientes de cada uma pela ação dos contrários nas outras. Seria essa a quarta e melhor forma. A monarquia parlamentar inglesa serve hoje de exemplo, assim como a tentativa de solução de uma crise no Brasil criada com a renúncia do presidente Jânio Quadros: Tancredo Neves, como primeiro ministro, dividiu o Poder Executivo com o vice-presidente João Goulart, aliviando a crise e salvando a democracia.

Ainda na *Republica* Cícero trata do direito natural e da justiça absoluta, medindo forças com o dialético Carneades, para quem o direito natural não passava de uma quimera. Os homens procuram o que lhes é vantajoso. Se todos os povos, inclusive os romanos, quisessem ser justos e restituíssem o que tomaram dos outros, teriam de retornar às cabanas primitivas e vegetar na pobreza e na miséria. Não possuiriam mais um palmo de terra. Que faria o justo se, em um naufrágio, visse um homem mais fraco apoderar-se de uma tábua de salvação? Cícero mal dá conta de refutar o argumentador sofista.

No *De legibus* argumenta que o direito não deriva da opinião mas sim da natureza humana. Daí o caráter de universalidade.

O *De officiis* contém a doutrina do direito natural em seus traços essenciais.

Segundo Clóvis, Cícero pôde elevar-se às concepções da metafísica, que, se hoje são um entrave ao desenvolvimento do direito ciência, foram, em outros tempos, uma indeclinável necessidade mental e um benéfico protesto em favor dos oprimidos.

Reproduzindo e embelezando as lições dos filósofos gregos, Cícero esgotou o assunto que depois retomaram os teoristas do direito natural, sem poderem acrescentar uma ideia essencial ao quadro, conclui Clóvis.

Marco Tulio Cícero, o primeiro jurista filósofo foi, "como escritor, a suprema expressão do gênio latino, modificado pelo gênio grego."Além dos tratados filosófico--jurídicos que escreveu e da sua eloquência judiciária, ficou célebre pelos discursos políticos e críticos que proferiu, a exemplo das Catilinárias, das Filípicas e das Verrinas, que lhe valeram o título de "Pai da Pátria".

MONTESQUIEU

Montesquieu (Carlos de Secondat, barão de... 1689-1755). Obras principais: Cartas Persas, Considerações sobre a causa da grandeza e da decadência dos romanos e O Espírito das leis. Defensor da doutrina da separação dos Poderes, precursor da Revolução Francesa e inspirador das reformas trazidas pela Assembleia Constituinte de 1789 para o regime político francês.

Clóvis dá um salto de 1700 anos para descobrir, na França, o segundo jurista filósofo. Considera o Espírito das leis – sua obra principal – um dos mais sólidos pilares do pensamento jurídico, o qual, apoiado na história e na legislação comparada, oferece base segura às construções da filosofia. Faz comparações como esta para justificar sua escolha: "Cujas (Jacques, jurisconsulto francês, 1522-1590), é mais genuinamente jurista, é mais perspicaz na interpretação do direito romano por intermédio da história, da filosofia e da literatura, porém, Cujas é, afinal, somente um romanista ainda mal desprendido da estrutura do método dos glosadores. Mas Montesquieu soube criar uma construção nova que inaugurou uma época também nova para a ciência do direito." Clóvis se refere a três direções que se criaram ao pensamento jurídico, em suas relações com a filosofia, no Século XVIII. De um lado, a teoria do direito natural, com sementes lançadas pelos gregos, com domínio momentâneo em Roma e que se firmou no livro de Grotius (Hugo, 1583-1645) – *De jure belli ac pacis.* De outro, a reação positivista de Benthan pelo utilitarismo. De outro, a tendência histórica que se iniciara com Cujas e deu origem à Escola Histórica de Savigny. Reitera que não pretende falar das filosofias que se preocuparam com o direito, mas somente dos juristas da mais alta generalização no domínio de sua própria ciência. E exemplifica: Kant é o filósofo máximo dos tempos modernos. Teve influência sobre a doutrina jurídica, criando uma filosofia nova do direito. Foi filósofo máximo mas não jurista, assim como Savigny foi grande jurista mas não filósofo.

Prosseguindo, refere-se ao movimento contra a tirania política e religiosa que se acentuou no Século XVIII. Montesquieu contribuiu com seus livros para dar-lhe impetuosidade, com a contribuição de Voltaire, Rousseau e os enciclopedistas, até o desfecho de 1789. Ficou célebre a definição: "As leis são as relações necessárias que derivam da natureza das coisas." Segundo Clóvis, a definição não se pode aplicar às leis que constituem o direito positivo dos diversos povos. O que o autor do Espírito das Leis quis significar é que as leis humanas são traduções incorretas, obscuras, mesmo falsas das leis naturais aplicadas ao homem social. Este o pensamento capital do livro.

Depois de distinguir as formas de governo, passa a decompor o poder público em seus elementos precípuos – legislativo, executivo e judiciário. Esta tríplice feição do poder político, achada pela análise arguta deste grave pensador, constitui uma verdade definitivamente adquirida pela ciência. E conclui Clóvis: " O Espírito das leis deve ser considerado um dos momentos mais belos da aplicação do método histórico e comparativo ao estudo do direito.E o seu autor não deve ser venerado somente como filósofo e historiador, mas como criador do direito ou legislação comparada como método do estudo da jurisprudência.

IHERING

Rudof von Ihering (1818-1892) teria sido o maior jurista filósofo de todos os tempos. Clóvis assim o descreve: "Com um preparo científico tão sólido quanto vasto, resume o saber jurídico de seu tempo. Assenta as bases de uma filosofia jurídica na altura da ciência de Darwin, Haeckel e Spencer. O princípio da finalidade sobre o qual repousa o seu sistema é psicológico. Foi o primeiro a transpor para o direito a noção de luta darwínica.E prossegue Clóvis: " Toda a filosofia jurídica de Ihering pode ser estudada na *Luta pelo direito* e na *Finalidade do direito;* seu método e sua lógica jurídica podem igualmente ser inteiramente apreendidos no *Espírito do direito romano* com os seus geniais complementos, entre os quais se destaca o *Papel da vontade na posse. O Espírito do direito* romano é um majestoso vôo de águia a subir, desde as planuras sombrias do fundo dos vales, onde se escondem as origens históricas do direito até os cimos iluminados, onde a razão prática dos romanos arquitetou o grande monumento de sua legislação imorredoura."

"Para que a vontade do indivíduo se estimule, existe o *interesse.* E, para que esse interesse não sucumba, defendem-no, a princípio, a força individual, e, depois, a social. Assim, vê-se que no direito se conjugam dois elementos: um essencial e íntimo, – o interesse; e outro formal e exterior, – a força. E como a força social se revela e se anuncia hoje por meio da lei, os direitos se deixam compreender como *interesses que a lei protege.* O interesse é a substância mesma do direito; a força é a forma por meio da qual ele alcança o seu fim."

"Eis a teoria jurídica que se desprende do *Espírito do direito romano.* Porém, como não é este um livro de pura doutrina, Ihering enfrenta os institutos jurídicos da legislação romana, um por um, "e nos mostra, com eloquência e clareza, como realmente os seus princípios não são mais do que uma síntese abstrata da realidade objetiva da vida, observada no povo que levou mais longe o desenvolvimento do direito."

"Todo o direito que existe teve de ser adquirido pelo combate; todos os princípios jurídicos que hoje vigoram tiveram de ser impostos por meio da luta àqueles que não os queriam reconhecer, e todo o direito, o de um povo como o de um indivíduo, supõe que o seu possuidor está pronto a defende-lo. O direito não é uma ideia lógica, mas uma ideia de força; eis porque a justiça que soergue, numa das mãos, a balança onde pesa o direito, sustenta, com a outra, a espada para fazê-lo valer. A espada sem a balança é a força bruta; a balança desacompanhada da espada é o direito em sua impotência. O termo do direito é a paz, o meio para atingi-lo é, porém, a luta; a afirmação do nosso direito é um dever para conosco e para com a sociedade."

"É, pois, o fim o criador do direito, como diz o mote da folha de rosto do grande livro (*A finalidade do direito).* E a causa final que, na prática, suscitou o nascimento do direito foi a necessidade de assegurar as condições da existência social."

"A Ihering devemos o ressurgimento da ciência do direito. Devemos a Ihering e a Hermann Post a ação principal de transformação que tem retirado da jurisprudência essa tonalidade soturna e o odor de mofo, que afastavam dela a curiosidade dos moços, tornando o direito assunto atraente."

4. HERMANN POST

Hermann Post (1839-1895). Jurista filósofo alemão colocado por Clóvis ao nível de Ihering. Vejamos as razões. Teve por arma o método indutivo. Parecia-lhe absurdo extrair um sistema jurídico aceitável de noção abstrata. Os fatos por ele observados para coleta de materiais foram as legislações e os costumes jurídicos de vários povos. Explorando a legislação comparada, elevou os mais vastos e surpreendentes monumentos nos seus livros incomparáveis: *Fundamentos do direito, Jurisprudência africana e Jurisprudência etnológica.* O direito entrara na fase nova do experimentalismo e do realismo evolucionista. Assim iniciou Clóvis o seu estudo.

E prossegue: "Em uma literatura jurídica poderosa, opulenta e lucífera como a da Alemanha, só conseguem adquirir notoriedade os espíritos de escol, que não se ofuscam, de todo, no campo de irradiações fortíssimas que se desprendem dos grandes mortos como Savigny, Puchta. Ihering. Alberto Hermann Post, o notável juiz de Bremen, o admirável trabalhador da *Jurisprudência africana,* que um jurista italiano chamou de estupenda, o admirável filósofo dos *Fundamentos do direito,* o mestre adorável da *Jurisprudência etnológica, está nessas condições.*"

"Sem espírito filosófico, toda ciência é simples amontoado de fatos mal esclarecidos, e sobre os quais não passa, em estremecimentos de vitalidade, a voz da unidade ncia, que vem reboando pela mente dos mais nobres pensadores, para estabelecer a ligação coexistencial e sucessional dos fenômenos. Mas, para estabelecer a filosofia do direito sobre bases experimentais, dois caminhos se abriram diante dos investigadores. Um em que preponderava o método dedutivo, outro que a primazia era cedida à indução. Ihering preferiu o primeiro. Hermann Post adotou o outro sistema. Saindo da universidade com uma educação jurídica limitada à jurisprudência romana e a um pouco da alemã, como diz ele em mais de uma ocasião, não se sentia apto para compreender a vida do direito. E vendo a marcha seguida pelas ciências reanimadas pelo método experimental, compreendeu que se poderia fazer alguma coisa de semelhante em relação ao direito. Atirou-se, portanto, à faina, colhendo os documentos, estudando os sistemas jurídicos que se lhe depararam, remontando às origens, não desdenhando os rudes e humildes povos deserdados do quinhão hereditário da civilização. Das pesquisas resultaram as conclusões a seguir resumidas por Clóvis e por nós.

"Para compreendermos bem o fenômeno jurídico, que pertence ao grupo sociológico, necessário é que primeiro façamos conhecimento com os seus enraizamentos biológicos. Essas raízes são o instinto de conservação e o de reprodução, de onde resulta o combate pela existência social. Constituem esses dois instintos fundamentais uma forma das duas tendências que devem existir em todo organismo, constituem a tendência para conservar e desenvolver a própria existência e a tendência para limitar a ação de todos os outros organismos. Combinadas elas com as tendências semelhantes da sociedade, produzem um *modus vivendi* particular, que é o direito. É fácil de ver que também dessa fonte nasceram a moral e outros sistemas de normas reguladoras da conduta humana. O direito é a manifestação, na natureza biológica do homem e na coexistência social, de uma lei que governa todo o cosmos: é o equilíbrio resultante da combinação daquelas tendências contrárias, por parte do indivíduo e dos agregados sociais, e as quais correspondem, na vida social, às forças de atração e repulsão da vida cósmica. Uma ciência geral do direito deve abranger necessariamente essas duas faces da externação da vida do direito humano, sendo, portanto, ao mesmo tempo, psicológica e sociológica.

Ihering nos diz que o fim social é o criador de todo o direito; Post faz-nos avançar um pouco além, e mostra-nos que o direito, em virtude do qual os indivíduos e as classes se equilibram na sociedade e as nações no mundo, é a manifestação, no meio social, da mesma força que traz em estado de equilíbrio os corpos celestes, "correspondendo o direito, na vida social, às forças de atração e repulsão da vida cósmica."

5. TOBIAS BARRETO

Eis a introdução de Clóvis sobre os juristas filósofos brasileiros: "Sei que a jurisprudência não realizou aqui dessas descobertas que transformaram as bases de uma ciência, que não produziu um desses vultos alcandorados em tão grande altura que podem ser vistos de todos os cantos do globo. José da Silva Lisboa, visconde de Cairú, é o vulto que serve de ponto de partida a quem procura acompanhar o desenvolvimento de nossa literatura jurídica. Lisboa blindou sua cultura com os princípios da economia política e conseguiu fundar o direito mercantil, dando-lhe sistema e cunho científico. Porém, se foi um jurista eminente, que compreendeu o proveito a tirar das ciências sociais e da economia política para elucidação do direito, não possuía o seu engenho essa nobre saliência que conduz às abstrações da filosofia e às construções que sintetizam os conhecimentos e generalizam as ideias. Seu domínio foi o direito comercial."

Nossa preocupação, com as transcrições sumárias mas valiosas, é mostrar os critérios de Clóvis na seleção dos juristas filósofos. E prossegue o mestre: "Perdigão Malheiros deixou-se prender sempre ao direito positivo, como Pimenta Bueno, Paula Batista, Ramalho, Braz Florentino e Nabuco. A técnica os preocupa, mas não a filosofia do direito. Teixeira de Freitas é o nosso maior jurisconsulto, pela vastidão de seus conhecimentos especiais, pela originalidade de suas concepções, pela segurança de seu raciocínio. Quem preparou a *Consolidação das leis civis,* com as belas e fortes páginas que lhe servem de introdução, e as notas que animam e ilustram o texto; quem condensou no *Esboço do código civil* todo o saber jurídico dos melhores mestres do tempo, incluído entre eles o insigne Savigny, tem direito a reverência cultural de todos os que professam a jurisprudência no Brasil. Porém, talvez lhe parecesse, como a Savigny, que a filosofia nada tinha que ver diretamente com a jurisprudência, que em vez de sustentáculo e guia antes era um elemento conturbante do encadeiamento ideológico da doutrina jurídica. Lafayette e Ribas tornaram familiares, nas escolas de direito, a feição e as doutrinas da civilística alemã, no que ela oferece de mais geral; Tão Vieira chamou a atenção dos estudiosos para a renovação do direito criminal na Itália, e fez-se um apóstolo da escola positiva; Ruy Barbosa desvendou, aos olhos brasileiros, a ciência do direito público que a América do Norte criara e nós quase ignorávamos que existisse antes que a víssemos trasladada, em correta e lucilante frase portuguesa, pelo escritor bahiano. Nenhum destes ainda assentou sobre a doutrina jurídica as construções generalizadoras de uma filosofia do direito. Saturam-se com os princípios da ciência; estão muito distanciados dos espíritos áridos, para os quais todo o direito se acha concretizado na lei ou nalgum manual que lhe desarticula os editos em múltiplas hipóteses para delícia dos causídicos. É um mérito esse por certo. Entretanto é ainda mais longe que demora a filosofia. Certamente não se pensará em defrontá-la em alguns compêndios que escreveram Autran, Silveira de Souza e Benevides, sobre os temas capitais do direito natural. São trabalhos modestos que não visaram transpor o círculo dos estudantes de direito, e que estes esqueceram terminando o exame do primeiro ano. Já, porém, com as lições de José Hygino derrama-se um jato de luz nova sobre esses temas, e o terreno se prepara para receber a completa e brilhante transformação das ideias, operada por Tobias Barreto.

Tobias Barreto de Menezes (1839-1889). Segundo Clóvis, a campanha dirigida contra o direito natural oferece-nos uma das faces mais brilhantes e originais da obra de Tobias. "É preciso bater cem vezes e repetir: o direito não é um filho do céu, é simplesmente um fenômeno histórico, um produto cultural da humanidade. O direito é, portanto, uma criação humana que se desenvolve com a civilização, ao contrário do que pensavam os teoristas do direito natural, que no-lo apresentavam, em sua essência, como uma centelha divina, destinada a nos iluminar nas trevosidades da vida, ou como uma ideia universal e necessária, obtida pela razão, pela inteligência enquanto capaz de compreender o absoluto."(*Estudos de direito).*

"O direito é um *modus vivendi*, é a pacificação do antagonismo das forças sociais, porquanto é somente da combinação harmônica do interesse de todos que pôde resultar a força do direito numa sociedade organizada. E o fito da lei, expressão mais notável do direito, é traduzir, do melhor modo, a consubstanciação desses interesses que se contrariam, a sinergia dessas forças que se chocam."

"Todo o sistema de forças vai atrás de um estado de equilíbrio; a sociedade é também um sistema de forças, e o estado de equilíbrio que ele procura é justamente um estado de direito, para cuja consecução ela vive em contínua guerra defensiva, empregando meios e manejando armas que são sempre forjadas, segundo os rigorosos princípios humanitários, porém que devem ser sempre eficazes. Entre estas armas está a pena, (convém lembrar que Tobias era também criminalista)"

6. SYLVIO ROMERO

"Sylvio Romero, entre todos, levou mais longe as investigações puramente filosóficas, nos seus *Ensaios de filosofia do direito*, e é de esperar que prossiga nesse caminho, para o qual certamente o convidam os estudos com que tem de preferência alimentado a sua fecunda inteligência, que, se obedece hoje ao evolucionismo spenceriano, o faz sem submissão fanática, sempre à escuta para apanhar as irradiações do ideal científico, venham da Alemanha, da Inglaterra ou da França.

"O direito, como todas as manifestações sociais, por isso que se move no mundo, recebe as influências do meio cósmico; porque aparece através do homem, tem raízes biológicas nos seus instintos fundamentais; porque limita a liberdade humana, adapta as atividades individuais aos fins da sociedade, harmoniza e equilibra os interesses colidentes, é uma portentosa operação de cultura, uma admirável obra de arte em que a civilização trabalha desde séculos sem fim."

7. SÍNTESE FINAL DA OBRA DE CLÓVIS

"a) A doutrina do direito começou por ser uma parte modesta da liturgia primitiva, sendo, então, confiada ao zelo religioso de sacerdotes.

Evoluindo, tomou corpo e, desprendendo-se do ritual religioso, foi constituir uma disciplina mental à parte, mirando o ideal longínquo da laicidade. Guindou-se logo, na Grécia, aos cimos da filosofia, mas sem o suporte indispensável dos estudos especiais e das aplicações experimentais. Em Roma, foi sua marcha menos precipitada, e, por isso mesmo, mais segura e proveitosa. Foram os juristas que remontaram às fontes superiores e mais puras dos conhecimentos para melhor compreensão do objeto de suas cogitações de todos os momentos, e não os filósofos que o apanharam de passagem para faze-lo entrar na engrenagem de seus sistemas.

Por muitos anos, a filosofia a que alçaram os juristas foi um apriorismo dos mais ingênuos e inconsistentes. Mas a reação materialista e autoritária de Hobbes, a orientação naturalista de Bentham, o historicismo de Montesquieu e da escola alemã, que teve por chefe Savigny, afastando, definitivamente, a ação estorvante do teologismo e do metafisicismo arruinado, abriram o caminho às doutrinas, triunfantes na atualidade, que enchergavam no direito um fenômeno social e não um presente divino nem uma realidade absoluta.

É certo que foi ao influxo da filosofia geral que a jurisprudência deu esse passo decisivo. Porém, é também verdade que os juristas contribuíram com alguma coisa para a renovação do pensamento filosófico, assente na observação direta dos fatos; e não tenhamos dúvida de que, se o espírito filosófico não penetrasse por intermédio deles na jurisprudência, seria como inexistente para todo este vasto círculo de atividades mentais, como aconteceu na Grécia.

Um filósofo poderá dar as bases gerais e a orientação da filosofia do direito, não há contestá-lo; muitos o têm realizado com elevação de vistas e genial intuição dos fatos; mas somente um jurista, pelo conhecimento especial que possui do direito, poderá levar, com segurança, as luzes da doutrina a todos os plexos em que se acasalam normas jurídicas e atividades indivíduo-sociais. A essa tarefa se entregaram os homens ilustres a que me refiro no correr deste escrito, como entregar-se-ão aqueles que os hão de substituir no labor. E não penso errar supondo que descortinará uma bela face da evolução da filosofia aquele que a estudar através dos juristas filósofos, estudo que eu apenas pude indicar neste ensaio."

8. CONCLUSÃO

Ai estão os juristas filósofos, no parecer de Clóvis Beviláqua, em livro com esse título. Percebe-se o rigor do autor na seleção. A Grécia foi rica em filosofia mas não teve um jurista filósofo, por falta de juristas ou de cientistas do direito. Roma, berço da cultura jurídica, com um milênio de jurisprudência desde as XII Tábuas (450 a.C.) ao *Corpus Juris Civilis (533 de nossa Era),* foi um celeiro de juristas clássicos de renome, mas que não se dedicaram aos estudos filosóficos. Somente Cícero foi, "como escritor, a suprema expressão do gênio latino, modificado pelo gênio grego." Notável jurista e conhecedor da filosofia grega. Além dos tratados filosóficos e da eloquência judiciária, ficou célebre pelos discursos políticos, pelas Catilinárias, Verrinas e Filípicas. Na Idade Média e na Era Moderna houve na Europa grandes filósofos não juristas e notáveis juristas não filósofos. Clóvis destacou Montesquieu com o *Espírito das Leis,* Ihering com o *Espìrito do Direito Romano* e Hermann Post com a Jurisprudência Etnológica. O critério foi a conjugação da cultura jurídica com o suporte filosófico. Kant teria sido o filósofo máximo mas não foi jurista. Savigny foi jurisconsulto renomado, "um dos criadores da ciência moderna do direito", fundador da Escola Histórica na conceituação do direito e não incluído por Clóvis, assim como o nosso Teixeira de Freitas, autor da *Consolidação das leis civis* e do *Esboço do Código Civil,* com perto de 5000 artigos. Ter-lhes-ia faltado o suporte filosófico. Não teríamos dúvida em considerá-los juristas filósofos, assim como ao próprio Clóvis, autor do projeto do nosso Código Civil de 1916 e de tantas obras jurídicas clássicas, inclusive esta em que se revelou juiz dos juristas filósofos. Incluiu apenas Tobias Barreto e Sylvio Romero no Brasil, pelas razões e critérios que apontou.

Sem pretensão e autoridade para tanto, atualizaríamos em parte a lista com Miguel Reale, por suas criações jus-filosóficas – a *Teoria Tridimensional na conceituação do Direito, a Filosofia do Direito e outras obras, ao lado da coordenação* do projeto do novo Código Civil (2002). Eduardo Espínola, como ex-Ministro do Supremo Tribunal e autor do extraordinário *Tratado de Direito Civil Brasileiro* também faria jus ao título, assim como Pontes de Miranda, por seu *Tratado de Direito Privado,* em 60 volumes, o *Sistema de ciência positiva do direito* e seus comentários à Constituição e ao Código de Processo Civil. São mais do que jurisconsultos.

Nos planos interno e externo muitos vêm se destacando depois de Clóvis, por suas teorias jurídico-filosóficas sobre a natureza, o conceito e a evolução do direito.

BIBLIOGRAFIA

BEVILÁQUA, Clóvis. Juristas filósofos. Biblioteca digital jurídica. STJ.

CATHREIN, Victor. Filosofia del derecho. Madrid: Edit. Réus, 1950.

DEL VECCHIO, Giorgio. Filosofia del derecho. Barcelona: Bosch, 1953.

DURANT, Will. Obras filosóficas – Os grandes pensadores. São Paulo: Cia. Edit. Nac., 1969.

GROPPALI, A. Filosofia do Direito. Lisboa: Livr Clássica Edit., 1926.

LUÑO PEÑA, Enrique. Historia de la filosofia del derecho. Barcelona: Edit La Hormiga de Oro, 1948.

RADBRUCH, Gustav. Filosofia do Direito. Coimbra: Armênio Amado, 1974.

REALE, Miguel. Filosofia do Direito. São Paulo: Saraiva, 1978.

RECASENS SICHES, Luis. Tratado general de filosofia del derecho. México: Edit. Porrua, 11978.

RUSSELL, Bertrand. Obras filosóficas. São Paulo: Cia. Editora Nacional, 1969.

III. MARCOS DO PENSAMENTO SOCIOLÓGICO

Depois do estudo sumário do pensamento dos 10 maiores filósofos, com suporte em Will Durant, e dos 6 maiores juristas filósofos, no parecer de Clóvis Beviláqua, torna-se útil e até necessária, ao estudo do direito em seus conteúdos essenciais, a sua visão através dos marcos do pensamento sociológico. Essa miragem mais ampla do fenômeno jurídico, dentro do complexo dos fatos e valores sociais, não só motiva como orienta melhor a pesquisa jurídica, antecipando as metas de uma longa caminhada. Isto serve não só ao conhecimento mais amplo como à interpretação mais precisa e fiel do direito. Não poderíamos fazê-lo sem a ajuda, o conteúdo e o roteiro de outro categorizado mestre de tão relevante tema. Porisso vamos recorrer às luzes de nosso Pedro Lessa, renomado professor de filosofia e sociologia jurídica no Largo de São Francisco, em São Paulo.

Ao estudar as relações do direito com a sociologia, em sua obra clássica "Estudos de Filosofia do Direito (1ª ed. de 1911; 2ª ed de 1916 da Livr Francisco Alves e nova edição em 2.000, pela Bookseller, Campinas, S.P.), Pedro Lessa destaca as lições do criador da sociologia, Augusto Compte – autor do "Curso de Filosofia Positiva" e do "Tratado de Sociologia," segundo o qual a humanidade vem sendo governada pela lei dos três estados, passando do "estado teológico" ao "metafísico" e deste ao "positivo" ou científico, comandado pela ciência. Primitivamente, os fatos eram atribuídos à vontade de entes sobrenaturais (sob as formas de fetichismo, politeísmo e monoteísmo). O espírito metafísico vai pouco a pouco substituindo as crenças pelas abstrações. O homem procura conhecer as causas primeiras e as finais. Vai compreendendo que as especulações e pesquisas nesse nível são ociosas e das coisas apenas podemos saber as relações de existência e de sucessão. É o estado positivo, no qual o homem reconhece os limites da sua faculdade de conhecer. Considera a sociedade, como objeto de estudo científico, um todo indivisível. São partes da ciência social o direito, a economia e a política. O termo sociologia, nessa acepção, é o denominador comum das ciências sociais. O direito se ocupa das leis, a que estão subordinados os fatos sociais dessa classe: as condições de vida e desenvolvimento da sociedade e do indivíduo, dependentes da vontade humana e garantidas pela força física do Estado. O campo da economia é a ordem social das riquezas e seu fim é dar-nos a conhecer as leis que dominam os fenômenos da produção, circulação, distribuição e consumo dos bens e serviços. O objeto da política é dar-nos uma teoria acerca do poder do Estado de imprimir novas direções aos fatos sociais em benefício da sociedade.

Acima dessas verdades particulares, que constituem as ciências sociais especiais, há verdades gerais, leis que regem a sociedade considerada como um todo, a que se dá a denominação de sociologia. A filosofia do direito nos dá os princípios fundamentais, as relações dos diversos ramos do saber jurídico entre si e as relações do direito com as ciências afins.

O direito, prossegue Pedro Lessa, não é a substância do organismo social, nem o caráter único desse organismo. O direito supõe a convivência em sociedade. Há um complexo de fatos que precedem o direito e que este pressupõe. O direito é um aspecto da vida coletiva, mas não é toda a vida coletiva; não abrange todo o quadro das leis sociais. Há as que regem os fenômenos estudados por ciências sociais particulares, como a economia, a moral social, a política e outras. Estas últimas formam a matéria da sociologia, ciência social geral e fundamental. Giddings faz uma comparação com a biologia. Que há na biologia geral que já não esteja compreendido na botânica, na zoologia, na anatomia ou na fisiologia? Há sim os fenômenos essenciais da vida, a estrutura molecular, a nutrição e o perecimento, o crescimento e a reprodução, a adaptação ao meio e a seleção natural, que são comuns à planta e ao animal. Para se ter uma ideia verdadeira e completa da vida é preciso estudar os fenômenos vitais em sua unidade e em suas fases especiais, como base de estudos especiais posteriores. Com a sociologia dá-se o mesmo. Essa base comum das ciências sociais particulares, ciência dos elementos e dos primeiros princípios sociais, é a sociologia.

O meio social é uma imposição de ordem biológica, uma condição necessária da conservação e da renovação da espécie.

Segundo Aristóteles, desenvolvendo a teoria de Platão, o homem é naturalmente um animal político, destinado a viver em sociedade.

Variam muito as opiniões dos sociólogos, sobre o fato gerador da sociedade. Seria a raça, o meio físico e geográfico, a solidariedade orgânica ou simbiose, a sociabilidade (psiquismo social), a adaptação, o interesse da espécie, o gregarismo, a evolução econômica, o número, a densidade e a mobilidade da população, a consciência da espécie, o contrato, a divisão do trabalho, a ajuda mútua, a imitação, a sinergia ou cooperação. Seja qual for a causa, uma verdade superior, resultado da observação no espaço e no tempo, consiste nesta lei: a sociedade é o meio em que fatalmente o homem vive e se desenvolve. Outra lei, no sentido científico do termo, é esta: a limitação das atividades individuais, na vida em sociedade, se impõe pelo instinto de conservação, pela inteligência e pelo sentimento. Aí estão duas leis fundamentais que formam a base da ciência do direito. O direito é a limitação da atividade dos homens na sociedade. A sociologia é a ciência dos primeiros princípios da sociedade e tronco que sustenta as diversas ciências sociais particulares, inclusive o direito. A lei fundamental sociológica da limitação das atividades, princípio orgânico da sociedade, subministra-nos o fundamento da ciência do direito.

Nenhuma das doutrinas teológicas e metafísicas nos havia dado um conceito exato do direito – prossegue Pedro Lessa. O método ou sistema subjetivo de Kant é o que ainda conta com o maior número de adeptos: o direito é a harmonia do livre-arbítrio de cada um com o livre-arbítrio de todos. Herbert Spencer reiterou esse conceito: " Every man is free to do that which he wills, provided he infringes not the equal freedom of any other man." Ainda é na coordenação das liberdades que consiste o direito, acrescenta Pedro Lessa. E questiona: basta coordenar a liberdade de cada um com a de todos, para que tenhamos a sociedade juridicamente organizada? Indubitavelmente não, responde. É essencial que a coordenação das liberdades ou a limitação das atividades individuais seja feita **garantindo-se à sociedade e aos seus membros as condições de vida e de desenvolvimento.** Reduzir o direito à coordenação das liberdades ou à limitação das atividades, **sem determinar o domínio, o conteúdo da esfera de ação de cada indivíduo e da sociedade,** representada por seus órgãos, é abrir a porta a todas as injustiças, é recusar um critério que nos autorize a distinguir o justo do injusto. Nas antigas sociedades, sujeitas ao mais cruel despotismo, ou em que existia a escravidão, eram limitadas as atividades individuais ou, na frase de Kant, estava coordenado o livre arbítrio de cada um com o de todos. Mas, no espírito do homem contemporâneo, produz uma dolorosa impressão a injustiça que reinou nesses regimes políticos e nessas organizações civis. De onde procedia essa injustiça? Da falta de uma noção exata da igualdade antropológica ou do conceito verdadeiro, seguro e divulgado da igualdade dos atributos fundamentais da natureza humana. É manifesta a necessidade dos subsídios da antropologia para a formação da teoria científica do direito.

Sobre o sociologismo jurídico, merece referência especial a síntese didática de Paulo Dourado de Gusmão, desembargador, ex-professor de filosofia do direito da Faculdade Nacional de Direito e autor da obra clássica Introdução ao Estudo do Direito, 23ª edição da Forense. Suas lições têm suporte em sociólogos mais recentes e renomados, como passamos a conferir. Para o mestre, o sociologismo jurídico é a corrente do pensamento que, em função do fato social, explica o direito. Aplica o método sociológico e os resultados da sociologia ao direito. Mas, acima de tudo, e nisso engloba várias correntes, define o direito como fenômeno social, independente do Estado. Em última análise, não caracteriza o direito como norma ou lei, mas como fato social, provocado por fatores sociais. Defende a ideia de que, espontânea e naturalmente, o direito se manifesta, historicamente, primeiro como costume, cristalizando-se posteriormente em norma escrita, última etapa da estratificação jurídica, que se inicia sob a forma de usos, depois de costumes, de sentenças judiciais, para finalmente tomar a forma dos códigos da Antiguidade, consolidadores de costumes tradicionais. Não reduz as fontes do direito às estatais nem dá grande valor à redução do direito à lei. Admite o pluralismo jurídico, seja de direitos, seja de fontes do direito, todos e todas com o mesmo valor jurídico. Consequentemente, não faz o direito depender do legislador, motivo por que, não cultuando a lei, combate o "fetichismo legal" da *escola da exegese* e do positivismo estatal. Montesquieu, em seu clássico *L'Esprit des Lois* (1748), aparecido antes do despontar da sociologia como ciência autônoma, vislumbrou nas condições geográficas e demográficas as forças direcionais do direito, enquanto Marx, defendendo o *determinismo econômico* (materialismo histórico), no fator econômico encontrou a força motora da ordem jurídica, destinando-a à satisfação dos interesses da classe social dominante; já Gumplowicz, no conflito social (guerra ou revolução), encontrou a origem do direito, expressão da vontade do vencedor; enquanto Ihering, próximo dele, sustentou resultar o direito da luta, pois só quem luta por ele o merece.

Em todas essas posições domina o *monismo*, tendo cada uma delas preferência por um dos fatores sociais, provocadores do fenômeno jurídico. Max Weber, com seus estudos histórico-comparativos, demonstrou depender do tipo de sociedade a força criadora de um dos fatores sociais. Criticando o determinismo econômico, aponta o aparecimento e desenvolvimento do capitalismo, organizado graças a seu direito flexível, nas sociedades dominadas pelo calvinismo , e não naquelas em que o catolicismo predominava, fato que, segundo Weber, demonstraria ter a ordem econômica sofrido nessas sociedades a influência da ética calvinista, que, ao contrário da Igreja Católica, não combatia a usura e o lucro. Consequência: admitiu o *pluralismo* de fatores sociais do direito, posição que se tornou dominante na Sociologia e no sociologismo jurídico, na qual pontificou Gurvitch nos anos 30, como defensor da *teoria do direito social*, compreendendo o direito como expressão da experiência jurídica, fruto espontâneo de grupos e relações sociais, inspirado em valores, principalmente na justiça que, para ele, é racionalização histórica dos valores éticos. Fatos sociais que, na medida em que realizam um ideal ou um dos valores jurídicos, tornam-se *fatos normativos*, isto é, fatos que geram normas. Esses fatos, que não dependem do Estado, constituem as *fontes pluralistas do direito*. Gény, nessa linha de pensamento, aponta vários fatores (*données*) sociais criadores do direito: históricos (tradições, costumes etc), reais ou naturais (geográficos, econômicos, demográficos, psicológicos etc.), racionais (postulados da justiça) e ideais (aspirações sociais, ideologias etc.), descobertos pela ciência do direito, transformados pela técnica jurídica em regras claras e precisas, organizadas sistematicamente.

Além de dar ênfase aos fatores sociais do direito, o sociologismo jurídico, desde os seus primórdios, concentrou-se na lei ou leis da evolução jurídica. O fundador da moderna Sociologia, Durkheim, não deixou de ser influenciado pela ideia de progresso, pois admitiu ter ocorrido no começo da civilização, em todas as sociedades, o processo de passagem do direito penal para o direito privado, ou seja, do direito que mais eficazmente tutela a solidariedade social para aquele em que é mais fraca a sua influência . Duguit, sob a influência de Durkheim, formulou a seguinte norma fundamental, que, se observada, tornaria justo o direito: "nada fazer que atente contra a solidariedade social em qualquer uma de suas formas e fazer tudo o que for de natureza a realizá-la, desenvolvê-la e perpetuá-la." As transformações do direito caminham, segundo Duguit, para o direito social.

A preocupação com o direito social, ou seja, com o direito em correspondência mais direta com a realidade social, que, para atender às necessidades sociais de forma razoável, sofre o impacto de novos valores e de novos ideais sociais, provocou, em 1899, o aparecimento do *movimento do direito livre (Freirecht)*, defendido na França por Gény, Saleilles, Lambert, Cruet, Gurvitch, Le Roy e Morin, enquanto na Alemanha e na Áustria principalmente por Kantorowicz e Ehrlich. Uns, como os franceses, admitindo, moderadamente, a criação do direito pelo juiz somente no caso de lacuna, e a atualização do velho direito pela interpretação atualizadora do textos legais; outros, como os germânicos, defendendo a livre criação judicial do direito. Todos convencidos da *Revolta do direito contra os códigos,* título sugestivo de um opúsculo de Morin.

IV. MARCOS DO PENSAMENTO ECONÔMICO

Conforme a lição de Pedro Lessa (*Estudos de Filosofia do Direito),* ao lado da antropologia há uma ciência social – economia política – cujo conhecimento é indispensável à formação da teoria científica do direito e à elaboração das normas jurídicas.

Segundo o mesmo jus-filósofo e sociólogo, não se permite esquecer a oposição radical entre as duas correntes de ideias, que dividem os cultores desse ramo dos conhecimentos sociais, agrupando, de um lado, os adeptos da escola clássica, liberal ou ortodoxa, e, de outro, os sectários da doutrina socialista, com suas variadas sub-escolas, gradações e matizes.

Segundo o velho conceito da escola liberal, a sociedade está subordinada a leis econômicas, tão inflexíveis como as que dominam o mundo físico. As instituições econômicas são o que são, devido a forças naturais incoercíveis. Nada podemos fazer com eficácia no sentido de modificar o curso dos fenômenos econômicos. E, quando o pudéssemos, não deveríamos tentá-lo, por serem essas leis as melhores possíveis.

Exprimem relações entre os homens, respeitados o princípio da liberdade e o interesse individual. Resumindo a doutrina, que, no seu entender, melhor se chamaria "teoria do liberalismo e do individualismo econômicos," fê-la Wagner "repousar nos princípios jurídicos da liberdade individual, da propriedade privada, da sucessão particular nos meios de produção (a terra e o capital) e na liberdade dos contratos.

Cumpre ao Estado reduzir ao mínimo possível a sua intervenção, só tolerada para manter a ordem jurídica.

No sentir dos socialistas e das diversas sub-escolas, as sociedades contemporâneas estão corroídas por males incuráveis. Na propriedade individual reside a causa desses males. É preciso suprimir a propriedade singular, pretendem uns; é preciso ao menos reduzí-la, pensam outros. Querem a supressão para todos os bens os comunistas; somente para os instrumentos de produção os coletivistas; para a propriedade imóvel os nacionalistas. Os socialistas almejam a intervenção do Estado para o fim de modificar o curso dos fatos econômicos. Pretendem ampliar a ação do Estado e converter em serviços públicos tudo ou quase tudo o que é do domínio das empresas privadas.

Sintetizando as objeções aos socialistas, vieram as indagações: será possível a organização jurídica da propriedade e dos contratos com preterição dos princípios atuais da ordem econômica? Não importarão na extinção, na decadência ou no estacionamento da sociedade ou em grande prejuízo para a produção econômica? E conclui que quaisquer reformas jurídicas da economia só poderiam ser feitas depois de averiguadas, no domínio econômico e nas induções da economia política, sua utilidade e eficácia para o desenvolvimento da sociedade e de seus membros. Conforme as lições de C. Gide (*Princípios de Economia Política),* sob o férreo regime da autoridade ou sob a mais ampla liberdade; com o monopólio ou com a mais livre concorrência, há certas condições de que não se pode prescindir. Somente as lições da economia política poderiam esclarecer os limites impostos às cogitações do jurista e à atividade do legislador.

Não é a escola liberal, nem a socialista, a mais em voga. Predomina a escola histórica, realista ou socialista de cátedra, cujos adeptos mais inclinados a dilatar a ação do Estado tomam o nome de socialistas de Estado. Na Alemanha tem essa escola representantes da estatura de Schmoller e Wagner. Isso já em 1911, quando Pedro Lessa escreveu. E prossegue o mestre eminente. A economia individualista, segundo Wagner, não respeita a igualdade; o socialismo despreza a liberdade. São dois perigos, dos quais o segundo é o mais grave. Cumpre descobrir um termo de conciliação. Tal é o objeto da economia social e do direito social. Nos seus *Princípios de Economia Política* e sob a denominação de "problemas urgentes do atual momento," o notável professor Marshal, da Universidade de Cambridge, assim formula algumas das principais questões, para cuja solução precisam o jurista e o legislador dos subsídios econômicos: "Que devemos fazer para aumentar as vantagens e diminuir os inconvenientes da liberdade econômica? Se os resultados últimos são bons, mas nocivos os imediatos, como atribuir os resultados? Como contornar os riscos da limitação da propriedade e dos contratos, do aumento de salários e da redução de trabalho? Como preservar a justiça e as energias dos promotores do progresso, para que não se sintam prejudicados? Como repartir os ônus dos impostos? De que empresas deve encarregar -se a própria sociedade como um todo? Como desenvolver as obras materiais da vida civilizada, tais como gás, água, esgoto sanitário, energia, transporte, obras culturais e recreativas como parques públicos, obras de arte, instrução e diversão (sem falar nos problemas modernos de urbanismo, favelas, ecologia e meio ambiente)?"

Sobre cada um desses graves problemas da atualidade (1911!), conclui Pedro Lessa, não é possível ao legislador, digno desse nome, formular normas jurídicas, que seriam do domínio dos direitos constitucional, administrativo e civil, sem o estudo profundo dos princípios e das leis da economia política.

BIBLIOGRAFIA

COMPTE, Augusto. *Cours de Philosophie Positive,* Paris, 1907.

DUGUIT, Leon. *Transformações do direito privado e do direito público.*Paris, 1912 e 1913.

DURKHEIM, Émile. *As regras do método sociológico – Da divisão do* trabalho social. Seleção de textos da coleção Os Pensadores. Victor Civita, 1978.

GÉNY, François. Methode d`interprétation et sources en droit prive pó-Sitif. Paris, 1919.

GURVITCH, Georges. *Sociologia del derecho.* Edit Rosario, 1945.

GUSMÃO, Paulo Dourado de. *Introdução ao estudo do direito.* Forense,1998.

LESSA, Pedro. *Estudos de filosofia do direito.* Bookseller, Campinas, SP, 2000.

MARX, Carlos. *O Capital.* Livr Progresso, Salvador, Bahia, 1956.

MONTESQUIEU, Charles. *O Espírito das leis.* Ed da Universidade de Brasília, 1982.

WEBER, Max. *Economia e sociedade.* México, 1944. *Ensaios de sociologia contemporânea.* Barcelona, 1972.

BIBLIOGRAFIA

A Universidade de Bolonha e a Cultura Universal. *Revista de Informação Legislativa,* nº 111, p. 393-404.

ANDRADE, Manuel A. Domingues de. *Ensaio sobre a teoria da interpretação das leis*, Coimbra, Armênio Amado Editor, Sucessor, 1978.

ASCOLI, Max. *La interpretación de las leyes*, Buenos Aires, Lasada, 1947.

BATISTA, Paula. *Compêndio de Hermenêutica Jurídica*, São Paulo, Saraiva, 1984.

BETTI, Emilio. *Interpretazione della legge e degli atti giuridici*, Roma, Roma, 1949.

BONNECASE, Julien. *La escuela de la exegesis en derecho civil*, México, Jose M. Cajica, 1944.

BOSON, Gérson de Britto Mello. *Filosofia do Direito – Interpretação Antropológica*, Belo Horizonte, Del Rey, 1993.

CAMPOS, Carlos. *Hermenêutica tradicional e direito científico*, Belo Horizonte, Imprensa Oficial, 1970.

CARNELUTTI, Francesco. *Arte del derecho*, Buenos Aires, Europa-America, 1948.

________. *Arte do Direito*, trad. de Pinto de Aguiar, Salvador, Livraria Progresso, 1957.

COELHO, L. Fernando. *Lógica jurídica e interpretação das leis*, Rio de Janeiro, Forense, 1979.

COSSIO, Carlos. *La teoría egológica del derecho y el concepto jurídico de libertad*, Buenos Aires, Abeledo-Perrot, 1964.

DE PAGE, Henri. *Traité élémentaire de droit civil belge*, Bruxelles, Émile Bruylant, 1962, tome premier.

DEL VECCHIO, Giorgio. *Filosofia del derecho*, Barcelona, Bosch, 1953.

DURKHEIM, Émile. *Les formes élémentaires de la vie religieuse*, Paris, 1912.

ENGISCH, Karl. *Introdução ao pensamento jurídico*, Lisboa, Fundação Calouste Gulbenkian, 1977.

_______. *L'idée de concrétion dans le droit*, Pamplona, Espanha, 1968. Comentário de I. André-Vincent sob o título "L'abstrait et le concret dans l'interprétation", *in Archives de Philosophie du Droit*, Paris, 1972, t. XVII, p. 135.

ESPÍNOLA, Eduardo. *Tratado de direito civil brasileiro*, Rio de Janeiro, Freitas Bastos, 1939, vols. I, II, III e IV.

_______. "Interpretação da norma jurídica" (verbete), *in Repertório Enciclopédico do Direito Brasileiro*, Rio de Janeiro, Borsoi, vol. 29, p. 137.

FERRARA, Francesco. *Interpretação e aplicação das leis*, Coimbra, Armênio Amado Editor, Sucessor, 1978.

FIORE, Pascuale. *Interpretación de las leyes*, Madrid, Reus, 1927.

FRANÇA, R. Limongi. *Hermenêutica jurídica*, São Paulo, Saraiva, 1994.

FRANZEN DE LIMA, Mário. *Da interpretação jurídica*, Rio de Janeiro, Forense 1955.

GÉNY, François. *Methode d'interprétation et sources en droit privé positif*, Paris, 1919.

GUSMÃO, Paulo Dourado de. *Introdução à ciência do direito*, Rio de Janeiro, Forense, 1956.

HERKENHOFF, João Baptista. *Como aplicar o direito*, 3ª ed., Rio de Janeiro, Forense, 1994.

HESSEN, Johannes. *Filosofia dos valores*, trad. de L. Cabral de Moncada, Coimbra, Armênio Amado, 1980.

IHERING, Rudolf von. *A luta pelo direito*, Rio de Janeiro, Ed. Rio, 1978.

_______. *L'esprit du droit romain*, Trad. Meulenaere, 3ª ed.

_______. *A finalidade do direito*, Trad. de José A. F. Correa, Rio de Janeiro, Ed. Rio, 1979.

INSTITUTAS do Imperador Justiniano, trad. revista por Clóvis N. Oliveira, São Paulo, Ed. Brasil.

KELSEN, Hans. *Teoria pura do direito*, Coimbra, Armênio Amado, 1974.

LARENZ, Karl. *Metodologia da ciência do direito*, trad. de João de Souza Brito e José Antonio Veloso, Lisboa, Fundação Calouste Gulbenkian, 1969.

LAZZARO, Giorgio. *L'interpretazione sistematica della legge*, Torino, Giappichelli, 1965.

LÉVY BRUHL, Henry. *La moral, la science et les moeurs*, Paris, 1903.

_______. *Sociologia do direito*, trad. de Teruka Minamissawa, São Paulo, Dif. Européia do Livro, 1964.

LYRA FILHO, Roberto. *O que é o direito*, São Paulo, Brasiliense, 1982.

MARQUES NETO, Agostinho Ramalho. *A ciência do direito: conceito, objeto, método*, Rio de Janeiro, Forense, 1982.

MATA-MACHADO, Edgar de Godói da. *Elementos de teoria geral do direito*, 1ª ed., Belo Horizonte, Vega.

MAXIMILIANO, Carlos. *Hermenêutica e aplicação do direito*, Rio de Janeiro, Freitas Bastos, 1965; 16ª ed., Rio de Janeiro, Forense, 1997.

MAYNEZ, Eduardo Garcia. *Introducción al estudio del derecho*, México, Porrua, 1975.

NIÑO, Carlos Santiago. *La ciencia del derecho y la interpretación jurídica*, Buenos Aires, Astrea, 1975.

NIÑO, José Antonio. *La interpretación de las leyes*, México, Porrua, 1971.

NONATO, Orosimbo. *Aspectos do modernismo jurídico*, Pandectas Brasileiras, vol. 8, 1ª parte, p. 176.

OLIVECRONA, Karl. *El derecho como hecho*, Buenos Aires, Depalma, 1959.

PEREIRA, Caio Mário da Silva. *Instituições de direito civil*, Rio de Janeiro, Forense, 1980, vol. I.

PLACHY, Adolfo. *La teoria della interpretazione*, Milano, Giuffrè, 1974.

PONTES DE MIRANDA. *Sistema de ciência positiva do direito*, Rio de Janeiro, Borsoi, 1972, t. II.

REALE, Miguel. *O direito como experiência*, São Paulo, Saraiva, 1968.

________. *Fundamentos do direito*, São Paulo, RT, 1972.

________. *Teoria tridimensional do direito*, São Paulo, Saraiva, 1979.

RIPERT, Georges. *Les forces créatrices du droit*, Paris, Librairie General, 1955.

RODRIGUES, Germinal. *Princípios de assistência social.* Bahia: Universitária. *Revista da UFMG*, out. 1972.

ROUBIER, Paul. *Teoría general del derecho*, Puebla, José Cajica, s/d.

SAVIGNY, Karl F. von. *De la vocación de nuestro siglo para la legislación y la ciencia del derecho*, Buenos Aires, Heliasta, 1977.

SICHES, Luis Recaséns. *Nueva filosofia de interpretación del derecho*, México, Ed. Porrúa, 1973.

SILVEIRA, Alípio. *Hermenêutica no direito brasileiro*, São Paulo, RT, 1968, 2 vols.

TELLES JR., Goffredo. *A criação do direito*, São Paulo, 1953, 2 vols.

VIEHWEG, Theodor. *Tópica e jurisprudência*, Trad. Tércio Sampaio Ferraz Jr., Brasília, Imprensa Nacional, 1979.

WARAT, Luiz Alberto. *Mitos e teorias na interpretação da lei*, Porto Alegre, Síntese, 1979.